Wolfgang Seiffert

Selbst-bestimmt

Ein Leben im Spannungsfeld von geteiltem Deutschland und russischer Politik

ARES VERLAG

Umschlaggestaltung: DSR – Digitalstudio Rypka/Thomas Hofer, Graz
Umschlagfotos Vorderseite: Aus dem Besitz des Autors
Bildnachweis: S. IX, Bildteil: Ullstein-Bilderdienst; alle anderen Bilder stammen aus dem Besitz des Autors

Bibliografische Information Der Deutschen Bibliothek
Die Deutsche Bibliothek verzeichnet diese Publikation in der Deutschen Nationalbibliografie; detaillierte bibliografische Daten sind im Internet unter http://dnb.ddb.de abrufbar.

Hinweis:
Dieses Buch wurde auf chlorfrei gebleichtem Papier gedruckt. Die zum Schutz vor Verschmutzung verwendete Einschweißfolie ist aus Polyethylen chlor- und schwefelfrei hergestellt. Diese umweltfreundliche Folie verhält sich grundwasserneutral, ist voll recyclingfähig und verbrennt in Müllverbrennungsanlagen völlig ungiftig.

ISBN 3-902475-20-X
ISBN 978-3-902475-20-6

Printed in Austria
Layout: Ecotext-Verlag, Mag. G. Schneeweiß-Arnoldstein, 1010 Wien
Gesamtherstellung: Druckerei Theiss GmbH, A-9431 St. Stefan

Inhaltsverzeichnis

Vorwort

Jeder Mensch wird in eine Vielfalt von gesellschaftlichen Verhältnissen hineingeboren, die unabhängig von ihm existieren: seine Eltern, denen er sein Leben verdankt; das Land, in dem er auf die Welt kommt; seine Muttersprache; die politischen Strukturen, auf die er trifft; die Zeit, in der sein Leben abläuft – alles das existiert zunächst als gegeben. Erst allmählich lernt er, seine Umwelt zu verstehen, auf sie einzuwirken und sie mitzugestalten. Hierbei stößt er immer wieder auch an Grenzen. Was der Mensch innerhalb dieser Grenzen aus seinen Leben macht, das ist sein eigentliches Lebenswerk, und andere mögen schließlich beurteilen, ob jemand sein Leben genutzt hat und ob es nützlich war – für ihn selbst, für andere oder gar für die Gesellschaft. Er kann nur aufschreiben, wie es war, wie er es gesehen, und wie er es erlebt hat.

Ich habe mein Leben in fünf Kapitel gegliedert und wählte für jedes davon den Wohnsitz sowie die Stadt, die der Mittelpunkt des jeweiligen Lebensabschnitts gewesen war, nämlich Breslau, Düsseldorf, Berlin, Hamburg und Moskau. Das gab mir die Möglichkeit, ein wenig von der Atmosphäre der jeweiligen Stadt einzufangen und dennoch die notwendige Chronologie zu wahren.

In dem Kapitel „Breslau“, meiner Geburtsstadt, schildere ich nicht nur meine Kindheit und Schulzeit, sondern auch meine Zeit bei der Wehrmacht und meine Kriegsgefangenschaft. Diese Stadt blieb für mich Wohnsitz auch in einer Zeit, als sie bereits unter polnischer Verwaltung stand, was heute den einen oder anderen irritieren mag. Ein Soldat aber, der sich im Krieg und/oder in Kriegsgefangenschaft befindet, hat seinen Wohnsitz nun einmal dort, wo er in den Militärdienst ging. Für mich war dies eben meine Heimatstadt Breslau.

Mein Leben war immer sehr politisch, auch wenn ich nie Politiker geworden bin. Mir lag die Analyse bzw. die wissenschaftliche Tätigkeit immer näher als die aktive Politik. Dessenungeachtet war ich immer auch politisch aktiv.

In meinem Leben bin ich, von Adenauer bis Putin, einer Vielzahl von weltweit bekannten, für den Leser dieses Buches aber auch weniger bekannten Personen und Persönlichkeiten in sehr verschiedener Weise begegnet. Daher erschien es mir sinnvoll, diesem Buch ein eigenes „Personenverzeichnis” mit kurzen biographischen Skizzen anzufügen.

Bei der Abfassung dieses Lebensberichts hat mir mein Sohn Matthias bei der Prüfung historischer Fakten und Ereignisse und meine Tochter Kerstin bei der Zusammenstellung des „Personenverzeichnisses" sehr geholfen. Hierfür möchte ich mich an dieser Stelle bedanken. Besonderer Dank gilt auch meiner Frau, mit der ich nun 55 Jahre verheiratet bin und der ich unsere fünf Kinder verdanke.

Wolfgang Seiffert
Hamburg, im März 2006

BRESLAU

Es liegt sicher nicht zuletzt an der Altersstruktur – aber nicht nur – der heutigen Bevölkerung im wiedervereinigten Deutschland, wenn sich bei dem Namen „Breslau“ nur noch wenige an die einst zirka 700.000 Einwohner zählende deutsche Hauptstadt Niederschlesiens erinnern. Doch Breslau war neben Berlin in Preußen die bedeutendste Stadt und hielt seit 1905 den 6. Platz unter allen deutschen Großstädten. Als Wirtschafts-, Handels-, Kultur- und Wissenschaftszentrum ist Breslau aus der Geschichte Deutschlands nicht wegzudenken. 1813 ging bekanntlich von Breslau der Aufruf des preußischen Königs „An mein Volk“ zum Kampf gegen die französische Unterdrückung aus. Bedeutende Wissenschaftler, wie die Nobelpreisträger Fritz Haber und Max Born, Schriftsteller und Dichter, wie Lessing („Minna von Barnhelm“), Gustav Freitag („Soll und Haben“), Joseph von Eichendorff („Aus dem Leben eines Taugenichts“), der Gründer des Deutschen Arbeitervereins, Ferdinand von Lasalle, oder der Architekt Carl Langhans, kamen aus Breslau. Berühmt wurde die Breslauer Universität, die 1702 von den Jesuiten als katholische Universität gegründet wurde. 1811 wurde sie als Friedrich-Wilhelm-Universität mit drei neuen Fakultäten, nämlich der für Medizin, Rechtswissenschaft und evangelische Theologie, neugegründet. Sie war die erste und einzige Universität in Deutschland, an der katholische und evangelische Theologie gelehrt wurden. Letzteres war nicht zuletzt ein Ausdruck der bikonfessionellen Situation in Breslau wie in Schlesien überhaupt, aber auch ein Ausdruck der Toleranz, die mit der Zugehörigkeit zum Preußen Friedrichs des II. in Schlesien Einzug gehalten hatte.

Preußen hatte seinen schlesischen Besitz in drei Kriegen behauptet, war sicher Eroberer gewesen, aber kein Unterdrücker, weil die Einwohner Schlesiens schon zu dieser Zeit fast ausschließlich Deutsche waren, und Preußen selbst war der erste Rechtsstaat Europas: Jedermann hatte vor den Gerichten die gleichen Rechte und Pflichten.

Im deutschen Breslau waren bei Ausbruch des Zweiten Weltkrieges nur ein Prozent der Einwohner polnische Staatsangehörige, alle anderen waren Deutsche. Von den Deutschen gehörten 58 Prozent zur evangelischen Kirche, 37 Prozent waren Katholiken und 4 Prozent bekannten sich zur jüdischen Religion.

Die Stadt hatte eine hochentwickelte Gotik- und Barockkultur, wovon zahlreiche Kirchen, wie der Dom, die Elisabethkirche oder der Universitätsbau, der 1742 entstand, und viele andere Gebäude ein beredtes Zeugnis ablegten. 1913 entstand die Jahrhunderthalle mit dem ersten frei tragenden Betonkuppelbau der Welt. Zahlreiche Parkanlagen, wie der Scheitniger Park, der Südpark oder der Zoo an der Oder, verschönerten das Stadtbild. Natürlich entwickelten sich auch Industrie und Handwerk; es sei hier nur an die Linke-Hofman-Werke erinnert. Als Kulturzentrum wurde Breslau durch sein Theater in der Schweidnitzerstraße, das auch gleichzeitig Oper war, ebenso bekannt wie durch seine Bibliotheken und Museen.[1]

Jeder, der aus Breslau stammt und über seine Heimatstadt berichtet, hat von ihr sein eigenes Bild. Alle aber kommen an dem Schicksal der Stadt nicht vorbei. In welchem Alter auch immer sie die Stadt verließen oder verlassen mußten, sie blieben von ihr beeinflußt. Nicht wenige haben in anderen Ländern oder in anderen Teilen Deutschlands ihren Weg gemacht.

Der 1921 in Breslau geborene Walter Laqueur wurde in den USA ein bekannter Historiker (vgl. zum Beispiel sein Buch „The Age of Terrorism“, 1987) ebenso wie der 1926 in Breslau geborene Fritz Stern (hier sei nur sein Buch „Gold und Eisen. Bismarck und sein Bankier Bleichröder“, 1977 [engl.], genannt). Der spätere Vorsitzende des Zentralrates der Juden in Deutschland, Ignatz Bubis, wurde 1927 in Breslau geboren und ging 1935 wegen der Machtergreifung Hitlers in die polnische Kleinstadt Deblin an der Weichsel. Mein Freund Franz Loeser, später Professor für Deontik (Lehre von der logischen Struktur normativ-ethischer Denkformen) an der Berliner Humboldt-Universität, wurde 1924 in Breslau als Sohn eines jüdischen Rechtsanwalts in der Kaiser-Wilhelm-Straße geboren und konnte 1938 nach London emigrieren, während sein Vater im Konzentrationslager Buchenwald umkam.[2] Der spätere Bürgermeister von Hamburg, Hans-Ulrich Klose, erblickte 1937 in Breslau das Licht der Welt, verließ die Stadt erst nach Kriegsende und zog mit seiner Familie nach Bielefeld.[3]

In diesem Kapitel nenne ich meine Heimatstadt bei ihrem Namen, spreche also von Breslau. Natürlich weiß ich, daß die Stadt heute Wrocław heißt. Doch von dem Kompromiß Breslau/Wrocław halte ich nichts. Das Wrocław von heute ist sicher eine wiederaufgebaute, wunderschöne Stadt, was man in dem Buch von Ekkehard Kuhn, „Schlesische Reise“[4], nachlesen und an wunderschönen Bildern sehen kann. Doch bei aller Anerkennung und Bewunderung für den Wiederaufbau der Stadt durch die Polen und den polnischen Staat: Das heutige Wroclaw ist nicht die Stadt, in der ich geboren und aufgewachsen bin.

Mit der Benennung des Namens meiner Geburtsstadt hatte ich schon einmal Probleme. Als ich 1978 meine Tätigkeit an der Kieler Universität aufnahm, wollte ich schnell einen neuen Reisepaß haben und beantragte ihn im Kieler Rathaus. Der zuständige Beamte studierte meinen Antrag und fragte dann: „Wollen Sie damit auch nach Polen reisen?" Erstaunt antwortete ich: „Selbstverständlich will ich damit überall hin reisen, auch nach Polen." „Dann", so der Beamte, „müssen wir als Geburtsort Wrocław schreiben." Ich wurde wütend: „Das werden Sie nicht, und wenn, werde ich Sie wegen Urkundenfälschung anzeigen. 1926 war das Breslau. Wenn ich heute dahin fahren will, muß ich eine Fahrkarte nach Wrocław kaufen. Aber mein Geburtsort war und ist Breslau." Ich sehe noch heute die verdutzten Augen des Beamten vor mir: „Wenn Sie es so wollen, werde ich es so machen. Ob Sie aber auch einen Paß mit dem Geburtsort Breslau bekommen, werden wir sehen." Zur Erleichterung des Beamten wies ich darauf hin, daß der Name „Breslau" in gewisser Weise polnischer ist als der Name „Wrocław", und erzählte ihm, daß die zweite Ehefrau meines Großvaters väterlicherseits Sängerin am Breslauer Opernhaus war und 1913 zu einer Konzertreise nach Rußland eingeladen wurde. Zu diesem Zweck beantragte sie ein Einreisevisum nach Rußland, das das russische Konsulat in Breslau ausstellte. Es unterzeichnete das Visum mit „Russisches Generalkonsulat Breslawl". Den Paß bewahre ich noch heute auf, weil er auch ein Merkblatt über die Rechte der Ausländer bei ihrer Reise durch Rußland enthält und dabei zwischen Ausländern „christlichen und mosaischen Glaubens" unterscheidet. Auch in einem Reiseführer, der 1911 in Moskau in Russisch erschien und den mir ein russischer Freund geschenkt hatte, wird Breslau als „Breslawl" bezeichnet. In ihm kann man übrigens auch sehr interessant nachlesen, daß es schon damals die Hotels „du Nord" in der Gartenstraße gegenüber dem Hauptbahnhof, das Hotel „Monopol" in der Wallstraße, das Hotel „Deutsches Haus" in der Albrechtstraße 22/23 und das Hotel „Vier Jahreszeiten" in der Gartenstraße 66/70 gab. Die damaligen Preise erscheinen uns heute geradezu erstaunlich preisgünstig, nämlich zwei bis sechs Mark; das Einzelzimmer kostete fünf Mark.[5]

Natürlich bekam ich meinen Reisepaß mit dem Geburtsort Breslau, und niemand nahm daran Anstoß, auch nicht die polnischen Zoll- und Paßbehörden bei meinen zahlreichen Reisen nach Polen. Bleiben wir also bei Breslau.

In diesem deutschen Breslau, der Hauptstadt Niederschlesiens, wurde ich am 18. Juni 1926 geboren. Mein Vater Josef Seiffert wurde ebenfalls in dieser Stadt geboren, und zwar am 20. November 1902, meine Mutter Hertha am 11. Juni 1907 in Glogau.

Mein Vater arbeitete im Bankgewerbe und später beim „Verband buchführender Landwirte".

Meine Mutter kümmerte sich um die Kinder (es waren bald vier); nur während des Krieges arbeitete sie bei der Post. Beide waren katholisch, und so wurde ich getauft und kam früh zur katholischen Kirche.

Mein Vater war zwar kein großer Sportler, aber er fuhr Fahrrad und Motorrad. An den Wochenenden fuhren wir im Sommer in das Luftbad Lehrbeutel in der Nähe des Scheitniger Parks. Im Winter gingen wir in das Hallenbad schwimmen. Es lag in einer Nebenstraße der Schweidnitzer Straße und hatte auch ein Dampfbad und eine Sauna. Danach trafen wir uns regelmäßig mit meiner Mutter zum Abendessen im Schweidnitzer Keller. Einer der Kellner des Restaurants war mit meinem Vater befreundet. Ebenso regelmäßig gab es dort Linsensuppe mit Wurst.

Mein Vater unternahm mit mir viele Spaziergänge durch die zahlreichen Parks der Stadt, und bald fing ich auch an, die Stadt selbst zu erkunden. Am liebsten lief ich zur Mutter meines Vaters. Sie ist mir als eine schöne, fleißige und fromme Frau in Erinnerung geblieben. Mein Großvater hatte sie geheiratet, als seine erste Frau starb und er mit vier Töchtern zurückblieb. Sie betreute die Familie von früh bis spät, was bald leichter wurde, da drei der Töchter heirateten und verschiedene Berufe ausübten: Eine wurde Straßenbahnschaffnerin, die andere eröffnete einen Gemüsestand, der Ehemann der dritten betrieb eine Kohlenhandlung. Nur die letzte, Hedwig, wir nannten sie „Tante Hede“, blieb in der Wohnung der Eltern und nähte für eine Konfektionsschneiderei in Heimarbeit Kostüme und Mäntel.

Wenn die große Familie zusammenkam, holte meine Großmutter aus einer großen Holztruhe selbstgemachte und getrocknete Nudeln hervor. Das reichte für alle. Großvater verdiente zwar nicht schlecht, aber für die große Familie reichte es nicht. Er war Kunsttischler und Drechsler und erzählte mir einmal, daß er zu Reparaturarbeiten am Chorgestühl des Breslauer Doms gerufen wurde. Man war mit seiner Arbeit so zufrieden, daß die Kirche ihn mit Goldtalern bezahlte. Einen davon hatte er, gewissermaßen als Talisman, immer in seinem Werkzeugkasten. Großmutter stammte aus Oberschlesien und trug den nicht gerade deutsch klingenden Namen Valeska Novorzyn. Doch sie war Deutsche wie die gesamte Familie Novorzyn in Oberschlesien, die ich später selbst kennenlernen sollte.

Mein Vater war ihr einziges Kind, und die ganze Familie meinte, er solle „etwas Besseres“ werden, obwohl niemand so recht sagen konnte, was damit gemeint war. Jedenfalls finanzierten alle vier Schwestern (die ja eigentlich nur Stief- oder Halbschwestern waren) meinem Vater den Besuch der höheren Handelsschule. So konnte er später bei Banken und schließlich beim schon erwähnten „Verband buchführender Landwirte“ arbeiten. Das ermöglichte ihm trotz der vier Kinder, die wir inzwischen waren, immer größere Wohnungen zu mieten, bis wir schließlich eine

4 1/2-Zimmerwohnung hatten; ein für damalige Verhältnisse unvorstellbarer Luxus. Zeitweise hatten wir sogar ein Dienstmädchen. Für mich hatte das viele Vorteile. Ich durfte im Arbeitszimmer des Vaters in seiner Bibliothek lesen und mir selbst Bücher zulegen. In den Ferien nahm mich Vater auf seine Dienstreisen auf die landwirtschaftlichen Betriebe mit, für die sein Verband die Buchführung machte. Ich interessierte mich zwar nicht für Buchführung, dafür aber um so mehr für Landwirtschaft, Viehhaltung sowie Land und Leute überhaupt. So lernte ich auch das Gut derer von Eicke und Polwitz kennen, was viel später für mich noch einmal eine Rolle spielen sollte.

1932 wurde ich eingeschult, wie üblich in die 1. Klasse der Volksschule. Der Unterricht gefiel mir, und ich kam mit guten Noten nach Hause. Doch Ende Januar, Anfang Februar 1933 rief mich Vater in sein Arbeitszimmer und sagte ziemlich ernst: „Wolfgang, mit dem Hitler ist eine Verbrecherbande an die Macht gekommen. Die werden auch bald die Schulen beherrschen. Du mußt von der staatlichen Schule weg. Ich habe Dich schon bei der Schule des Ursulinenklosters in Carlowitz angemeldet. Das kostet zwar Geld, aber für Dich ist das besser." Ich glaube, ich habe das damals nicht voll verstanden. Aber die Worte meines Vaters blieben mir doch im Gedächtnis und später habe ich mich oft daran erinnert. Von da an ging ich in die Klosterschule. Die Ordensschwestern waren sehr nett, machten einen guten Unterricht, und wenn ich Probleme hatte, behielten sie mich ein oder zwei Stunden länger und erklärten mir alles noch einmal, bis ich es begriffen hatte. Ich glaube, ich war gut vorbereitet, als ich 1936 auf das St. Matthias-Gymnasium, gleich neben der Universität an der Oder, kam. Auch hier waren die Lehrer selbst Priester; auf alle Fälle aber Katholiken. Die meisten Schüler kamen nicht aus Breslau, sondern vom Land, waren Söhne von wohlhabenden Bauern oder Großgrundbesitzern und wohnten im Knabenkonvikt gegenüber dem Dom.

Dort erhielten sie auch noch nach dem Schulunterricht Unterricht bzw. wurden bei den Hausaufgaben von sachkundigen Lehrern (Priestern) beaufsichtigt, was für uns, die wir in Breslau zu Hause waren, natürlich von Nachteil war. Dennoch kam ich ganz gut voran. Das anfängliche Unverständnis, warum wir mit Latein und Griechisch unseren Sprachunterricht begannen, sprich: „toten Sprachen", wich bald dem Verständnis für die Vorhaltungen unserer Lehrer, daß Latein Grundlage und Voraussetzung für alle Sprachen ist. Zudem war unser Lateinlehrer ein guter Pädagoge, wenn auch nicht frei von einem gewissen Zynismus. Ich erinnere mich, daß er von seinem Urlaub in Japan eine Karte an die Klasse sandte, auf der eine Fotografie abgebildet war, die ihn selbst zeigte, wie er auf einem Esel zum Fudschijama ritt. Quer hatte er in seiner guten Sütterlinschrift geschrieben: „Einer auf dem anderen. Euer Lateinlehrer."

Neben Latein gab er auch noch Unterricht in Geographie. Hier sollte ich einmal an einer an der Wand hängenden Karte von Europa mit dem Stock zeigen, wo die Stadt Calais liegt. Als mir das nicht auf Anhieb gelang, rief er: „Du stehst Calais gegenüber wie ein Dover", und konnte sich vor Lachen nicht halten, bis ich endlich merkte, daß der englischen Stadt Dover die französische Hafenstadt Calais gegenüberliegt.

Die ersten Jahre im Gymnasium waren eine wirklich fröhliche Zeit, auch wenn wir ein umfangreiches Pensum zu bewältigen hatten. Zum Religionsunterricht mußten wir zum Beispiel zweimal in der Woche in ein katholisches Seminar gehen. Es lag in einem Gebäude vis-à-vis des Doms, und man mußte durch ein Tor gehen, das als „Klößeltor" bekannt wurde. Wir erhielten hier die Ausbildung zum Ministranten.

Etwa ab 1937 bzw. Anfang 1938 änderte sich die Situation am Gymnasium. Immer mehr Lehrer verschwanden ohne Angabe von Gründen, und dafür tauchten neue Lehrer auf, die meist das Parteiabzeichen der Hitlerpartei am Revers trugen. Zunächst störte mich das wenig, war ich doch selbst im „Deutschen Jungvolk" organisiert, sehr gegen den Willen meines Vaters. Doch ich hatte mit der Familie viele Urlaube im Riesengebirge und im Glatzer Bergland verbracht, bei denen ich auch Ferienlager des „Jungvolks" sah, und mein Interesse an dieser Organisation wuchs. So nahm ich an Fahrten des „Jungvolks" teil, die mir mit ihren Lagerfeuern und Liederabenden sehr gefielen. In Breslau selbst gab es wöchentlich Heimabende, bei denen ich mich für jene über die deutsche Geschichte interessierte. Zumeist wurden sie von Medizinstudenten in den Räumen der Medizinischen Fakultät organisiert, die sich allerdings nicht in der Universität an der Oder, sondern in roten Backsteingebäuden in der Nähe des Scheitniger Parks befanden. Die Atmosphäre war manchmal gespenstisch, weil die Studenten der Medizin sich ein diebisches Vergnügen daraus machten, vor ihrem Rednerpult Skelette, Totenschädel und andere Unterrichtsgegenstände ihres Studiums für jeden sichtbar zu präsentieren.

Viele der von ihnen vertretenen Thesen zur deutschen Geschichte leuchteten mir ein; so zum Beispiel diejenigen über den Versailler Vertrag. Sie besagten, daß Deutschland nicht ewig diesem Diktat unterworfen sein könne und ein Recht auf einen souveränen Staat habe, mit eigener Armee und Flotte. Die Berichte über das „bolschewistische Rußland", in dem Unfreiheit und Hunger herrschten, leuchteten mir schon weniger ein. Unter den zahlreichen Freunden meines Vaters, die ich alle kennenlernte, weil sie uns an den Wochenenden besuchten, war auch der Ingenieur Fritz Malik. Er war Junggeselle, hatte in einem großen Metallwerk gearbeitet, war dann aber viele Jahre arbeitslos. 1934 sagte er bei seinem letzten Besuch in unserer Wohnung zu meinem Vater: „Ich gehe nach Rußland.

Man hat mir dort eine verlockende Stelle in einem großen Stahlwerk angeboten, und ich habe das Angebot angenommen. Hier wird es jetzt mit Hitler vielleicht wieder Arbeit geben, aber Du weißt, daß ich von Hitler nichts halte. Vor die Wahl gestellt, mich mit den Hitlerleuten zu arrangieren oder das Angebot in Rußland anzunehmen, habe ich mich für Rußland entschieden." Wir haben von ihm nie wieder etwas gehört.

Außerdem hatte ich im Bücherschrank meines Vaters ein Buch eines deutschen Adligen über Sibirien gefunden, der dieses Land in hellen Farben schilderte; so ganz anders, als es in den Zeitungen mit eisiger Kälte, verhungernden Menschen und Verbannungsorten geschildert wurde. Bei Heimabenden über das „bolschewistische Rußland" war ich also skeptisch. Doch Diskussionen gab es nicht.

Meistens wurden die Heimabende gleich nach dem Vortrag mit einem Lied beendet. So stand ich den neuen Lehrern im Gymnasium zunächst offen bis skeptisch gegenüber. Doch allmählich änderte sich das Klima in der Schule unter den neuen Lehrern, ohne daß ich hätte sagen können, was es war. Ein Klassenkamerad brachte es auf den Punkt: „ Die Neuen wollen nicht so sehr Leistung im Fach, sondern Zustimmung zu ihren nationalsozialistischen Thesen." Das war vielleicht übertrieben, doch man merkte es bald an den Zensuren. Wer ihren Thesen von „Ein Volk, ein Reich, ein Führer" lauthals zustimmte oder gar in einem Aufsatz wiederholte, fand im Zeugnis gute Zensuren. Wer sich auf fachliche Leistungen beschränkte, war regelmäßig darunter. Dennoch blieb das St. Matthias-Gymnasium auch in diesen Jahren eine Schule mit hohem Niveau, das noch vor dem bekannten „Zwinger-Gymnasium" rangierte, das ebenfalls eine hochgeachtete Privatschule war.

Für mich war diese Zeit mit einem persönlichen Handikap verknüpft: Ich hatte von Kind an Bronchialasthma, und das wurde wieder stärker und warf mich mit großer Regelmäßigkeit aufs Krankenbett. Das brachte zwar den Vorteil, daß ich zu Hause sehr viel lesen konnte und lernte, mit mir allein zu leben (was mir später in meinem Leben sehr geholfen hat), viele Unterrichtsstunden aber versäumte ich. Unser Hausarzt riet eines Tages, ich sollte doch vielleicht ein paar Stunden in eine Kohlengrube auf eine tiefe Sohle einfahren. Die dortige „Staubluft", die sonst bei vielen Bergarbeitern so negativ auf deren Gesundheit wirkte, könnte mir bei der Bekämpfung des Asthmas helfen. Hier erinnerte sich mein Vater an den Bruder seiner Mutter in Oberschlesien, bei dem ich schon einmal ein paar Tage meiner Ferien verbracht hatte und den wir einfach „Onkel Viktor" nannten. Er war Schichtmeister bei der Preußengrube AG in Miechowice bei Beuthen in Oberschlesien. Schichtmeister war damals eine ziemlich hohe Position in der Grubenverwaltung. Mein Onkel übte diese Funktion zur Zufriedenheit der Verwaltung der Kohlengrube aus, hatte ein hohes

Gehalt und kam auch mit den Beschäftigten, von denen viele Polen waren, gut zurecht; nicht zuletzt deshalb, weil er neben Deutsch auch „Wasserpolnisch", ein Gemisch aus Polnisch und Deutsch, sprach. Zudem war er Katholik wie fast alle Beschäftigten und ein fanatischer dazu. In den Gottesdiensten, in die er regelmäßig ging, hat er mehrmals die Predigten des Priesters öffentlich kritisiert, wenn dieser zu einer versöhnlichen Haltung gegenüber dem Hitler-Regime aufrief.

Einmal mußten ihn andere Kirchenbesucher beruhigen und nach Hause bringen. Sie fürchteten, die Polizei könnte kommen und die Sache für ihn unangenehme Folgen haben. Doch er meinte nur: „Das politische System kann ich nicht ändern. Aber daß die Kirche das auch noch stützt, das muß ich nicht hinnehmen."

Für mich war der Aufenthalt bei „Onkel Viktor" in mehrfacher Hinsicht von großem Vorteil. Am Wochenende fuhr ich regelmäßig 700 Meter tief in die Kohlengrube ein und blieb dort ein bis zwei Stunden. Ob dies wirklich ein Gegenmittel gegen meine Krankheit war, weiß ich bis heute nicht. Doch als ich zwölf Jahre alt war, das war einige Monate nach meinem Besuch in Miechowice, hörten die Asthmaanfälle auf.

Unser Hausarzt war überzeugt, daß das die Wirkung der „Kohlengrubenkur" war. Onkel Viktor war ein Junggeselle und ein ausgesprochener Individualist. Er bewohnte am Grytzberg ein schönes Haus, in dem ihm seine Schwester Marie den Haushalt führte. Beide hatten eine Art Gelübde abgelegt, nicht zu heiraten. Er war ein Feinschmecker und sie eine hervorragende Köchin. So lernte ich bald, daß es außer Kartoffelsuppe und Schweinebraten noch andere Leckereien auf der Welt gibt. Auch ging er mit mir manchmal an den Wochenenden in Beuthen in gute Restaurants essen und brachte mir Tischsitten und Benehmen bei. Bei aller Freundlichkeit war er sehr streng. Als ich einmal meinen Kopf mit meinen damals etwas langen Haaren hin und her schüttelte, mahnte er mich, das zu unterlassen. Als es mir zum dritten Mal passierte, ging er mit mir zum nächsten Friseur und ließ mir die Haare abschneiden.

Zwei Wallfahrten mit ihm sind mir noch in Erinnerung. Ich war schon davor mit meinem Vater auf Wallfahrt zum Grab der heiligen Hedwig in Trebnitz. Wir waren mit dem Fahrrad unterwegs, und in Trebnitz übernachteten wir im Kloster. Mit Onkel Viktor ging es zu Fuß, und zwar das erste Mal nach Kattowice, das seit 1921 zu Polen gehörte. Wir besuchten dort eine Kirche, und dann trafen wir seine zweite Schwester Martha, die in einer großen Seifenfabrik arbeitete und ebenfalls unverheiratet war. Das zweite Mal pilgerten wir nach Tschenstochau (Częstochowa) zur „Schwarzen Madonna". Als Anfang der 1980er Jahre die „Solidarność"-Bewegung entstand und ihr Führer Lech Walesa zur „Schwarzen Madonna" reiste, konnte ich meinen Kindern sagen:

„Da war ich schon früher." Der Fußmarsch war zwar anstrengend, aber Onkel Viktor hatte gute „Marschverpflegung" mit, und in seiner Feldflasche war Rotwein. Die Grenze zwischen Deutschland und Polen überschritten wir ohne Probleme. Es gab weder Kontrollen noch Grenzposten.

Zurück in Breslau, es war inzwischen Sommer 1938, erwartete mich ein ungeahntes Erlebnis. Zusammen mit Franz, einem Klassenkameraden, versuchte ich, in unserer Wohnung versäumte Unterrichtsstunden nachzuholen. Außerdem war Franz ein schlechter Zeichner, so daß ich ihm bei solchen Aufgaben gerne half. Als wir unsere Aufgaben bewältigt hatten, meinte Franz: „Ich reise zu Beginn der Sommerferien mit meinen Eltern nach Amerika." Ich erwiderte: „Schön, wie lange bleibt Ihr?" Franz: „Wir kommen nicht zurück; wir bleiben dort." Ich: „Warum das?" Franz: „Du verstehst das nicht. Frage Deinen Vater."

Als mein Vater nach Hause kam, erzählte ich ihm von dem Gespräch. Er sagte: „Gott sei Dank, so sind sie gerettet." Ich fragte zurück, was das denn heißen solle. Daraufhin sagte mein Vater: „Aber Junge, das sind doch Juden, und wenn die hier bleiben, kommen sie ins KZ." Bis dahin hatten wir nie über oder von Juden gesprochen. Ich wußte zwar, daß viele der Freunde meines Vaters einer anderen Religion angehörten als wir, auch trugen einige von ihnen, vor allem die älteren, an Feiertagen am Revers ihrer Anzüge Ordensspangen aus dem Ersten Weltkrieg. Doch daß sie Juden waren, hörte ich nun zum ersten Mal. Mein Vater gab mir noch den Rat, in der Schule darüber nicht zu sprechen und mich auch nicht in solche Gespräche verwickeln zu lassen.

Ich verstand die Welt nicht mehr. Doch es sollte noch schlimmer kommen.

In den Sommerferien 1938 fuhr ich erneut zu meinem Onkel nach Miechowice. Er schimpfte: „Über die Grenze nach Katowice können wir nicht mehr wandern. Das ist jetzt alles abgesperrt." Er führte mich an die Grenze und zeigte auf die deutschen Soldaten, die da standen: „Siehst Du, auf der anderen, der polnischen Seite ist nichts."

Jahre später (1941/42) zeigte er auf eine Rauchfahne am Himmel: „Das sind die Gaskammern von Auschwitz, die da rauchen. Die Banditen vergasen wieder Juden." Mein Onkel wie mein Vater waren sicher Ausnahmen, und ob sie auch gegenüber anderen so offen gesprochen haben wie mit mir, weiß ich nicht. Noch heute ärgere ich mich, wenn jemand sagt, er habe von alledem nichts gewußt. Vielleicht gab es damals Deutsche, die tatsächlich nichts gewußt haben. Auch kann man darüber streiten, ob und was man dagegen hätte machen können. Doch von dem Schicksal der Juden haben viel mehr Deutsche gewußt, als es heute zugegeben wird. Onkel Viktor jedenfalls ist auch nach dem Krieg von Miechowice nicht weggegangen, erhielt auch in Polen eine Rente von der Preußengrube, verstarb 1947 dort und wurde ebenda begraben.

Kaum von den Ferien zurück, begann am 1. September 1939 der deutsche Angriff auf Polen. Aufgeregt fuhr ich frühmorgens zum Flugplatz in Gandau und sah mit vielen anderen die Bomber der deutschen Luftwaffe in Richtung Polen starten. Über einen Lautsprecher erklang die Stimme Hitlers: „Seit 5:45 Uhr wird zurückgeschossen." Voraus ging die Behauptung, Polen habe den deutschen Sender Gleiwitz angegriffen. Mein Vater war skeptisch: „Du kannst schon bei Bismarck nachlesen, daß am meisten gelogen wird, wenn es um einen Krieg geht."

Zunächst aber ging bei uns alles weiter wie bisher. In der Schule änderte sich nichts, Vater übte seinen Beruf aus und erreichte 1940 seine „UK-Stellung". Die Betriebe und Verwaltungen durften damals Anträge stellen, Beschäftigte für „unabkömmlich" (UK) erklären zu lassen. Wurde dem Antrag stattgegeben, so bedeutete dies die Freistellung des Betreffenden vom Wehr-und Kriegsdienst. Die Familie freute sich darüber, seine Halbschwestern meinten aber auch: „Der Josef ist als Soldat nicht zu gebrauchen. Wenn der zur Armee käme, wäre der Krieg sowieso verloren."

Als ich am 22. Juni 1941 von der Schule nach Hause kam, holte mein Vater mich wieder einmal in sein Arbeitszimmer, zeigte auf die an der Wand hängende Europakarte und meinte schlicht: „Wolfgang, heute hat Deutschland den Krieg verloren." Ich wußte nicht, was los war. Außerdem hatte die deutsche Armee in den letzten Jahren an allen Fronten viele Siege errungen. Doch mein Vater fuhr fort: „Die deutsche Armee ist heute in Rußland einmarschiert. Aber ein Land wie Rußland kann man weder besiegen noch besetzen. Schau Dir die Karte an. Vielleicht kommen wir bis vor Moskau. Und dann? Dann haben wir 10 Prozent des Landes besetzt. Damit ist es aber auch aus; das mußte schon Napoleon erfahren."

1942/43 kam es bekanntlich zur Schlacht um Stalingrad, und der deutsche Rückzug begann. 1943 wurde die UK-Stellung meines Vaters aufgehoben und wenig später wurde er zum Bodenpersonal der Luftwaffe eingezogen. Ich durfte in den Ferien nicht mehr verreisen, sondern mußte arbeiten. 1942 als Briefträger, was damals körperlich anstrengend war, weil es keine Briefkästen in den Hausfluren gab, sondern jeder Brief in den Briefkasten der entsprechenden Wohnung gebracht werden mußte. Ich hatte das Pech, daß meine Briefadressaten meistens im letzten Stock wohnten, was bei den meist fünfstöckigen Häusern, die mir zugeteilt waren, ziemlich unangenehm war. Außerdem zahlte die Reichspost nur 25 Reichsmark die Woche. Und das, obwohl wir die Post zweimal am Tage zustellten: Um 6 Uhr früh mußten wir im Postamt die Briefe sortieren und ab 8 Uhr austragen. Ab 14 Uhr mußte diese Arbeit noch einmal geleistet werden. Da war ich heilfroh, daß mir Vater im nächsten Sommer eine Arbeitsstelle bei einer Dorfbäckerei in den Beskiden verschaffte. Dort lernte ich backen, sowohl Brote und Brötchen als auch Kuchen und Torten. Nur die Herstellung von Hörnchen schaffte ich nicht. Das Essen bei dem Bäcker war gut und reichlich. Seine Beziehungen zum Fleischer des Dorfes waren, wie man sich denken kann, hervorragend, so daß ich von der beginnenden Versorgungskrise nichts merkte.

In der Schule machten wir uns Sorgen um unser in zwei Jahren anstehendes Abitur. Immer mehr Unterrichtsstunden – manchmal sogar ganze Lehrfächer – fielen aus, weil die entsprechenden Lehrer zur Wehrmacht einberufen worden waren. Ersatz oder Nachwuchs kam nicht. Dennoch hofften wir wenigstens auf eine Art Notabitur, was dann auch zugesagt und 1944 abgelegt wurde. Mir aber hat es, jedenfalls formell in meinem späteren Leben, nichts genutzt, weil das entsprechende Dokument verlorenging.

Ende Januar/Anfang Februar 1943 kapitulierte die 6. Armee unter ihren Oberbefehlshabern Paulus und von Seydlitz in Stalingrad. Die Prophezeihung meines Vaters wurde allmählich Wirklichkeit. Ich zog aus dem einsetzenden Rückzug und den anhaltenden Verlusten der deutschen Armee aber einen anderen Schluß, als wohl mein Vater vermutet hatte. Das Vorrücken der sowjetischen Armee ließ mich befürchten, daß sie auch nach Deutschland kommen würden, und das durfte nicht sein. Aber wie sollte das verhindert werden? Eine Antwort darauf hatten weder mein Vater noch ich. Nach einiger Überlegung meldete ich mich freiwillig zum Militärdienst. Ein Hintergedanke dabei war auch, daß man bei einer freiwilligen Meldung auch Einfluß darauf nehmen konnte, zu welcher Waffengattung man kam. Mein Wunsch war die Kriegsmarine, und das gelang mir auch. Allerdings ergab die Musterung auf der Schwedenschanze in Stralsund, daß meine Augenschärfe nicht ausreichte, um Seeoffizier zu werden. Statt dessen wurde ich für die Laufbahn des Marinenachrichtenoffiziers registriert.

Ende März 1944 mußte ich mich in Husum melden. Die Fahrt dahin von Breslau über Berlin und Hamburg werde ich nie vergessen. In Berlin am Schlesischen Bahnhof angekommen, endete die Fahrt wegen der vielen Zerstörungen durch Bombenangriffe der US-Amerikaner und Briten. Zum Bahnhof Zoo mußte ich quer durch die Stadt laufen. Das ging oft nur auf der Mitte der jeweiligen Straße, weil die Hitze der brennenden Häuser und Ruinen es nicht anders zuließ.

In Hamburg kam ich am 31. März in Altona an. Als ich feststellte, daß der nächste Zug nach Husum erst in zwei Stunden ging, nutzte ich die Zeit, um mich ein wenig umzusehen. Das Bild war grauenhaft und erschütternd. Vom Altonaer Bahnhof bis zum Rathaus und an die Elbe waren nur Ruinen zu sehen, die infolge niedergegangener Luftminen teilweise noch brannten.

In Husum wurden wir eingekleidet, erhielten eine zehntägige Ausbildung im Marschieren und wurden dann mit LKW und Eisenbahn über den Hindenburgdamm zur „Grundausbildung“ auf die Insel Sylt gebracht, und zwar nach Mövenberg in eine Kaserne, in der nach dem Krieg eine Jugendherberge untergebracht wurde.

Wir lernten ein Gewehr handhaben, mit ihm schießen, und auch Handgranatenwerfen stand auf dem Programm. Täglich ging es zu Übungen in die Sanddünen der Insel, so daß ich viele Jahre später meinen Kindern, als der Film „Die Schönen und die Reichen“ über den Bildschirm lief, sagen konnte: „Von dieser Insel Sylt habe ich schon jedes Sandkorn wenigstens einmal im Mund gehabt.“

Doch lange blieben wir nicht auf Sylt. Schon nach wenigen Monaten kamen wir nach Flensburg und dort in die Marinenachrichtenschule in Mürwik. Nun waren wir echte „Seekadetten“ mit der Ausbildung zum Nachrichtenoffizier. Wir lernten funken, das Morsealphabet und das Verschlüsseln von Nachrichten. Obwohl Schleswig-Holstein damals noch vom Krieg verschont geblieben war, gab es fast jede Woche Fliegeralarm, und wir mußten den Luftschutzkeller aufsuchen. Der Grund waren amerikanisch-britische Bomber, die über Flensburg hinweg nach Berlin flogen, um die Reichshauptstadt zu bombardieren. In Flensburg verloren die zurück nach England fliegenden Flugzeuge nur einmal zwei Bomben, die sie wohl in Berlin nicht losgeworden waren. Sie richteten aber keinen größeren Schaden an. Überhaupt war die Zeit in Flensburg, wenn man einmal davon absieht, daß wir für den Krieg ausgebildet wurden, eine friedliche Zeit. Am Wochenende besuchten wir das Schloß Glücksburg; einmal schafften wir es sogar nach Dänemark. Dort gab es in den Gaststätten, obwohl in Deutschland die Lebensmittel schon rationiert waren und man nur mit Lebensmittelkarten einkaufen oder im Restaurant essen konnte, noch alles ohne Karten zu essen.

Doch das Kriegsgeschehen erreichte uns auch hier. Nach dem Attentat auf Hitler am 20. Juli 1944 wurde die gesamte „Heimatfront“ einschließlich der Kriegsmarine dem Kommando des „Reichsführers SS“, also Heinrich Himmler unterstellt. Wir merkten es zunächst daran, daß wir nicht mehr wie bisher mit der Hand an der Mütze grüßen durften, sondern der sogenannte „Führergruß“ angeordnet wurde, sprich: das Grüßen mit ausgestreckter Hand. Diesen „Hitlergruß“ mußten wir dreimal am Tag üben. Für die Marine, vor allem für die Marine-Offiziere, die sich noch immer als „kaiserliche Marine“ fühlten, war dies eine Demütigung. Ernster war allerdings, daß Himmler nicht akzeptieren wollte, daß so viele junge Matrosen in der Heimat Schulen wie die in Flensburg besuchten.

Wir erhielten deshalb den Einsatzbefehl zur Heeres-Unteroffiziersschule in Kosten im sogenannten Warthegau. Es dauerte allerdings noch bis in den September 1944, bis wir dort eintrafen. Dort erhielten wir nun die graue Wehrmachtsuniform, aber auf den goldschimmernden Knöpfen war als Zeichen der weiteren Zugehörigkeit zur Marine ein Anker abgebildet, und im Soldbuch stand weiter „Kriegsmarine". Das half später in den Wirren der letzten Kriegsmonate, uns in Sicherheit zu bringen.

Die Monate auf der Heeresunteroffiziersschule verliefen nicht viel anders als auf der Marineschule in Flensburg-Mürwik. Nur wurde die Ausbildung jetzt auf den Landkrieg ausgerichtet. Am 17. Januar 1945 gab es den bekannten Durchbruch der Roten Armee am Brückenkopf Baranowitschi im Gebiet von Brest, was uns den Befehl einbrachte, an die Front zu gehen. In Güterwaggons verladen, ging es nach Osten, solange die Bahn noch fahren durfte und konnte. Danach marschierten wir auf der Straße in langer Kolonne weiter.Vor uns sahen wir von deutschen Truppen nichts mehr. Dafür fluteten auf der linken Seite der Straße mehrere Einheiten zurück, die von vollbeladenen LKWs und Personenwagen mit Offizieren überholt wurden. Mir kam das merkwürdig vor, und ich ging vor zu unserem Kompaniechef, einem Reserveoffzier aus dem Sudetenland, der uns dadurch auffiel, daß er das „A" immer besonders langzog. So rief er zum Beispiel immer: „Aaales aantreten." „Herr Oberleutant", meldete ich mich bei ihm. „Vor uns sind schon lange keine deutschen Einheiten mehr zu sehen, und der Zug der zurückgehenden Truppen hat auch schon lange aufgehört." „Nun schön, was wollen Sie?" rief er zurück. „Vielleicht sollten wir mal einen Stoßtrupp vorausschicken, der schaut, was da vorne los ist?" Zu meinem Erstaunen war er nicht empört und betraute auch nicht mich mit einem solchen Auftrag, was ich im letzten Augenblick bei meinen Worten gefürchtet hatte. Vielmehr requirierte er auf dem nächsten Bauernhof einen dort mit laufendem Motor stehenden LKW, befahl einem Zug aufzusitzen und fuhr damit auf den vor uns liegenden Hügel. Von dort erblickte er im Tal ein Rudel Panzer. In der Überzeugung, es handele sich um eine deutsche Einheit, fuhr er mit dem LKW ins Tal hinab. Doch die Panzer waren russische T 34, und mit unserem Kompaniechef und seiner Gruppe war es vorbei. Der Rest unserer Kompanie, alles durchweg junge 17- und 18jährige Abiturienten, blieben mit einem Leutnant, der das Narwik-Schild, eine Auszeichnung für die Teilnahme am Norwegenfeldzug, trug, allein. Als erstes verschwanden wir von der Straße in die anliegenden Wälder; denn es konnte nicht mehr lange dauern, bis die russischen Panzer auf der Straße zu unserem Standort vorgerückt waren. Tatsächlich geschah das auch. Aber auch der Weg in die Wälder war kein Weg in Sicherheit und Ruhe. Wälder und Wiesen waren von dem naheliegenden Fluß überflutet und im Winter gefroren.

Viele Kameraden sahen das zu spät und brachen mit ihren Maschinengewehren und Munitionskästen in das leicht brechende Eis und ertranken, ohne daß wir ihnen helfen konnten. Außerdem wußten wir, nachdem die russischen Panzer an uns vorbeigerollt waren, daß wir nun hinter der Front oder zumindest zwischen den Fronten waren. Bauernhöfe, auf die wir stießen, waren mit polnischen Frauen und Männern besetzt, denn wir befanden uns in Polen. Mit Unterstützung von dieser Seite konnten wir nicht rechnen. Dennoch gelang es uns, uns wieder auf die deutsche Seite der Front zu schlagen. So kamen wir mit etwa der Hälfte unserer Einheit nach Schrimm. Dort wurden wir zur Verteidigung der Stadt gegen heranrückende russische Panzereinheiten eingesetzt. Hinter einem Bretterzaun hatten wir nur geringen Schutz vor den vorstoßenden Panzern. Für die auf den Panzern sitzenden russischen Soldaten waren wir ein leichtes Ziel. Hier hatten wir die größten Verluste. Viele Kameraden starben im Kugelhagel der auf den Panzern heranfahrenden Rotgardisten. Rechts und links von mir lagen die Toten. Mit ganzen zehn Mann von einst 120 konnten wir entkommen. Nach mehreren Tagen erreichten wir sogar deutsches Gebiet. Ich riet meinen Kameraden, ohne jeden Aufenthalt nach Glogau zu marschieren. Dort wohnte eine Verwandte meiner Mutter, und ich hoffte, wir, unser Trupp hatte sich inzwischen auf drei Soldaten reduziert, könnten da erst einmal unterkommen.

Wir hatten Glück. Meine Verwandte war noch in ihrer Wohnung und nahm uns auf. Doch am nächsten Tag ertönten frühmorgens Lautsprecher, und eine markige Stimme teilte mit, die Stadt sei heute morgen zur „Festung" erklärt worden. Niemand außer den Verwundeten dürfe die Stadt verlassen, und Soldaten, deren Einheit nicht in der Stadt sei, hätten sich unverzüglich in der Versprengtensammelstelle zu melden.Uns blieb nichts anderes übrig, als dem Aufruf zu folgen. Die Offiziere in der Versprengtensammelstelle waren trotz unserer Papiere, die uns als Angehörige der Marine auswiesen, sehr mißtrauisch und hielten uns für Deserteure. Ich weiß nicht, wie die Sache ausgegangen wäre, wenn nicht der diensthabende Offizier telefonisch abgerufen worden wäre. Dadurch waren wir fast eine Viertelstunde allein in seinem Zimmer. Ich nutzte die Zeit, um in unsere Soldbücher den herumliegenden Stempel der Versprengtensammelstelle zu drücken und in jedes Soldbuch einen vorgedruckten Anhänger mit unseren Namen auszufüllen, auf dem stand: „Verwundetentransport". Eilig verließen wir die Kaserne und liefen zum Bahnhof. Dort stand tatsächlich ein abfahrbereiter Verwundetentransport, in den wir einstiegen. Wir waren froh, als der Zug sofort abfuhr und wir so die „Festung Glogau" verlassen konnten. Wir waren überzeugt, daß man uns bald entdecken würde, und nutzten die Gelegenheit, als der Zug auf einem Bahnhof der kleinen Stadt Neusalz hielt, um den Transport wieder zu verlassen. Die

Stadt war so gut wie leer, und auf der Stadtkommandantur gab es nur noch einen Zahlmeister. Der Mann sah uns an und wußte offensichtlich sofort, was mit uns los war. Als er unsere Soldbücher sah, grinste er: „Ihr wollt sicher wieder zu Eurer Marineeinheit zurück. Ich gebe Euch einen Marschbefehl und schreibe als Ziel ‚Neustadt' hinein. Da drüben ist ein Postamt. Dort findet Ihr in dem ausliegenden Ortsverzeichnis ungefähr 150 Mal ‚Neustadt'. Sucht Euch aus, in welchem Eure Einheit liegt."

Wir marschierten weiter Richtung Westen. Damals wußte ich nicht, daß fast zum gleichen Zeitpunkt der Angriff der sowjetischen Truppen auf Breslau begann. Aber ich hatte im Radio gehört, daß Breslau zur „Festung" erklärt worden war. Dorthin zu gehen, war also sinnlos. So marschierten wir Richtung Cottbus. Auf der Straße hing auf einmal ein Soldat mit einem Schild um den Hals an einem Baum, auf dem „Ich bin ein Verräter" stand. Darunter war „Wer von der Front wegläuft, wird erschossen. General Schörner" zu lesen. Ich begriff, daß auch wir so betrachtet werden könnten, und riet deshalb, schnell weiter nach Cottbus zu marschieren. Nach einigen Tagen erreichten wir tatsächlich diese Stadt. Auch dort gab es eine Versprengtensammelstelle. Unsere Papiere wurden zwar akzeptiert, vor allem der „Marschbefehl nach Neustadt" machte großen Eindruck. Doch sie änderten nichts daran, daß wir neuen Einheiten zugeteilt wurden und endgültig auseinanderkamen. Wegen meiner Ausbildung als Funker (so stand es im Soldbuch) wurde ich einer Einheit zugewiesen, die zwar einen Schützenpanzer besaß und auch einen Fahrer für den Wagen hatte, aber keinen Funker. So wurde ich im Januar/Februar des Jahres 1945 Funker auf einem Schützenpanzerwagen.

Die hier geschilderten Tage gingen so ungewöhnlich vorüber, daß ich nicht sicher bin, ob ich alles richtig behalten habe. Hier leistet mir ein Brief Hilfestellung, den ich zu meiner größten Überraschung im November 1980 aus Managua, der Hauptstadt Nicaraguas, erhielt. Er stammt von dem Kameraden Heinz Lemm, der von Sylt bis Schrimm, Glogau und Neusalz dabei war, einer der wenigen Überlebenden ist und alles fast akribisch aufgeschrieben hat. Die wichtigsten Passagen dieses Briefes seien hier im folgenden dokumentiert:

„Lieber Wolfgang!
Es wird Dir sicherlich nicht leicht fallen, Dich meiner zu erinnern. Es sind immerhin mehr als 35 Jahre vergangen, seitdem wir in den Duenen Moevenbergs auf Sylt waehrend unserer infanteristischen Ausbildung so manchen Schweisstropfen verloren.

Ich war damals im 1. Zug bei Lt. Kuprath. Ich glaube, Du warst im 2. oder 3. Zug.

In meiner Gruppe waren damals Hans Guenter Willmann aus dem

Schwarzwald, Hans Wege aus Hessen, Otto Wodak, der Groesste der Kompanie (ich glaube, er kam aus Breslau), Bernd Bergmann und Alfred Dinkelborg aus Westfalen, Siegfried Hannemann aus Danzig, ‚Sonny‘ Sontheimer aus Berlin, ‚Johny‘ Knippel aus Frankfurt, Hein Hillebracht aus Kassel, Johannes Steeg aus dem Vorgtland, Wolfgang Conrad aus Cottbus, Harald Dams aus Bocholt. Unser Gruppenführer war Obermaat Meyer.

Nach Beendigung der Grundausbildung kamen wir nach Muerwik zur Kriegsschule und im Oktober 1944 von dort nach Kosten zur Heeresunteroffizierschule (HUS Kosten). Am 17. 1. 45 wurden wir an die Front geschickt und kamen oestlich Konin zum Einsatz.

Vielleicht nehmen nun langsam, aus dem Schatten der Vergangenheit, jene Begebenheiten und Erlebnisse vor Deinen Augen Gestalt an?

Auf Dich wurde ich durch den ‚Spiegel' No. 19/1978 aufmerksam. Des Namens Seiffert erinnerte ich mich sehr gut, zumal einer meiner Freunde in meinem Heimatort Voerde am Niederrhein ebenfalls Seiffert heisst.

Als ich dann noch las, dass Du am 1. 4. 44 nach Sylt eingezogen wurdest und ich mich noch einmal anhand einer Kompanie-Liste des Namens Wolfgang Seiffert, Breslau I, Bockstrasse 5, vergewisserte, da kam ich langsam zu der Ueberzeugung, dass nur Du dieser Mann sein konntest, dessen bewegtes und interessantes Leben der Spiegel schilderte.

Wie kamst Du nach Krotoszyn, wo Du Dich, wie der Spiegel schreibt, ‚an der zusammenbrechenden Front' wiederfandest?

Wir kamen damals oestlich Konin zum Einsatz. Der 1. Zug (ich gehoerte zum 3. Zug unter Fw. Hauers), mit dem unser Kompanieführer Oblt. Gehringer mittels eines requirierten Lastwagens nach vorne fuhr, wurde durch einen Ueberraschungsangriff russischer Panzer beinahe voellig aufgerieben. Einer der wenigen Ueberlebenden war Hans Wege, der spaeter bei Guben gefallen ist.

Es ging von Konin aus querfeldein zurueck, unter ungeheuren physischen und psychischen Strapazen, die Du ja auch kennengelernt hast.

Im Schrimm verteidigten wir uns einen Tag lang gegen den Angriff fuenf russischer Panzer und weit ueberlegener russischer Infanterie. Hier fielen Rudi Kottmann, Peter Schmidt aus Flensburg, Blumenfuhrt, Hipp, und manch anderer Kamerad, an dessen Namen ich mich nicht mehr erinnere.

Auf unserem Rückmarsch kamen wir noch einmal nach Kosten, wo Lt. Kugi fiel.

Bei einem ueberraschenden, naechtlichen Feuerueberfall auf einem polnischen Hof, als der Rest der Kompanie sich zum Abmarsch formierte, fielen weitere Kameraden, unter ihnen, soweit ich mich richtig erinnere, Uffz. Wagner. Fw. Striebeck wurde verwundet.

Nun war ich nur noch mit Hans Wege zusammen. Ich hatte die Zehen des rechten Fusses erfroren. Bei Alt-Kloster erreichten wir die deutsche Grenze. Von Neusalz an der Oder wurde ich mit einem der letzten Lazarettzuege zum Westen transportiert. Wenige Tage, bevor Dresden zerstoert wurde, hielt der Zug fuer Stunden auf dem dortigen Bahnhof, der mit Fluechtlingen vollgestopft war.

In Attendorn in W. wurde ich in einem ueberfuellten Lazarett untergebracht, am 15. 3. 45 entlassen, kaempfte noch einmal gegen den Amerikaner bei Bielefeld, geriet gegen den 20. 4. 45 in Gefangenschaft, war etwa drei Wochen im Todeslager Rheinberg, bevor ich mit Hunderten anderer Leidensgenossen in Gueterwagen nach Frankreich verfrachtet wurde.

Im Maerz 1946 war ich wieder zu Hause.

Nach einjaehriger Hoeherer Handelsschule absolvierte ich eine kaufmaennische Lehre bei der Westfaelischen Union A. G., Hamm i. W., wurde von hier im Sommer 1949 zur Stahlunion Export GmbH nach Duesseldorf versetzt. Du warst um diese Zeit wohl auch in Duesseldorf?

Die Stahlunion schickte mich im Januar 1953 nach Nikaragua, wo ich mich im Jahre 1958 als Vertreter auslaendischer Firmen selbstaendig machte und im selben Jahr ein Maedchen deutscher Abstammung heiratete. Wir haben vier Kinder, die 21, 20 und 15 Jahre alt sind. Die Fuenfzehnjaehrigen (Jungen) sind Zwillinge.

Seit Juli 1979 hat Nikaragua nach beinahe zweijaehrigem Buergerkrieg ein neues Regierungssystem, das stark kubahoerig ist. Sozialismus ist gut, wenn alle Schichten der Bevoelkerung zur Mitarbeit angeregt werden, mit dem Ziele einer groesseren sozialen Gerechtigkeit; er ist nicht gut, wenn er den Klassenhass predigt mit Parolen, die vielleicht gegen Mitte des vorigen [vorletzten] Jahrhunderts vertretbar waren. Der Klassenhass hemmt die soziale und wirtschaftliche Entwicklung eines Volkes, zu dessen allgemeinen Wohle die Revolution ja eigentlich gemacht wurde.

Die Nikaraguaner sind von Natur aus rebellisch. Sie werden sich schwerlich in eine Form pressen lassen, die nicht ihre Eigenarten und ihre Mentalitaet beruecksichtigt, die lediglich eine Nachahmung einer anderen von fremden Laendern, von fremder Denk- und Auffassungsweise bestimmten politischen Form ist.

Es muesste der Weg zu einem eigenen, nikaraguanischen Sozialismus gefunden werden.

Aber, ich wollte mit Dir nicht ueber Politik philosophieren. Mich wuerde interessieren, von Dir zu erfahren, wie Du aus dem Durcheinander des Fronteinsatzes herausgekommen bist, welche Kameraden bei Dir waren und mit welchen Du vielleicht heute noch Kontakt hast. Weisst Du etwas ueber das Schicksal anderer Kameraden aus jener schicksalhaften Zeit?

Ich habe noch Verbindung zu H. G. W., der in Freiburg Architekt ist.

Ich hatte nach dem Krieg Kontakt zu Harald P., der inzwischen gestorben ist, soweit ich unterrichtet bin, zu Alfred D. und Werner S., der irgendwo Pastor geworden ist. Horst N. habe ich mal in Hamborn besucht, um 1950 herum, als Du Dinslaken am Niederrhein, wie ich dem ‚Spiegel' entnahm – ‚unsicher' machtest. Mein Heimatdorf Voerde liegt nur 6 km von Dinslaken entfernt. Wenn ich von Deinen Schwierigkeiten in Dinslaken gewusst haette, waere ich Dir in alter Waffenbruderschaft zu Hilfe gekommen!

Dies moege fuer heute genuegen. Ich wuerde mich freuen, von Dir irgendwann eine Antwort zu bekommen.

Herzliche Gruesse,
Heinz Lemm"

Die Einheit, der ich zugeteilt war, erhielt bald den Marschbefehl nach Böhmen. Der Fahrer meines Schützenpanzers war von Beruf Autoschlosser und kam mit dem Wagen gut voran. Nach wenigen Tagen nahmen wir Quartier auf einem Bauernhof und warteten auf weitere Befehle. Bevor sie eintrafen, meldete der Fahrer einen Schaden an der Kardanwelle; eine neue sei unbedingt nötig, weil der Wagen nicht mehr lenkbar sei. Er fahre immer nur rechts rum. Ich meldete den Schaden und erhielt die Nachricht, das Ersatzteil werde in etwa zwei Tagen bei uns eintreffen. Als es kam, war die Panzerschlacht, die zwei Tage zuvor bei Schwarzwasser begonnen hatte, vorbei. Wir erhielten Befehl, zum Ring von Berlin zu fahren und uns dort den zur Verteidigung von Berlin eingesetzten Einheiten anzuschließen.

Dort, etwa im Raum Spremberg, angekommen, blieb uns nur ein Tag Ruhe, bis am 16. April die Rote Armee mit einem gewaltigen Geschützdonner ihre Offensive auf Berlin begann. Einen so anhaltenden und durchschlagenden Angriff einer ganzen Armee hatte ich noch nie erlebt. Stundenlang dröhnten die Geschütze, die Erde bebte, bis schließlich riesige Panzerkolonnen auf uns vorstießen.

Unser Schützenpanzer hielt kurze Zeit auf einem Hügel – wir wollten uns orientieren –, da krachte es in unserem Schützenpanzer, es begann zu brennen, und wir sprangen hinaus. Es war klar: Russische Panzerabwehr hatte uns auf dem Hügel entdeckt und abgeschossen. Von meinem Fahrer habe ich nie wieder etwas gesehen oder gehört. Ich selbst lief in ein nahegelegenes Waldstück, fand ein Schützenloch, saß da vielleicht zwei Stunden und überlegte, was nun werden sollte. Von meinen Überlegungen wurde ich plötzlich unsanft erlöst. Ein Rotarmist mit Kalaschnikow zog mich aus dem Loch, schrie etwas, was ich nicht verstand, wovon ich aber später erfuhr, daß es „Ruki werch!", also „Hände hoch!" hieß. Es waren die ersten russischen Worte, die ich in meinem Leben hörte. Auch ohne sie zu verstehen, nahm ich die Hände hoch. Der Rotarmist untersuchte mich und staunte, daß ich überhaupt nichts bei mir hatte; keine Waffe, kein Dokument. Das war alles im Wagen geblieben. Etwas später erschrak ich, als ich in meiner rechten Hosentasche eine Eierhandgranate fand. Ich hatte sie vergessen, und der Rotarmist hatte sie nicht gefunden. Ich nahm sie aus der Hosentasche und wollte sie dem Russen geben, doch der wich erschrocken zurück und brachte die Kalaschnikow in Anschlag. Daraufhin warf ich die Handgranate weg. Als sie nicht explodierte, waren wir wohl beide froh.

Mich brachte der Soldat in den nächsten Ort in den Keller eines kleinen Hauses, in dem sich schon andere Gefangene befanden. Niemand dort wußte, wo wir uns genau befanden, geschweige denn, was jetzt kommen würde. Ich wußte nur, daß es der 22. April war, denn zwei Tage vorher hatten wir im Radio unseres Schützenpanzers die Rede Goebbels zum Geburtstag Hitlers gehört. Es kam uns wie Galgenhumor vor, als er sagte: „Berlin bleibt deutsch, und Wien wird wieder deutsch." Mein Fahrer meinte: „Wie soll das geschehen?"

Am nächsten Tag wurden wir mit anderen Gefangenen zu einer Sammelstelle gebracht und bald waren wir eine Gefangenenkolonne mit mehreren tausend Mann. Auf der Autobahn marschierten wir mehrere Tage und kamen schließlich in einem Lager bei Sagan an. Am Tor hing ein Transparent: „Wir grüßen unsere sowjetischen Befreier." Mir kam das etwas komisch vor, denn ich hatte den Eindruck, daß ich mich in Gefangenschaft befand ... Ein paar Tage später marschierten wir zum Bahnhof und wurden in Viehwaggons verladen. In einen Waggon kamen etwa 50 bis 60 Gefangene und ein bis zwei Bündel Stroh; dann wurde der Waggon geschlossen und mit Stacheldraht gesichert. Auf jeden Waggon kamen zwei Rotarmisten; durch einen Türspalt konnte ich erkennen, daß sie Schlitzaugen hatten. Später erfuhr ich, daß es Mongolen waren.

Die April- und Maitage des Jahres 1945 waren warm und sonnig, und so konnte ich aus dem rasch abfahrenden Zug Wälder, Wiesen und Felder erkennen, ohne zu wissen, wo wir uns befanden oder durch welches Land wir fuhren.Wir hielten nur wenige Male, um das Stroh rauszuwerfen und neues zu empfangen. Bei dieser Gelegenheit gab es auch etwas zu essen. Es war irgendeine Suppe und schwarzes Brot.

Ich versuchte zu zählen, wie viele Tage und Nächte wir schon fuhren und brachte es auf zehn oder zwölf. Genau weiß ich es bis heute nicht. Schließlich kamen wir am Hafen einer größeren Stadt an, wurden ausgeladen und zu einigen Holzbaracken gebracht. Am nächsten Morgen wurden wir auf LKWs verladen, runter in den Hafen gebracht und mußten Holz und andere Waren aus Schiffen ausladen und an Land stapeln.

Vergeblich versuchte ich von einem der Bewacher zu erfahren, wo wir uns eigentlich befanden. Schließlich zeigte ein LKW-Fahrer auf den vor uns liegenden Fluß und sprach langsam das Wort „Wolga“ aus. Mich durchzuckte es: „Einsam steht ein Soldat am Wolgastrand, hält Wache für sein Vaterland.“ (Das „Wolgalied“ aus dem „Zarewitsch“ mit der Musik von Franz Lehár war mir in Erinnerung). Die Stadt hieß Saratov.

Die Arbeit im Hafen war anstrengend. Die Stadt Saratov war zwar vom Krieg verschont geblieben, aber der Hafen hatte nur einen Kran. Also waren wir für Löscharbeiten auf den Wolgaschiffen gerade richtig. Manchmal mußten wir Zement oder Weizenmehl in die Schiffe laden, das andere Mal Bleche aus den Schiffen. In der Hitze arbeiteten wir mit freiem Oberkörper, und vor allem der Zement setzte sich im Schweiß schnell auf der Haut fest und wurde dann von den Blechen wieder abgescheuert. Mir erschien es da besser, eine der an Deck eines Schiffes herumstehenden Karren zu benutzen. Das war leichter, und man konnte mit einer Schubkarre gleich zwei Mehlsäcke transportieren. Doch das war nicht im Sinne des Aufsehers, der sich „Prorab“ nannte. Er konnte zwar nicht deutsch, aber jiddisch, und hatte wohl mitbekommen, daß ich das auch verstand. Jedenfalls rief er, als er meinen Versuch bemerkte, die Schubkarre zu nehmen, laut über das ganze Deck: „Stelle se weg de Karre, neme se den Sack!“ Wohl oder übel mußte ich die Säcke wieder schultern. Sie wogen immerhin 90 Kilo. Doch ich, im Unterschied zu den meisten anderen Gefangenen, war jung. Mit ihnen hatte ich bald ein Problem. Denn die russische Arbeitsleitung rechnete für jeden Gefangenen eine Norm aus, die am Tage zu erfüllen war. Wir waren 150 Gefangene, die im Hafen arbeiteten, das hieß also 150 mal die Norm, und die zu erbringende Arbeitsleistung der Gefangenen stand fest. Einige fühlten sich nicht geeignet, eine derartige Arbeitsleistung zu erbringen, andere meinten, sie seien Offiziere in der deutschen Wehrmacht gewesen und nach irgendeiner internationalen Norm bräuchten sie in der Gefangenschaft nicht zu arbeiten. Die Folge war, daß etwa 120 die Leistung von 150 Gefangenen erbringen mußten. Die russische Seite machte es sich leicht und sagte: „Wieviele arbeiten, ist uns egal. Ihr geht dann zurück ins Lager, wenn die Norm der 150 erbracht ist.“

Ich versuchte, mit den Verweigerern zu sprechen. Der Erfolg war bescheiden. Ihr Hauptargument lautete: „Deutschland hat kapituliert. Innerhalb von drei Monaten müssen die Russen uns alle nach Hause lassen.“ So viel naiver Optimismus erschien mir unsinnig. Ich dachte: „Wenn Deutschland den Krieg gewonnen hätte, würde es die vielen sogenannten ‚Ostarbeiter’ auch nicht gleich nach Hause lassen, sondern sicher sagen: ‚Baut mal auf, was kaputtgegangen ist, dann könnt ihr nachhause fahren.’ Warum sollten die Russen mit uns anders verfahren?“ Mit einer derartigen Sicht der Dinge stieß ich bei den meisten anderen Gefangenen nicht gerade auf Gegenliebe. Mir aber half sie, mich auf eine lange Zeit der Gefangenschaft einzustellen. Als eine Lagerinspektion (wir waren inzwischen in das mit Erdbunkern und Baracken ausgestattete Lager „Jelschanka“ umgezogen) mich ansprach, daß ich ja noch ein Knabe sei, und fragte, ob ich nicht in der Fabrik als Dreher oder Schleifer arbeiten wolle, sagte ich sofort zu. In der Fabrik zu arbeiten war sicher besser als im Hafen oder gar beim Bau von Gasleitungen, was mir später, im frostigen Winter 1946, auch nicht erspart bleiben sollte.

Die Anlernung in der Fabrik dauerte drei Wochen, danach arbeitete ich als Dreher in der Kugellagerfabrik. Die meisten Beschäftigten waren Frauen, da die Männer noch nicht demobilisiert waren. Der russische Meister, der mich angelernt hatte, verstand kein Wort Deutsch und brachte mir ein deutsch-russisches Wörterbuch mit, mit dessen Hilfe wir uns verständigten. Aus dem Wörterbuch lernte ich vor allem die kyrillische Schrift. Etwa 1948 meinte der Meister, „Du kannst jetzt Russisch lesen und schreiben, Du solltest ‚Normirovschik', machen.“ Der „Normirovschik“ saß in einem Büro, stellte für jeden Beschäftigten die Nachweise über seine Arbeitsleistung pro Tag aus und rechnete am Monatsende zusammen, was die „Zeche“ (so nannte man die Abteilung) zustandegebracht hatte. Mir half die neue Arbeit, besser Russisch zu lernen, die weiblichen Beschäftigten waren zu mir sehr nett, weil ihre Bezahlung von den von mir ausgestellten Bescheinigungen abhing (obwohl diese erst gültig waren, wenn der russische Meister sie unterschrieben hatte). Ich bekam einen Einblick in die sowjetische Planwirtschaft, der mich bald davon überzeugte, daß auf diese Weise keine effektive Wirtschaft möglich ist. Im Winter stand ich oft morgens mit dem Meister an der Heizung; wir machten dort unsere Frühstückspause. Als eine junge Frau durch die Halle kam, die selbst in ihrem Schuba (Pelzjacke) noch recht attraktiv aussah, blickte ich ihr nach (ich war damals 21 Jahre alt). Doch der Meister fuhr mich an: „Laß das, das ist eine Jefreka.“ (Jüdin) Ich war schockiert. Das hatten wir doch gerade unter Hitler hinter uns gebracht. Nun auch in Rußland Antisemitismus? Später stellte ich fest, daß Antisemitismus auch in Rußland weitverbreitet ist.

Im Dezember 1947 hatte es in der Sowjetunion eine Währungsreform gegeben. Die Folge war für uns Gefangene, daß wir nun von unserem Arbeitsverdienst einen kleinen Teil in bar ausgezahlt bekamen. Das ermöglichte es uns, zusätzlich Lebensmittel und Tabak zu kaufen.

Doch diese gab es damals nur auf dem Basar in der Stadt. In Begleitung eines sowjetischen Offiziers fuhr ich daher in die Stadt, um für alle einzukaufen, die ihre Wünsche auf einen Zettel geschrieben hatten. Mit der Hilfe des Oberleutnants Samoilov gelang uns ein guter Einkauf. Doch der

Offizier hatte furchtbare Angst, daß wir auf dem Heimweg in der „Tramwai“ (so heißen die Straßenbahnen dort) bestohlen werden könnten. Ich packte alle gekauften Gegenstände in einen großen Sack, band ihn gut zu und stieg mit dem Offizier in die Straßenbahn. Bis zur Endstation waren es 40 Minuten. Als wir ankamen, war mein Sack mit den Einkäufen unversehrt, wir stiegen aus, der Offizier schaute auf seine Armbanduhr, das heißt, er wollte es, und stieß einen furchtbaren Fluch aus. Man hatte ihm die Uhr gestohlen, indem man sie ihm regelrecht mit einer Rasierklinge vom Arm geschnitten hatte. Er hatte also mit seiner Furcht vor Taschendieben Recht behalten, nur ganz anders als erwartet.

Daß ausgerechnet ich für alle Gefangenen die Einkäufe in der Stadt erledigen durfte, hatte mit meiner inzwischen erreichten Stellung im Lager zu tun. Natürlich hatte ich mir über das Ende des Krieges, die letzten Kriegserlebnisse, den Tod so vieler junger Kameraden Gedanken gemacht. Auch an meine Jugendzeit in Breslau erinnerte ich mich, an die Worte meines Vaters und meines Onkels Viktor über das Hitlerregime, die Emigration jüdischer Bekannter sowie die Worte Onkel Viktors über den Tod der Juden in Auschwitz. Auch machte ich mir Gedanken, was nun aus Deutschland werden sollte. Die Zeit hatte mich politisiert. Zeitungen gab es am Anfang im Lager überhaupt nicht. Erst später kamen hin und wieder das „Freie Deutschland“ ins Lager, das vom „Nationalkomitee Freies Deutschland“ herausgegeben wurde, und schließlich Exemplare einiger Zeitungen, die in der Sowjetischen Besatzungszone Deutschlands (SBZ) erschienen. Manche Gedanken , die ich mir damals machte, waren vielleicht absurd, aber der damaligen Situation geschuldet. So dachte ich einmal: „Wenn vor 200 Jahren im Siebenjährigen Krieg nicht Friedrich II., sondern Maria Theresia gesiegt hätte, wären wir Schlesier dann heute Österreicher?“ Auf die Idee kam ich, als bei einem Appell im Lager der sowjetische Offizier verlangte, daß wer kein Deutscher sei, vortreten solle. Zu meinem Erstaunen meldeten sich drei Kameraden, von denen ich bisher nur wußte, daß sie einer Wehrmachtseinheit angehört hatten, die bei Stalingrad in Gefangenschaft geraten war. Überrascht fragte ich sie: „Was seid Ihr denn?“ Die Antwort lautete: „Österreicher“. Damals war das für mich völlig unverständlich. „Aber Ihr wolltet doch 1938 zu Deutschland?“ Die drei wußten darauf keine Antwort, aber betonten, sie hofften durch ihr Bekenntnis, Österreicher zu sein, schneller nach Hause zu kommen. Ob ihnen das tatsächlich gelang, ist mir nicht bekannt.

In längeren Abständen erschienen im Lager deutsche Mitglieder des „Nationalkomitees“ und hielten Vorträge über die Weltlage und die Situation in Deutschland. Im Mittelpunkt ihrer Ausführungen stand stets die These, Deutschland dürfe nie wieder den Frieden gefährden. Ebenso aber wurde betont, daß die Sowjetunion trotz gegenteiliger Versuche der

Westmächte an der Einheit Deutschlands festhielte. Mich beschäftigte damals vor allem die Frage, ob es denn stimmte, daß von Deutschland zweimal ein Weltkrieg ausgegangen war und was die Ursachen dafür seien.

Als im Lager etwa um 1947/1948 davon die Rede war, man könne eine Jugendgruppe des „Nationalkomitees Freies Deutschland" bilden, meldete ich mich mit etwa fünf weiteren Kameraden. Von da an erhielten wir fast regelmäßig Zeitungen, aber auch Broschüren verschiedenen politischen Inhalts in deutscher Sprache. Einmal war unter den Lesematerialien, die wir erhielten, auch eine Schrift Stalins über den Marxismus-Leninismus. Als ich das Heft zur Arbeit in die Fabrik mitnahm, sagte ein älterer Mitarbeiter aus der Verwaltung des Unternehmens: „Ich bin seit 1912 in der Partei. Aber das habe ich nie verstanden." Unter den Gefangenen gab es auch einen August Harpke, von dem es hieß, er sei schon in Deutschland Kommunist gewesen. Ich fragte ihn, wieso er dann Soldat in der deutschen Wehrmacht geworden sei. Er antwortete, er sei beim „Strafbatallion 999" gewesen, was ein Himmelfahrtskommando gewesen sei, aber auch ein Glück, weil er sonst ins KZ gekommen wäre. Mit ihm diskutierte ich oft und stellte ihm Fragen wie die, ob es denn stimme, daß Stalin ein grusinischer Bankräuber gewesen sei. Mich verblüffte seine prompte Antwort: „Vom Zaren haben sie das Geld für ihre Parteiarbeit nicht bekommen." Harpke hatte natürlich die sowjetische Lagerverwaltung darauf aufmerksam gemacht, daß er Kommunist sei und in Deutschland Gaujugendleiter des Kommunistischen Jugendverbandes in Berlin gewesen war. Die sowjetischen Offiziere notierten das, meinten aber lächelnd: „Dann werden Sie ja die Arbeitsnormen mit mehr als 150 Prozent erfüllen!" Harpke wurde später in der DDR Vorsitzender der Arbeiter- und Bauerninspektion in Magdeburg. Für mich änderte sich mit meiner Tätigkeit in der Jugendgruppe nicht viel. Nur durfte ich von Zeit zu Zeit selbst einen Vortrag halten. Meist war mein Thema eine Zeit der deutsch-russischen Beziehungen in der Vergangenheit, wie zum Beispiel im Jahre 1813.

Unsere Informationen über Deutschland waren trotz der gelegentlich erhaltenen Zeitungen und Vorträge dürftig. Mir wurde aber doch klar, daß man nach der Rückkehr in der Politik mitmischen mußte, damit sich nicht wiederholte, was wir selbst erlebt und erfahren hatten. Doch dazu mußten wir erst einmal nach Deutschland zurückkommen. Als aus Saratov immer mehr Kriegsgefangene nach Deutschland entlassen wurden, fragte ich mich, wann ich endlich selbst an der Reihe sein würde. Etwa im April/Mai 1949 meldete ich mich bei dem Lagerkommandanten und verlangte Auskunft. Der versuchte mich zu beruhigen und schloß das Gespräch mit einem mich neugierig und gleichzeitig unruhig machenden Satz ab: „Für Dich haben wir etwas Besonderes vorbereitet."

Mehr war aus ihm nicht herauszuholen.

Wenig später ereignete sich ein seltsamer Vorfall. Im Lager gab es nicht nur die sowjetische Verwaltung, sondern auch eine aus drei Personen bestehende deutsche Lagerverwaltung. Die Gefangenen nannten sie, an die marxistische Terminologie anknüpfend, die „Lager-Bourgeoisie".

Bei uns waren dies ein ehemaliger Feldwebel, ein Unteroffizier aus Böhmen und ein angeblich aus Norddeutschland stammender Arno Eisner, der erstaunlich gut Russisch sprach. Mit der Dolmetscherin der sowjetischen Verwaltung unterhielt er enge Beziehungen, so daß wir glaubten, daß er wohl für den NKGB arbeiten würde (wie damals noch der sowjetische Geheimdienst hieß). Doch jetzt stellte sich heraus, daß es einen ganz anderen Hintergrund gab. Denn eines Tages wurde er von der Militärpolizei abgeholt, und zwei Monate später kam die Dolmetscherin mit einer Vorladung zum Militärtribunal zu mir und sagte: „Sie sind als Zeuge im Prozeß gegen Arno Eisner geladen; ich werde Sie als Dolmetscherin begleiten."

Bei Gericht stellte sich dann heraus, daß Arno Eisner ein Rußlanddeutscher war, der als sowjetischer Soldat in die Hände der deutschen Truppen gefallen war und mit diesen als „Hilfswilliger" nach Rußland einmarschierte. Dort geriet er mit seiner deutschen Einheit in russische Kriegsgefangenschaft. Aus berechtigter Furcht hatte er sich weiter als deutscher Kriegsgefangener ausgegeben. Seine engen, wahrscheinlich auch intimen Beziehungen zu der russischen Dolmetscherin waren wohl der Grund für die Aufdeckung seiner wahren Identität. Ich konnte als Zeuge nichts aussagen, denn alle Fragen bezogen sich darauf, ob er uns etwas über seine Rolle bei der sowjetischen Armee erzählt hatte. Doch gerade das hatte er nicht getan. Er erhielt 25 Jahre Arbeitslager, und durch einen Zufall hörte ich, daß er unter Chruschtschow amnestiert wurde.

An meinem 23. Geburtstag, also am 18. Juni 1949, erhielt ich vom Lagerleiter den Befehl, mich am nächsten Morgen um 8 Uhr reisefertig vor dem Lagertor einzufinden. Dort werde mich ein Sergeant erwarten und auf einem Wolgaschiff zu einem sechs Monate dauernden Kurs zur „Antifaschule 2041" bringen. Danach würde ich entlassen werden.

Tatsächlich stand am nächsten Morgen ein Sergeant in Uniform vor dem Tor, fragte mich nach meinem Familiennamen und Vornamen. Mein Vorname Wolfgang war ihm zu kompliziert, er nannte mich einfach „Wolodja". Daraufhin fragte ich frech zurück, wie er gerufen werde. Die Antwort lautete „Dusja". Ich schaute noch einmal genauer hin. Tatsächlich, der Sergeant war weiblich; „Dusja" ist im Russischen ein weiblicher Vorname.

So ging ich denn mit einem weiblichen Sergeanten für drei Tage an Bord eines Wolgaschiffes. Die Reise ging über Tschebogsarij und Kuibyschew (wie Kasan damals hieß) bis zur Stadt Gorki (die heute wieder Nishninovgorod heißt). Von da fuhren wir mit der Eisenbahn bis Balachna, und dann ging es zu Fuß weiter bis Taliza. So hieß der Ort, in dem die Schule lag. Der oder die Sergeantin lieferte mich beim Schulkommandanten, einem Obersten Samodajew, ab und verschwand ohne jedes weitere Wort.

Von nun an war ich „Kursant“, hatte mich an einen strengen Arbeitsplan zu halten, mußte von morgens bis abends Vorlesungen hören, an Seminaren teilnehmen und Hausaufgaben machen.

Dozenten waren russische und deutsche Wissenschaftler wie Professor Janzen (Philosophie), Schuck (Deutsche Geschichte), Herr (Geschichte der deutschen Arbeiterbewegung), aus Deutschland emigrierte Kommunisten sowie Mitglieder des „Nationalkomitees Freies Deutschland“. Der Inhalt der Vorlesungen und Seminare war sachlich, wenn auch ideologisch an den Vorgaben der „Geschichte der KPdSU“ (Kommunistischen Partei der Sowjetunion) ausgerichtet, aus der oft direkt zitiert wurde. Vor allem wurde bald klar, daß das Ziel der Ausbildung darin bestand, „Kader“ für den Einsatz in Deutschland auszubilden. Dabei wurde kein Zweifel daran gelassen, daß ganz Deutschland gemeint war, zumal es im Sommer 1949 noch keine DDR gab.

Wir wurden in kleine Klassen von etwa 20 Personen eingeteilt, die einen „Klassenlehrer“ erhielten, der aus Absolventen früherer Kurse der Schule ausgewählt worden war. Mein Klassenlehrer war Reinhard Brühl, der 1944 als junger Leutnant in Gefangenschaft geraten war und sich nun sehr intensiv im Sinne des „Nationalkomitees Freies Deutschland“ engagierte. Später wurde er in der DDR Generalmajor der dortigen Nationalen Volksarmee (NVA) und Direktor des Militärgeschichtlichen Instituts in Potsdam. Wir bekamen nun regelmäßig die „Prawda“, und es kam vor, daß einer der Dozenten zu Beginn des Unterrichts fragte: „Wie lautet heute der Leitartikel der ‚Prawda‘?“ Wußte man das nicht, wurde man scharf kritisiert: „Sie haben schon gefrühstückt, aber die ‚Prawda‘ haben Sie noch nicht gelesen. Ihr Bewußtsein ist noch zurückgeblieben.“ Schlimm waren die sogenannten „Lebensberichte“, die von jedem einzelnen mündlich vorgetragen werden mußten. In ihnen sollte vor allem herausgearbeitet werden, welch üble Rolle man im NS-System gespielt hatte. Diese „Selbstkasteiung“ war so absurd, daß mancher behauptete, er hätte diesen oder jenen Orden erhalten und schämte sich heute dafür. Ich war auch hier einer der Jüngsten und konnte mit dergleichen nicht dienen. Mein kurzer sachlicher Bericht wurde stillschweigend zur Kenntnis genommen, blieb aber ohne Bewertung.

Im September wurden wir für eine Woche als Erntehelfer in der Landwirtschaft der Umgebung eingesetzt. Das war eine angenehme Abwechslung. Auf einer Sowchose lernte ich ein nettes Mädchen mit dem schönen

Namen Tanja kennen. Nach der Rückkehr zur Schule kam ich in den ersten Oktobertagen, es war schon Schnee gefallen, auf die Idee, Tanja am Wochenende zu besuchen. Die Schule war nicht bewacht; es gab nur einen Holzzaun, aber die offiziellen Verhaltensregeln sahen vor, daß niemand ohne ausdrückliche Erlaubnis die Schule verlassen durfte. Trotzdem hatten wir an einer Stelle des Zauns einige Bretter gelockert, so daß man unbemerkt das Schulgelände verlassen konnte. Das nutzte ich und lief an einem Sonntag über die verschneite Landstraße die ungefähr 15 Kilometer zur Sowchose, in der wir im September im Ernteeinsatz waren. Bemüht, vor dem Wecken am Montag früh wieder auf meiner Pritsche zu liegen, lief ich gegen zwei Uhr nachts zur Schule zurück. Auf der menschenleeren Straße sah ich auf einmal die Lichter eines auf mich zufahrenden Autos. Mir war klar, daß ich gesucht wurde, und sprang schnell in den Straßengraben.Tatsächlich war das an mir vorbeifahrende Auto ein Militärjeep. Glücklicherweise wurde ich nicht entdeckt. Wenig später lag ich auf meiner Pritsche in der Schule. Doch früh um 6 Uhr wurde ich unsanft geweckt, mußte mich beim Schuldirektor melden und erhielt drei Tage verschärften Arrest bei Wasser und Brot. Müde sank ich im Erdbunker auf die Stroh-Pritsche und dachte „Drei Tage schlafen ist gar nicht so schlecht“. Denn ich war von dem „Ausflug“ doch recht müde. Doch schon am nächsten Morgen wurde ich wieder geweckt und mußte mich erneut beim Schuldirektor Oberst Samodajew melden. Zu meinem Erstaunen rief er mir einen Glückwunsch zu, den ich erst beim zweiten Mal verstand: „Ich gratuliere Ihnen. Heute ist die Deutsche Demokratische Republik gegründet worden. Sie sind amnestiert.“ Es war der 7. Oktober 1949. Statt auszuschlafen, mußte ich nun an Versammlungen, Kundgebungen und Umzügen teilnehmen, die aus Anlaß der DDR-Gründung stattfanden. Bis heute glaube ich, diese Art des Erlebens der DDR-Gründung war ein Vorzeichen für meinen späteren Streit mit der DDR.

In der zweiten Hälfte des Dezembers bereitete man uns darauf vor, daß wir in Kürze nach Deutschland entlassen würden. Am 20. Dezember war es dann soweit. Diesmal waren die Waggons freundlicher und auch die mongolischen Soldaten fehlten. In meinem Waggon waren eine Reihe Kursteilnehmer, die später in der DDR eine Rolle spielen sollten. In Erinnerung ist mir zum Beispiel noch Wolfgang Kiesewetter. In der Schule hatte er als Übersetzer fungiert, wenn die Vorträge in Russisch gehalten wurden. 1924 geboren, war er 1944 als Leutnant in Gefangenschaft geraten; er war sprachbegabt und lernte schnell Russisch. Bei unserer Ankunft am 24. Dezember in Frankfurt an der Oder wartete auf ihn schon ein Auto des DDR-Außenministeriums, denn er sollte dort Chefdolmetscher werden. Jahre später habe ich ihn als Botschafter der DDR in Rom wiedergetroffen.

Meine Entlassung in Frankfurt ging allerdings nicht so schnell und reibungslos vonstatten. Es gab eine Kommision, bei der jeder Heimkehrer zu einem Gespräch erscheinen mußte und die offensichtlich entschied, was aus jedem einzelnen wird. Leiter der Kommission war der SED- Funktionär Otto Lehmann, der schon einige Zeit früher aus einer Antifaschule nach Deutschland entlassen worden war. Er hatte irgendwelche Papiere vor sich liegen und fragte mich, welche Vorstellungen ich von meiner Zukunft hätte. In den Wochen, in denen unsere Heimkehr nach Deutschland feststand, hatte ich viel darüber nachgedacht und war zu dem Schluß gekommen, daß es für mich an der Zeit sei, zu studieren. Ich sagte ihm das und fügte hinzu, daß dafür wohl in der nun gegründeten DDR möglicherweise für mich eine gute Gelegenheit bestünde. Doch davon wollte Lehmann nichts wissen: „Wie ich sehe, leben Deine Eltern in der Nähe von Osnabrück. Das ist doch eine gute Chance, völlig legal nach dort zu kommen. Oder bist Du dazu etwa zu feige?“

Ich verzichtete auf eine Diskussion, ließ mir die Fahrkarte der Deutschen Reichsbahn nach Friedland (Entlassungslager in Niedersachsen) aushändigen und begab mich zum Bahnhof. Später erfuhr ich, daß Lehmann 1948 ebenfalls Kursant auf einer Antifaschule, Assistent und Lehrer war; ob er auch in Taliza war, weiß ich nicht; mir ist er jedenfalls von dort nicht in Erinnerung. In der DDR brachte er es bis zum Stellvertretenden Vorsitzenden des FDGB- Bundesvorstandes (der dortigen Gewerkschaft).

Im Entlassungslager Friedland gab es zwar keine Kommission wie in Frankfurt an der Oder, dafür aber britische Offiziere, die sich unser annahmen. Als der mich befragende Offizier meinen Geburtsort Breslau las, fragte er: „Was halten Sie von der Oder-Neiße-Grenze?“ Ich wiederholte, was man uns damals auf der Antifaschule zu diesem Problem gesagt hatte: „Das ist eine Friedensgrenze“, hatte dabei aber ein schlechtes Gefühl. Es erschien mir doch schon mehr als eigenartig, daß ich in meine Heimatstadt, die ich vor nicht einmal sechs Jahren verlassen hatte, nicht zurückkehren durfte, während die meisten anderen Gefangenen einfach „nach Hause“ reisten. Der Offizier blickte mich mit großen Augen an: „Na, da haben sie uns ja die Richtigen geschickt. Alles Gute. Good bye!“

Damals wußten wohl weder die Deutschen noch die Polen noch britische Offiziere von dem Geheimabkommen Hitlers mit Stalin, das zur Westverschiebung Polens führte. In der Antifaschule war nur kurz vom Nichtangriffspakt 1939 zwischen Deutschland und der Sowjetunion die Rede, was als „Beweis“ für die Friedensliebe Stalins gedeutet wurde, aber das Geheimabkommen wurde natürlich nicht erwähnt. Ich erinnerte mich, daß ich 1939 meinen Vater gefragt hatte, was er von dem Abkommen Hitlers mit Stalin hielt. Er war unsicher: „Frieden ist immer besser als Krieg. Aber ein Pakt zwischen zwei der größten Banditen auf der politischen Bühne unserer Zeit ist nie nur gut." Auch er ahnte damals nicht, was dieser Pakt für das Schicksal Schlesiens bedeuten sollte.

Von Friedland aus telefonierte ich mit meinem Bekannten Josef Piepmeier in Osnabrück. Er war ein Jahr vorher aus dem Lager in Saratov entlassen worden und hatte Kontakt zu meinen Eltern gefunden, die in der Nähe von Osnabrück als Flüchtlinge in einem Dorf untergekommen waren. Er hatte in Osnabrück ein großes Lebensmittelgeschäft, in dem er auch meine Mutter beschäftigte, was der Familie sehr geholfen hat. Piepmeier benachrichtigte meine Eltern, und als ich am zweiten Weihnachtsfeiertag auf dem Bahnhof in Osnabrück eintraf, wartete mein Vater am Bahnsteig, und Piepmeier fuhr uns mit seinem Wagen zu meiner Mutter und meinen drei Geschwistern. Wir waren froh, uns nach so vielen Jahren wiederzusehen, überlebt zu haben, aber auch traurig, daß wir unser Wiedersehen nicht in Breslau feiern konnten.

Mutter erzählte, daß sie Anfang 1945 mit den Geschwistern aus Angst vor den herannahenden sowjetischen Truppen ins Glatzer Bergland geflohen war. Dort gebar sie auch ihr fünftes Kind, das aus Mangel an Säuglingsnahrung aber bald starb. Nach Kriegsende, im Sommer, kehrten sie in unsere Wohnung in Breslau zurück. Im Oktober 1945 wurden sie jedoch von der polnischen Stadtverwaltung aufgefordert, die Stadt unverzüglich zu verlassen. Auf Umwegen kamen sie in diesen kleinen Ort bei Osnabrück. Hier fand sie schließlich auch der Vater, der 1947 aus britischer Gefangenschaft entlassen worden war.

Die 1 1/2-Zimmerwohnung, die man ihnen zugewiesen hatte, war nur mit wenigen Möbeln ausgestattet. Ich mußte auf einer leeren Apfelsinenkiste schlafen.

Vater hatte eine Zeitlang bei der britischen Militärregierung gearbeitet, dann war er arbeitslos und ehrenamtlich Flüchtlingsbetreuer geworden. Erst 1950 fand er einen Arbeitsplatz als Buchhalter in Hannover, und er zog mit Mutter und der jüngsten Tochter dorthin. Mein jüngster Bruder wurde Kranfüher bei der Georgsmarienhütte und meine jüngere Schwester Sekretärin bei den Osnabrücker Kupfer- und Drahtwerken.

Ich ahnte, daß bald die Stunde kommen würde, in der es sich entscheiden würde, was ich nun eigentlich machen sollte. Denn bei der Familie konnte ich nicht lange bleiben. Am nächsten Morgen schaltete Vater sein kleines Radio ein. In den Nachrichten kam die Mitteilung, daß an den Feiertagen im Entlassungslager Friedland 700 „Stalin-Schüler" eingetroffen waren. Mein Vater fragte:„Bis Du einer davon?" Ich erzählte ihm von meinem Besuch der Antifaschule und von meiner ursprünglichen, aber gescheiterten Absicht, in der DDR zu studieren. Mein Vater meinte, ich sei verrückt geworden: „Hast Du vom Dritten Reich nicht genug? Willst

Du noch ein Viertes?“ Natürlich widersprach ich und redete von der Notwendigkeit, auch in Westdeutschland die politischen Verhältnisse so zu verändern, daß von Deutschland keine Gefahren für den Frieden mehr ausgingen und ganz Deutschland ein friedliebendes Land wird.

Vater hörte zu, widersprach oft und kam schließlich pragmatisch darauf zu sprechen, daß es den Flüchtlingen in diesem Lande ziemlich drekkig ginge; von den Einheimischen würden sie als Menschen zweiter Klasse angesehen, über die sie oft schon Witze machten. Vater fragte schließlich, wann wir endlich nach Breslau zurückgehen könnten.

Damals wußte ich auf diese Frage keine Antwort. Nachdem, was ich in Rußland über die Nachkriegsgrenzen gehört hatte, sagte mir mein Verstand, daß Breslau wohl bei Polen bleiben würde und erst in einem noch ausstehenden Friedensvertrag mit Deutschland eine endgültige Regelung getroffen werden würde. Mein Herz sagte mir, daß es eigentlich keinen Grund gäbe, warum ausgerechnet die Schlesier für diesen Krieg mehrfach gestraft werden sollten, nämlich durch so viele Tote im Krieg, bei der Verteidigung der Festung Breslau, durch die Zerstörung der Stadt, durch Kriegsgefangenschaft, Vertreibung und nun auch noch durch den Verlust der Heimat.

In den kommenden Jahren dachte ich viel über diese Frage nach, ohne zu einem abschließenden Ergebnis zu kommen. In Organisationen wie dem „Bund der Vertriebenen“ oder der „Landsmannschaft Schlesien“ wurde ich nie Mitglied. Als die deutsche Wiedervereinigung kam – für die ich mich sehr engagierte –, war ich realistisch genug, um zu begreifen, daß sie nur die Bundesrepublik, die DDR sowie Berlin umfassen konnte. In meinem 1984 erschienenen Buch „Das ganze Deutschland“ stellte die auf dem Titelblatt abgebildete Landkarte exakt dieses Territorium dar. Von den Vertriebenenverbänden wurde ich deshalb kritisiert. Richard von Weizsäcker, damals Präsident der Bundesrepublik, meinte hingegen, als ich ihm in der Villa Hammerschmidt ein Exemplar des Buches schenkte: „Bei einer Neuauflage müssen Sie die Karte so zeichnen, daß man deutlich sieht, daß ein so wiedervereinigtes Deutschland immer noch kleiner ist als Frankreich.“

Dennoch wäre es möglich gewesen, die ostdeutschen Gebiete im 2+4-Vertrag anders zu behandeln als durch bloßes Ausklammern. In dem Buch von Herbert Czaja „Unterwegs zum kleinsten Deutschland?“[6] mag manches zugespitzt oder gar übertrieben sein. Doch die akribisch aufgezählten Mängel und verpaßten Chancen, eine andere Lösung für die Zukunft offen zu halten, lassen sich nicht einfach von der Hand weisen. Es läßt schon erstaunen, wenn Otto Ernst Czempiel, ein anerkannter Wissenschaftler auf dem Gebiet der internationalen Beziehungen, in seiner substanzlosen Rezension[7] nicht einem einzigen der zahlreichen Hinweise sachlich nachgeht. Boris Meissner, der sich fast ein halbes Jahrhundert lang mit Osteuropaforschung befaßte und der bei fast allen Verträgen der Nachkriegszeit mit der Sowjetunion mitgewirkt hat, kommt zu dem Schluß, daß der Verlust fast eines Viertels des territorialen Bestandes Deutschlands in den Grenzen von 1937 und die Hinnahme der Oder-Neiße-Grenze zwischen Deutschland und Polen der Preis für die Wiedervereinigung war.[8] Vielleicht hat er insofern Recht, als daß die damaligen Machtverhältnisse zwischen Ost und West nicht mehr zuließen.

Mich veranlaßten die Umstände der Verhandlungen über die Wiedervereinigung zu einer völkerrechtlichen Analyse, die mich zu dem Schluß führte, daß es sich bei den direkt oder indirekt getroffenen Vereinbarungen des Jahres 1990 über die deutschen Ostgebiete unter dem Aspekt des Selbstbestimmungsrechtes um eine spezifische Ersatzlösung handelt, die völkerrechtlich möglich ist.[9] Später habe ich diese Position noch einmal wiederholt.

In der Tat geht es letztlich in dieser Frage um das Selbstbestimmungsrecht, der Deutschen natürlich ebenso wie der Polen. Deshalb bleibe ich bei meinem Standpunkt, daß es keine Lösung einer Frage gibt, die dauerhaften Bestand hat, wenn sie nicht auf dem Selbstbestimmungsrecht der Betroffenen beruht.[10] Eben dieses Selbstbestimmungsrecht der Betroffenen ist weder 1945 noch 1990 ausgeübt worden, weder von den Polen noch von den Deutschen.

In der Zwischenzeit sind die Einzelheiten des Hitler-Stalin-Pakts und vor allem des dazu gehörenden Geheimabkommens genauer bekanntgeworden. Am 24. Dezember 1989 beschloß in Moskau der dort tagende Zweite Volksdeputiertenkongreß ausdrücklich anzuerkennen, daß es zum Nichtangriffspakt von 1939 ein Geheimes Zusatzprotokoll gab, und stellte fest, daß es sich hierbei um einen völkerrechtswidrigen Akt gehandelt habe.[11] Nachdem Putin im Jahre 2000 Präsident der Russischen Föderation geworden war, ist ihm aus der Russischen Akademie der Wissenschaften empfohlen worden, die territorialen Folgen dieses völkerrechtswidrigen Aktes rückgängig zu machen. Putin hat darauf nie geantwortet. So bestehen die Folgen des Hitler-Stalin-Pakts fort, nämlich die territorialen Verschiebungen zwischen Rußland und Polen sowie zwischen Polen und Deutschland und die millionenfache Vertreibung von Polen und Deutschen.

Dies festzustellen hat mit Forderungen nach erneuten Grenzkorrekturen nichts zu tun, dafür umso mehr mit der historischen Wahrheit.

Eva Steinbach vom Bund der Vertriebenen und Professor Peter Glotz (SPD) verfolgen mit der von ihnen betriebenen Errichtung eines Denkmals gegen Vertreibung in Berlin sicher ein seriöses und sehr menschliches Unternehmen. Für einen Breslauer wie mich gehen Schmerz, Erinnerung und

Mahnung allerdings tiefer. Die Grenzziehung zwischen Deutschland und Polen und zwischen Polen und Rußland beruht auf einem Pakt der beiden größten politischen Verbrecher des vergangenen Jahrhunderts. Erst wenn diese historische Wahrheit in den deutschen wie den polnischen und russischen Geschichtsbüchern steht, können wir davon sprechen, daß auch Breslau und den Breslauern Gerechtigkeit widerfahren ist.

DÜSSELDORF

Die Jahre von 1950 bis 1956 waren die Zeit, in der ich ausschließlich für die Freie Deutsche Jugend (FDJ) in der Bundesrepublik Deutschland tätig war bzw. die Folgen dieser Tätigkeit in vielfacher Hinsicht zu tragen hatte. Es war die Zeit der Anfänge der Zweistaatlichkeit des Nachkriegsdeutschlands, und zugleich waren die damalige Bundesrepublik und die DDR junge Staaten, die ganz am Anfang staatlicher Macht und Machtausübung standen und in denen die Besatzungsmächte eine übergeordnete Rolle spielten. Die DDR hatte zudem einen „provisorischen" Charakter, was sich erst im Oktober 1950 änderte.

In bezug auf die Bundesrepublik sprachen damals, und zwar nicht nur wir in der FDJ, sondern viele, von „Westdeutschland". Es war nämlich noch nicht lange her, da man das Lied „Wir sind die Eingeborenen von Trizonesien" gesungen hatte. Damit waren die drei westlichen Besatzungszonen gemeint, und zugleich wurde damit die Situation der Herrschaft der drei westlichen Besatzungsmächte charakterisiert.

In diesem Westdeutschland waren wenige Monate nach der Währungsreform die meisten Menschen vollauf damit beschäftigt, wieder Fuß zu fassen, Arbeit zu finden und, soweit ihnen das gelang, ihre Wohnung wieder herzurichten. Darüber hinaus war es das Bestreben, die Familie wieder zusammenzuführen oder sich ganz einfach wieder satt zu essen. Viele junge Männer kehrten in dieser Zeit aus westlicher oder sowjetischer Kriegsgefangenschaft zurück; die letzten allerdings erst 1955 aus der UdSSR.

In Düsseldorf, hier hatte ich in dieser Zeit meinen Wohnsitz, entstand damals mit den Restaurants „Fischl" eine der ersten Restaurantketten. Hier konnte man für fünf D-Mark der neuen Währung riesige Wiener Schnitzel verspeisen, die weit über den Tellerrand hinaushingen. Ganze Scharen von Besuchern stürmten diese Lokale, nur um sich endlich wieder satt essen zu können. An den Wochenenden fuhren Kolonnen von Bussen aus Düsseldorf nach Holland, um dort günstig Lebensmittel einzukaufen. Die Millionen Flüchtlinge und Vertriebenen aus Schlesien und Ostpreußen waren besonders eifrige Arbeitskräfte. Für sie ging es noch dringender darum, Arbeit und Brot zu finden, denn sie wollten und mußten sich überhaupt erst ein neues „Zuhause" schaffen. Es war dieser Hintergrund, vor dem sich damals der Wiederaufbau der zerstörten Städte und Fabriken und das mit dem Namen Erhards verbundene „Wirtschaftswunder“ vollzogen.

Das politische Leben beherrschten die wieder entstandenen oder neu gegründeten Parteien von CDU/CSU, SPD, FDP und KPD. Letztere war damals im 1. Deutschen Bundestag noch mit 15 Abgeordneten vertreten. In einigen Städten, wie zum Beispiel in Essen, stellte sie den Oberbürgermeister, in Nordrhein-Westfalen zeitweilig sogar einen Minister in der Landesregierung.

Es war die Einheitsgewerkschaft DGB mit ihren Industriegewerkschaften gebildet worden, und auch verschiedene Jugendverbände waren entstanden, nämlich die Naturfreunde, die „Falken“, die der SPD nahe standen, die Katholische Jugend, die Jungsozialisten, die Bündische Jugend, die Sportjugend und andere mehr. Anfang 1946 hatten sich auch Gruppen der FDJ gebildet, die teilweise auf solche Gruppen zurückzuführen waren, die in der Emigration von deutschen Gegnern des Hitlerregimes in England, Frankreich, Mexiko oder Kanada gegründet worden waren. In den entstandenen Ländern der föderalen Bundesrepublik arbeiteten alle diese Jugendverbände in den jeweiligen Landesjugendringen zusammen. Schon 1949 entstand nach der Gründung der Bundesrepublik auch ein Bundesjugendring.

Hauptpunkt der damaligen politischen Auseinandersetzung war die Wiederaufrüstung oder, wie man damals sagte, die „Remilitarisierung“ bzw. „Wiederbewaffnung“. Obwohl selbst Politiker wie Franz Josef Strauß, damals ein junger, in der bayrischen CSU nach vorn drängender Politiker, der 1956 Bundesverteidigungsminister werden sollte, erklärten, wer jemals wieder eine Waffe in die Hand nehme, „dem solle die Hand abfallen“[12], wurde in Wirklichkeit ernsthaft die Einbeziehung der Bundesrepublik in die westliche Militärallianz betrieben. Adenauer hatte schon am 29. August 1950 in einem „Sicherheitsmemorandum“ den Westmächten ein deutsches Militärkontingent angeboten.[13] Viele waren nicht nur aufgrund der leidvollen Erfahrungen des gerade erst zu Ende gegangenen Krieges dagegen, sondern befürchteten auch, daß ein derartiger Schritt die Einigung Deutschlands auf lange Zeit verhindern und die Spaltung zementieren würde. Der CDU-Politiker Gustav Heinemann nahm dies zum Anlaß, aus der Regierung Adenauer auszutreten, und gründete später die Gesamtdeutsche Volkspartei.

Dieser Diskussion mußten sich alle Jugendorganisationen so oder so stellen, auch die FDJ der damaligen Bundesrepublik. Heute liegen im übrigen viele Publikationen über die Tätigkeit der westdeutschen FDJ in dieser Zeit einschließlich meiner eigenen Rolle in dieser Organisation vor. Sie erleichtern die Rekonstruktion der Nachkriegsentwicklung in diesem Zeitraum.[14]

Soweit es sich um autobiographische Abhandlungen handelt, steht verständlicherweise die subjektive Sicht der Entwicklungen im Vordergrund, was auch bei mir nicht vermeidbar war. Soweit es sich um historische Analysen handelt, stellen sie sicher einen wichtigen Beitrag zur Nachkriegsgeschichte in Deutschland dar. Manches wurde erst durch solche Publikationen bei mir wieder in Erinnerung gerufen, manches hörte bzw. las ich überhaupt zum ersten Mal. Sie sind aber nicht frei von gelegentlichen Klischees. Vor allem ermangelt es ihnen oft an Einfühlungsvermögen für die Jugend und die Situation der damaligen Zeit. Herms betrachtet die westdeutsche FDJ überhaupt aus der Perspektive der Westarbeit der FDJ[15], womit die FDJ der DDR gemeint ist. Diese Konzeption verengt natürlich den Blick und läßt die eigenständige Herausbildung der FDJ in den Westzonen und in der späteren Bundesrepublik Deutschland außen vor.

Meine Tätigkeit in der FDJ begann in Hannover. Natürlich hatte ich überlegt, ob ich nicht auch in Westdeutschland ein Studium aufnehmen sollte. Doch angesichts der Situation meiner Familie als Flüchtlinge und der Kosten, die mit einem Studium zweifellos verbunden gewesen wären, habe ich den Gedanken schnell wieder verworfen. Vor allem überwog bei mir die Überzeugung, daß nach diesem eben erst zu Ende gegangenen Krieg und seinen Folgen für junge Menschen wie mich eine Verpflichtung bestand, sich politisch zu engagieren. Die Erfahrungen, die ich in so jungen Jahren in Breslau als Soldat und als Kriegsgefangener erworben hatte, und natürlich auch meine durch den Besuch der Antifaschule gewonnenen Erkenntnisse prädestinierten mich geradezu für einen solchen Schritt.

Damals war ich 23 Jahre jung, und so lag es nahe, mich bei der FDJ zu engagieren. In Hannover empfing mich der Vorsitzende des Landesverbandes Niedersachsen, Richard Kumpf, in seinem Büro am Georgsplatz 12. Zu dieser Zeit war die FDJ ein legaler, normaler Jugendverband, und alle seine Publikationen einschließlich der Zeitung „Das Junge Deutschland“ erschienen genauso wie die anderer Jugendorganisationen. Im selben Haus waren auch die Büros anderer Jugendorganisationen untergebracht. Wir kamen schnell überein, daß ich im Landesverband für Bildung verantwortlich sein sollte.[16] Die Funktion machte mir Spaß, doch ich kam kaum dazu, sie auszuüben. Denn der Verband war damals, also 1950, mitten in der Vorbereitung für ein „Deutschlandtreffen der Jugend“ zu Pfingsten in Berlin. Die Losung lautete: „Jugend, auf nach Berlin zum Deutschlandtreffen für Frieden und die Einheit Deutschlands!“ Das erforderte viel Werbung und Überzeugung, auch bekamen wir zu spüren, daß wir uns mitten im Kalten Krieg befanden. In den Medien wurde gegen das Treffen polemisiert. Es handle sich um eine „rein kommunistische Veranstaltung“. Deshalb solle man daran nicht teilnehmen. Immerhin wurde das Deutschlandtreffen noch nicht verboten, wie dies bei späteren Veranstaltungen geschah. Wir malten unsere Losungen „Auf nach Berlin!“ nachts auch an Häuserwände wie zum Beispiel an die der Pelikan-Werke in Hannover in der Podbielsky-Allee.

Da ich in die Gewerkschaft eingetreten war, und zwar in die HBV (Handel, Banken und Versicherungen), warb ich natürlich auch dort für das Treffen. Mein Gegenreferent war ein Alfred Kubel, der damals Minister in der niedersächsischen Landesregierung war und der SPD angehörte. Ich hatte mir die Diskussion mit ihm schwieriger vorgestellt. Denn am Tag zuvor hatte ich in der Pressestelle des Niedersächsischen Landtages in einer Biographie Kubels gelesen, daß er als Mitglied des „Internationalen Sozialistischen Kampfbundes“ den Nationalsozialisten Widerstand geleistet hatte und 1937 wegen „Vorbereitung zum Hochverrat“ zu einer Gefängnisstrafe verurteilt worden war. Wer mit solchem Hintergrund gegen das „Deutschlandtreffen“ in Berlin auftrat, und damit war zu rechnen, war kein leichter Gegner. Doch die Diskussion verlief recht friedlich, und ich hatte eine ganze Reihe Teilnahmemeldungen in der Tasche, als sie zu Ende war.

Es waren wohl einige hunderttausend, die dann nach Berlin kamen. Als das Treffen sich schon dem Ende zuneigte, sandte Stalin aus dem fernen Moskau ein Telegramm an die Teilnehmer, in dem die Worte standen: „Ich grüße die aktiven Erbauer des einheitlichen, demokratischen und friedlichen Deutschlands.“[17] Wir verstanden das als Anerkennung und Ermutigung. Die Zeitungen in der DDR brachten die zwei Zeilen des Stalin-Telegramms mit riesigen Lettern. Hermann Weber, damals Chefredakteur unserer FDJ-Zeitung „Das Junge Deutschland“, meldete das Telegramm zwar auch auf Seite 1 des Blattes, aber in einem kleinen, unscheinbaren Kasten. Am nächsten Tag wurde er abgesetzt. An seine Stelle trat nun wieder Helmut Heins, der schon früher Chefredakteur war. Später (im Oktober) wurde ich in das Zentralbüro der FDJ in Frankfurt/Main am Domplatz gerufen, arbeitete dort als Sekretär für Kultur und Erziehung und wurde dann anstelle von Helmut Heins Chefredakteur.

Die Aufmerksamkeit, mit der die Ablösung Hermann Webers in manchen Publikationen bedacht wird[18], erscheint mir schon deshalb übertrieben, weil die westdeutsche FDJ damals ein sehr bescheidener Verein war, in dem solche Funktionen nicht viel, schon gar keine Machtpositionen oder gar Karrieren bedeuteten. Fast jeder konnte jede Funktion über Nacht übernehmen. Auch waren damit keinerlei Privilegien oder finanzielle Vorteile verbunden. Die wenigen, die hauptamtlich tätig waren, verdienten gerade so viel, daß sie sich über Wasser halten konnten. Ansonsten war die FDJ bald von einem Verbot bedroht. Wer in dieser Organisation tätig war, hatte nur die Chance, mit ihr unterzugehen. Später erfuhr ich, daß das in der DDR ganz anders aussah. Auch hatte die Ablösung von Hermann Weber[19] (die, wie sich später herausstellte, auf Weisung Honeckers vollzogen wurde) ganz sicher einen politisch-ideologischen Charakter. Sie sollte klarstellen, wo die große Politik gemacht wurde und daß ein Wort Stalins „heilig“ war. In unseren Köpfen spielte das damals allerdings keine große Rolle. Hermann Weber erhielt eine Rüge und arbeitete in der Organisation weiter.[20]

Überhaupt mangelt es den Analysen über die Tätigkeit der westdeutschen FDJ, wie der von Michael Herms[21], an Einblick in die damalige innere Situation der westdeutschen FDJ. Zwar sieht auch er sich veranlaßt, darauf hinzuweisen, daß er die ehrlichen Motive derjenigen, die in der westdeutschen FDJ tätig waren, nicht diskreditieren möchte[22], doch läßt sich von dem Stalinisierungsprozeß, der damals in den kommunistischen Parteien und mit gewissen Abwandlungen auch in der SED sowie der DDR tatsächlich stattfand, nicht einfach und undifferenziert auf einen gleichen Vorgang in der westdeutschen FDJ schließen. Die FDJ war eben kein konstitutiver Bestandteil der KPD. Sie blieb bei aller Politisierung eine Jugendorganisation mit Mitgliedern der unterschiedlichsten Interessen. Zudem spielten sich die von Herms genannten Maßnahmen zur Stalinisierung der westdeutschen FDJ vor allem in den Köpfen und Papieren der FDJ-Führung der DDR und der SED ab. Was davon in die westdeutsche FDJ drang, ist eine ganz andere Frage, die in solchen Analysen leider keine Rolle spielt. Von den „Moskauer Instruktionen“ des Komsomolvorsitzenden Michailow[23] erfuhr ich zum Beispiel zum ersten Mal aus dem Buch von Herms. Eine ernsthafte Rolle in der westdeutschen FDJ haben sie nie gespielt. Schon bei dem Titel „Hinter den Linien“ befallen einen Zweifel, ob hier eine ernsthafte Analyse beabsichtigt war (womit nicht in Frage gestellt werden soll, daß die Abhandlung von Herms eine seriöse Analyse darstellt). Doch wenn der etwas reißerische Titel nicht nur Werbezwecken dienen soll, muß man natürlich fragen: Wer soll da eigentlich von wo und von wem hinter welche Linien geschickt worden sein? Hermann Weber wurde bekanntlich in Mannheim geboren, der Landesvorsitzende der FDJ in NRW, Fred Dellheim, wurde in Ludwigshafen geboren und kam als Angehöriger der britischen Armee bei Kriegsende nach Deutschland zurück, Helmut Heins, Chefredakteur der FDJ-Zeitung „Das Junge Deutschland“, stammte aus Hamburg und kam aus KZ und Zuchthaus nach Hause. Angenfort, der später Leiter des Zentralbüros der FDJ in Düsseldorf wurde, stammte aus dieser Stadt und kam 1949 aus Kriegsgefangenschaft nach eben dort zurück. Richard Kumpf, der in Ulm geboren wurde, kam aus der Kriegsgefangenschaft nach Hannover. Diese Liste ließe sich beliebig fortsetzen.

Die westdeutsche FDJ war also in jeder Hinsicht ein Produkt und ein

Bestandteil der Gesellschaft, wie sie sich nach dem Krieg in den Westzonen Deutschlands herausbildete. Schon dies setzte Stalinisierungsversuchen Grenzen. Dies nicht zu begreifen, scheint mir der konzeptionelle Mangel vieler solcher Analysen zu sein, ähnlich wie der des politischen Herangehens der damaligen FDJ-Führung der DDR und der SED. Vor allem gehören zu einem solchen Prozeß immer zwei, nämlich die einen, die einen solchen oktroyieren wollen, und die anderen, die sich solchen Versuchen unterwerfen. Hier aber ist anzumerken, daß es in der westdeutschen FDJ durchaus kritische Positionen zu dem von Moskau ausgehenden Stalinisierungsprozeß im allgemeinen, als auch zu den Einflußnahmen aus der DDR auf die Tätigkeit der westdeutschen FDJ im besonderen gab. Einer der kritischsten war Hermann Weber. Ich erinnere mich noch lebhaft daran, wie er mir einmal sagte: „Wenn von 139 Mitgliedern des russischen Zentralkomitees fast 70 Prozent Agenten des Westens gewesen sein sollen, kann etwas nicht stimmen." Andere hatten erhebliche Vorbehalte gegen die „Richtlinien" aus Ostberlin. Mir erschien es problematisch, daß die westdeutsche FDJ durch die finanziellen Zuwendungen aus Ostberlin immer abhängiger wurde. Außerdem verdarb das Geld aus Ostberlin den durchaus vorhandenen Geist der Einsatz- und Opferbereitschaft. Immer öfter verlangten die Teilnehmer nun bei Einsätzen und Demonstrationen „Tages- und Spesengeld", während es zuvor selbstverständlich war, solche Aktivitäten aus eigener Tasche zu bezahlen. Der Einsatz von Hunderten von FDJ-Instrukteuren aus der DDR in den Organisationen der westdeutschen FDJ war ein schlimmer politischer Fehler. Denn sie hatten, von wenigen Ausnahmen abgesehen, keine Ahnung von den Realitäten in Westdeutschland. Aber wegen des besseren Lebens hier wollten sie unbedingt wieder herkommen und schrieben deshalb „Erfolgsberichte" über ihre Tätigkeit, die keiner Nachprüfung standhielten. Manche wurden auch kriminell, verkauften beispielsweise zollfreie amerikanische Zigaretten und landeten dafür im Gefängnis. Schließlich ist zu fragen, welchen politischen Inhalt diese Bemühungen einer Stalinisierung eigentlich gehabt haben sollen? Gegen die sogenannte „Remilitarisierung" zu sein und für die deutsche Einheit einzutreten, war sicher kein politischer Stalinismus, auch wenn beides damals, aus welchen Gründen auch immer, zum immanenten Bestandteil der Deutschlandpolitik Moskaus und der SED gehörte. Was tatsächlich begann, war die Übernahme politischer Programmpunkte aus der DDR, ohne daß darüber ernsthaft diskutiert wurde. Zu nennen wäre hier unter anderem die Forderung nach Anerkennung der DDR und der Oder-Neisse-Grenze.

Hinzu kam, daß am 5. März 1953 Stalin starb und die Führung in Moskau und Ostberlin von Unsicherheit bestimmt war.[24]

Dennoch gab es auf sowjetischer Seite kontinuierlich die Bereitschaft, über die Einheit Deutschlands ernsthaft und zu Bedingungen zu verhandeln, die auch für den Westen akzeptabel gewesen wären. Wenn heute zwischen deutschen Historikern unterschiedliche Meinungen zu dieser Frage zum „Historikerstreit“ hochstilisiert werden, so handelt es sich in Wirklichkeit nur um die letzten Gefechte der letzten kalten Krieger. Heute steht historisch längst fest, daß die deutsche Einheit schon damals möglich gewesen wäre, wenn die deutschen Politiker der damaligen Bundesrepublik und die Westmächte dies gewollt hätten.[25] An den Kernpunkten der Politik der westdeutschen FDJ hat sich jedenfalls auch in dieser Periode ihrer Tätigkeit nichts geändert.

Auch persönlich muß ich aus heutiger Sicht feststellen: Ich habe in der westdeutschen FDJ damals nichts vertreten oder unternommen, was nicht meiner eigenen Überzeugung entsprach. Ich bin auch von niemandem beauftragt oder angewiesen worden, in der FDJ tätig zu werden. Etwas ganz anderes ist es, ob unsere politischen Überzeugungen und Handlungen nicht für Zwecke instrumentalisiert wurden, von denen wir nichts wußten und die nicht die unseren waren.

Mir ist allerdings schon damals die Frage gekommen, welche „unsichtbare Hand“ da eigentlich am Wirken war, wenn überall in den Leitungen der FDJ, in denen ich tätig wurde, schon Informationen über mich vorlagen, obwohl ich dort vorher noch nie gewesen war.

Von ganz anderer Qualität als die erwähnten Instrukteure aus der DDR waren Spitzenfunktionäre aus der DDR, wie Erich Honecker, Margot Feist oder Heinz Lippmann, die auf unsere Tätigkeit politischen Einfluß ausübten. Honecker kam nach Gründung der DDR nicht mehr in den Westen, sondern ließ uns zu sich kommen. Margot Feist kam selten in die damalige Bundesrepublik; sie trat aber bescheiden bzw. zurückhaltend auf und erwies sich als klug und mutig. Die dominierende Figur aus der Westabteilung des Zentralrates der FDJ der DDR war Heinz Lippmann.[26] Er hat auf die Tätigkeit der westdeutschen FDJ tatsächlich wesentlichen Einfluß ausgeübt. Viele der Treffen und Aktionen waren auf seine Initiative zurückzuführen. Sicher war dabei auch ein Stück Abenteurertum sowie die Hoffnung, im Westen erreichte Erfolge würden ihm auch für seinen persönlichen Weg in der DDR nutzen. Doch es kam ganz anders: 1953 im September verließ er die DDR und ging unter Mitnahme von 300.000 DM in die Bundesrepublik. Hier tauchte er erst unter, wurde später verhaftet und trat dann als „Kronzeuge“ in Prozessen gegen verhaftete FDJ-Funktionäre auf. Nachdem er freigekommen war, wurde er Chefredakteur einer vom Verfassungsschutz mitfinanzierten Zeitschrift mit dem Titel „Der dritte Weg“. Auch qualifizierte Funktionäre aus der DDR wie Lippmann waren in Westdeutschland nicht wirklich zu Hause. Ich erinnere mich, daß wir mit Lippmann ein Treffen in einer Wohnung in Düsseldorf-Gerresheim verabredeten, das an einem Montag stattfinden sollte. Lippmann stimmte ohne lange zu überlegen zu. Doch zu dem Treffen erschien niemand. Wir machten überhaupt keine Anstrengungen, um dorthin zu kommen. Lippmann schaffte es nicht, von seinem Quartier in einem anderen Stadtteil durch die Stadt zu gelangen. Der Grund für das eine wie für das andere war schlicht der, daß dieser besagte Montag ein Rosenmontag gewesen war. Wir wußten das und hielten diese Vereinbarung für einen Scherz. Lippmann wußte es offenbar nicht, hat aber nie darüber geredet.

Kaum von dem Deutschlandtreffen in Berlin zurück, wurde ein „Treffen der jungen Friedenskämpfer“ vorbereitet. Der Ort war lange Zeit nicht klar, auch weil immer wieder mit Verboten des Treffens gerechnet werden mußte. Ich arbeitete damals schon im Zentralbüro der FDJ, das seinen Sitz von Frankfurt/Main in die Adersstraße in Düsseldorf verlegt hatte. Dort lernte ich auch meine spätere Frau kennen. Sie war Chorsängerin in der „Nationalen Kulturgruppe der DDR“, die auf einer Reise durch die Westzonen unterwegs war. Eines Tages stand ein junges schönes Mädchen in unserem Büro und wollte Hilfe bei ihrer Rückreise in die DDR. Damals benötigte man für Reisen von der Sowjetischen Zone in die Westzonen und zurück einen „Interzonenpaß“. Sie hatte ihren verloren und wußte nun nicht, wie sie einen neuen bekommen konnte. So etwas dauerte damals Wochen, und in dieser Zeit habe ich sie betreut. Ein Jahr später haben wir geheiratet.

Als klar war, daß der geplante Kongreß gegen die Remilitarisierung im Ruhrgebiet stattfinden würde, erhielt ich den Auftrag, einen Teil der Teilnehmer aus Düsseldorf und Umgebung dorthin zu bringen. Es gelang mir, die erforderliche Zahl Busse zu beschaffen und die Teilnehmer zum Kongreßort in Dinslaken zu bringen. Bis dahin verlief alles problemlos. Doch am Schluß der Veranstaltung traf die Nachricht ein, daß die Polizei unsere Busse, sie waren weit weg geparkt worden, entdeckt und beschlagnahmt hatte. Kurt Goldstein, damals Leiter des Zentralbüros der westdeutschen FDJ, rief zur Protestdemonstration auf: „Wir holen uns die Busse zurück!“ Der Zug formierte sich auf der Landstraße mit Fahnen an der Spitze und marschierte los. Nicht lange, und man sah aus der Richtung, in der wir marschierten, uniformierte Einheiten der Bereitschaftspolizei auf uns zukommen. Ein Zusammenstoß war vorgezeichnet. Als sich die Kolonnen bis auf wenige Meter angenähert hatten, rief Goldstein „Fahnen senkt!“. Auf der Seite der Polizei hieß es: „Knüppel frei!“ Die Spitze der FDJ-Kolonne mit Goldstein wurde furchtbar verdroschen. Die anderen wurden von der Polizei in bereitstehende LKWs verladen und auf dem Polizeirevier der nächstgelegenen Ortschaft registriert und vernommen. Danach wurden wir entlassen.

Für Goldstein war das auch das Ende seiner Tätigkeit in der FDJ. Wegen seines Avantgardismus wurde er als Leiter des Zentralbüros abgelöst und ging in die DDR.

Goldstein war eine sympathische Person, aber immer auch etwas abenteuerlich. Als Jude aus Deutschland emigriert, war er von 1937 bis 1939 Offizier bei den Interbrigaden in Spanien, später kam er ins KZ. Auch in der DDR behielt er noch lange Zeit seinen eigenen Stil bei. Als er in der Westabteilung beim Zentralkomittee der SED arbeitete, erhielt er einmal eine Einladung zu einer Konferenz von Spanienkämpfern. Er schloß seine Pistole, die er damals in der DDR offiziell tragen durfte, in den Panzerschrank und flog zu der Veranstaltung nach Paris. Er fragte niemanden um Erlaubnis und wunderte sich nach seiner Rückkehr, warum man ihn mit einem Parteiverfahren belangte. Später wurde er Intendant des Deutschlandsenders Berlin/DDR bzw. der „Stimme der DDR“ und mit den Jahren ruhiger. Heute ist er Präsident des Internationalen Auschwitzkomitees.

Das Jahr 1951 stand ganz im Zeichen der Vorbereitung auf die „Weltfestspiele der Jugend und Studenten“, die im August des Jahres in Berlin stattfinden sollten.

Im April gab es dazu eine erste Besprechung beim Zentralrat der FDJ der DDR in Berlin. Sie hatte diesmal den Hauptpart, denn sie sollte das Festival in Berlin ausrichten. Am Ende der Besprechung bat mich Honekker, damals Vorsitzender der FDJ der DDR, in sein Zimmer. Ich kannte Honecker schon aus einigen wenigen Begegnungen, doch mit ihm allein traf ich zum ersten Mal zusammen. Sein Anliegen war: Pfingsten tagt das Exekutivkomitee des WBDJ (Weltbund der demokratischen Jugend) in Budapest, und ich solle dort die FDJ der Bundesrepublik vertreten. Von der DDR werde Margot Feist mitreisen und außerdem Paul Markowski von der Internationalen Abteilung des Zentralrats. Gegen eine solche Reise hatte ich nichts, aber ich hielt es doch für ratsam, darauf hinzuweisen, daß mein Chef der Leiter des Zentralbüros der FDJ in Düsseldorf sei. Nach Goldstein war das inzwischen Jupp Angenfort geworden. Doch da hatte ich nicht mit dem Selbst- oder Machtbewußtsein von Honecker gerechnet. Wütend brüllte er mich an: „Vielleicht seid Ihr ein selbständiger Verein. Aber ein Politbüro gibt es in Deutschland nur eines, und das sitzt in Berlin, und ich bin einer davon. Wenn ich sage, Du fährst nach Budapest, dann ist das entschieden.“ Ich beschränkte mich auf die Feststellung, „Ich werde es Angenfort sagen“, verließ das Zimmer und suchte nach Margot Feist. Nachdem ich sie gefunden hatte, besprachen wir die Einzelheiten der Reise nach Budapest, und ich reiste nach Düsseldorf zurück. Auf Angenfort hatte ich Honecker nicht ohne Grund hingewiesen. Angenfort war immer sehr darauf bedacht, daß er der Erste im Verein war. Ich fand das zwar lächerlich (was waren wir denn schon?), hielt es aber doch für ratsam, die Hierarchie nicht zu unterlaufen. Bei meiner Rückkehr zeigte sich dann, daß das richtig gewesen war. Angenfort stimmte zwar meiner Reise zu und teilte das dann auch Honecker mit. Doch begeistert war er nicht.

Kurz vor Pfingsten traf ich mich in Berlin mit Margot Feist und Paul Markowski.

Wir fuhren mit dem Zug nach Prag, dort holte Margot Feist bei einer Bank US-Dollar, und dann flogen wir weiter nach Budapest. Die Tagung fand im „Grand Hotel" auf der Margareten-Insel statt. Präsident des WBDJ war Enrico Berlinguer, der später als Nachfolger von Togliatti Chef der italienischen KP wurde. Er hielt auch das Referat. Mit mir sprach er nur kurz mit Hilfe einer Dolmetscherin, denn er konnte außer Italienisch nur Französisch. Er fragte mich, woher ich käme, und als er hörte, daß ich aus Westdeutschland sei, klopfte er mir auf die Schulter und sagte: „Dann bist Du so ein armes Schwein wie wir in Italien. Die FDJ der DDR ist da anders dran. Deshalb muß sie das auch alles bezahlen, was wir da im Sommer in Berlin veranstalten." An der Tagung nahmen viele Vertreter der Jugendverbände aus der UdSSR, Polen, Rumänien, Ungarn, der Tschechoslowakei, Frankreich, Großbritannien, China, Vietnam und anderen Ländern teil, von denen später eine ganze Reihe führende Politiker in ihren Ländern wurden.

In einer großen Gruppe besuchten wir auf dem Gellertberg das Denkmal für die sowjetischen Befreier. Eine ungarische Reiseleiterin flüsterte uns zu, daß die Steine für das Denkmal schon vor dem Krieg dort gelegen hätten. Sie waren eigentlich für ein Horthy-Denkmal bestimmt gewesen.[27]

Die Meinungen über unsere Aktivitäten in Westdeutschland gegen Remilitarisierung und für die deutsche Einheit waren geteilt. Der Vertreter des Komsomol lobte uns, der rumänische Vertreter meinte: „Jedes Land hat eine Armee oder zwei (eine fremde und die eigene), und wenn Ihr die deutsche Einheit wollt, müßt Ihr wohl zum bewaffneten Kampf übergehen." Die Gespräche mit den Vertretern aus vielen Ländern waren für mich sehr interessant, und später dachte ich daran, als manche von ihnen in ihrer Heimat führende Politiker wurden. Doch in Budapest blieb ich dabei, daß unser Kurs in Westdeutschland richtig sei.

Nach der Rückkehr nach Düsseldorf bemühten wir uns, ein westdeutsches Festivalkomitee auf die Beine zu stellen. Es sollte aus einigen prominenten Persönlichkeiten bestehen und mit einem Aufruf zur Teilnahme an den Weltfestspielen in Berlin bei der Jugend Wirkung erzielen. Eine Reihe solcher Prominenten waren schon gewonnen, aber mit einem Präsidenten haperte es. Ein Versuch, den bekannten Rennfahrer Manfred von Brauchitsch zu gewinnen, war gescheitert. Da erhielt Angenfort ein Schreiben von Honecker, in dem dieser darum ersuchte, Seiffert solle es noch einmal mit von Brauchitsch versuchen, und zwar dringend. Ich nahm den Auftrag an, bestand aber auf einigen Bedingungen. Angenfort war mehr als erstaunt: „Was heißt hier Bedingungen?“ Doch ich bestand darauf. Erstens verlangte ich den Wagen des Arbeitsbüros und den Fahrer desselben. Zweitens verlangte ich, dem Chauffeur eine Livree zu kaufen oder auszuleihen, und schließlich pochte ich drittens darauf, eine bestimmte Summe zu nennen, die ich dem gesuchten Präsidenten als monatliches Salär für seine Tätigkeit anbieten könnte. Auch vergaß ich nicht, mir eine bestimmte Summe zu erbitten, um mir einen anständigen Anzug kaufen zu können. Ich besaß nämlich schlicht keinen. Mit dem Anzug habe ich übrigens später geheiratet.

Nach meinen Forderungen herrschte minutenlanges Schweigen. Schließlich stimmte man zu, und ich fuhr nach München. Dort besuchte ich zunächst einen Redakteur, von dem ich wußte, daß er von Brauchitsch kannte. Er erzählte mir, daß er von ihm vor Monaten eine Unterschrift bei der Volksbefragung gegen die „Remilitarisierung“ bekommen hätte. Bei dieser Gelegenheit hatte von Brauchitsch geäußert, er würde sich auch gern einmal mit jemandem unterhalten, der ihm etwas mehr über die DDR erzählen könnte. Es dürfe sich aber nicht um einen bloßen Subalternen aus der zweiten oder dritten Reihe handeln.

Danach fuhr ich nach Geiselgasteig. Ich hatte mich nämlich noch bei Heinz Rühmann telefonisch angemeldet, und der hatte sich bereit erklärt, mich zu empfangen. Zwar hatte ich wenig Hoffnung, daß Rühmann Präsident des Festivalkomitees werden wollte. Es konnte aber nicht schaden, wenn ich mit ihm einmal darüber sprechen würde. Rühmann empfing mich freundlich in einem Haus auf dem Filmgelände. Hertha Feiler, seine Frau, bereitete einen Kaffee. Das Gespräch verlief sehr freundlich, doch, wie vermutet, lehnte Rühmann das Angebot mit den Worten ab: „Wissen Sie, ich bin dabei, wieder im Film Fuß zu fassen. Die Idee eines Jugendfestivals ist sicher phantastisch. Aber Sie wissen ja, daß die Sache als ‚kommunistisch‘ verschrien wird. Da wäre es für meine Filmkarriere schlecht, wenn ich mich bei Ihnen engagiere.“ Ich äußerte Verständnis, aber auch Bedauern.

Dann fuhr ich zu Manfred von Brauchitsch am Starnberger See. Der mir bekannte Redakteur hatte mich schon angemeldet. Mein Fahrer in Livree, bei uns hieß er wegen seiner Größe der „lange Fred“, öffnete mir den Wagenschlag, als hätte er mich schon immer auf diese Weise gefahren. Von Brauchitsch trat auf mein Klingeln hin vor die Tür. Das Haus war keine pompöse Villa, sondern ein schlichtes Holzhaus, machte aber einen sehr gepflegten Eindruck. Von Brauchitsch war damals etwa 45 Jahre jung und sah recht sportlich aus. Für meine Generation war er als erfolgreicher Rennfahrer für Mercedes Benz eine bekannte Persönlichkeit. Das Gespräch, an dem zeitweilig auch seine Frau teilnahm, dauerte einige Stunden.

Von Brauchitsch versuchte mir klarzumachen, daß er nach wie vor im Rennsport ein gefragter Mann sei. Mir schien, daß sein Ruf zwar nach wie vor gut und für unsere Werbung für die Weltfestspiele in Berlin sicher werbewirksam sein könnte. Im aktuellen Motorsport allerdings war sein Glanz zu diesem Zeitpunkt bereits am verblassen. Als ich ihm dies sagte, meinte er, so subaltern wie sein vorheriger Besucher, den er gleich wieder nach Hause geschickt hätte, schiene ich nicht zu sein. Schließlich rückte er mit seinem eigentlichen Anliegen heraus: „Sehen Sie, ich bekomme natürlich nach wie vor von Mercedes Geld. Außerdem bin ich Präsident des Automobilclubs Deutschland. Wenn ich jetzt bei Ihrem Festival den Präsident mache, gehe ich ein Risiko ein. Denn ich vermag nicht abzuschätzen, wie dort die Reaktion sein wird."

Damit war die Katze aus dem Sack. Schon damals gab es neben dem Grundgesetz, das den Rechtsstaat garantiert, auch so etwas wie einen „allgemeinen Konsens" (oder, wie die Lateiner sagen, den „consensus omnium"). Er beinhaltete die Regel, daß wer zum Establishment gehören wollte, vom kommunistischen Osten und von allem, was kommunistisch roch, die Finger zu lassen hatte. Brauchitsch spürte offenbar instinktiv, daß er mit dem beabsichtigten Schritt aus diesem Konsens ausbrechen würde. Seine Frau sah das noch klarer und sagte es auch. So waren wir an dem Punkt angelangt, den ich vorausgeahnt hatte. Es ging ums Geld. Nachdem ich ihm die gewünschten Zusicherungen machen konnte, blickte er mich an: „Können Sie morgen noch einmal wiederkommen. Ich muß erst auf meinen Kalvarienberg gehen und darüber noch einmal nachdenken." Ich versprach es, nicht ohne hinzuzufügen, daß ich erst am Nachmittag kommen könnte, weil ich zuvor noch einmal in derselben Angelegenheit bei Heinz Rühmann wäre. Das stimmte zwar nicht, verfehlte aber nicht seine Wirkung. „Will der auch bei Ihnen mitmachen?", fragte Brauchitsch. Ich beschränkte mich, um nicht ganz zu lügen, auf die Worte: „Ich glaube nicht."

Am nächsten Tag ging alles ganz schnell. Von Brauchitsch holte eine Reiseschreibmaschine hervor, wir formulierten den Vertrag, unterschrieben ihn, vereinbarten einen Termin für das nächste Zusammentreffen, und ich fuhr zufrieden nach Düsseldorf zurück.[28] Dort war man sehr froh, daß wir nun endlich einen prominenten Präsidenten des Festivalkomitees hatten. Enttäuscht war man aber auch, weil ich das Limit des monatlichen Betrages, den von Brauchitsch für seine Tätigkeit erhalten sollte, in voller Höhe ausgeschöpft hatte. Doch ich war überzeugt, daß es anders nicht gegangen wäre und ich deswegen ja auch nicht zum Bankräuber werden mußte wie einst ein Dschugaschwili in Grusinien, der sich später „Stalin“ nannte ...

Von Brauchitsch erwies sich in der Folge als wirkungsvoller Redner auf den vielen Veranstaltungen zur Vorbereitung der Weltfestspiele. Für mich kam hinzu, daß ich meine Hochzeit vorbereitete. Sie sollte noch Anfang August im Rathaus Berlin-Pankow stattfinden. Meine künftige Frau wohnte in diesem Stadtteil bei ihren Eltern. Doch dazu kam es zum vorgesehenen Termin nicht, weil ich Organisator für die Teilnehmer aus Süddeutschland wurde. Wegen des plötzlichen Verbots der Teilnahme an den Festspielen durch die Behörden der Bundesrepublik mußte alles neu organisiert und neu durchdacht werden. Vor allem sollten die Teilnehmer auf unbekannten und für die Polizei nicht so leicht auffindbaren Wegen in die DDR bzw. nach Ost-Berlin gebracht werden. Das machte viel Mühe, kostete Zeit und auch Geld. In diesen Wochen hatte ich mein Hauptquartier in Stuttgart. Es gelang mir, aus Südwestdeutschland einige zehntausend Teilnehmer nach Berlin zu dirigieren. Meinen Hochzeitstermin mußte ich allerdings verschieben. Sie fand dann erst nach dem Festival am 4. September statt.

Mit von Brauchitsch erwuchs mir dann noch ein ungeahntes Problem. Das Internationale Festivalkomitee führte kurz vor Beginn der Festspiele in Berlin eine letzte Tagung durch, und von Brauchitsch sollte auf ihr als Vertreter der Teilnehmer aus Westdeutschland eine Rede halten. Honekker sprach mich deshalb an: „Schreib’ ihm eine gute Rede und komm auch zu der Tagung.“ Von Brauchitsch und ich wohnten im Gästehaus der DDR-Regierung am Thälmannplatz in Berlin. Bei der Ausarbeitung seiner Rede gab ich mir große Mühe. Honecker eröffnete am nächsten Tag die Veranstaltung und rief namentlich die einzelnen Personen auf, die im Präsidium Platz nehmen sollten. Nach Enrico Berlinguer folgte von Brauchitsch. Unter Beifall erhob sich von Brauchitsch, drückte mir die Blätter mit seiner Rede in die Hand und sagte lächelnd: „Den Quatsch erzähle ich nicht!“ Mir stand fast das Herz still. Was wird der nun da oben sagen? Und für alles wird man mich verantwortlich machen.

Doch dann hielt von Brauchitsch eine wirklich ausgezeichnete Rede, die viel besser als mein ausgearbeiteter Text war. Er berichtete über eine FDJ-Kundgebung, die gegenüber dem Petersberg in Bonn (damals Sitz der Hohen Kommissare) stattgefunden hatte und bei der die Polizei den Mädchen ihre blauen Blusen abgenommen hatte. „Und stellen Sie sich vor, warum hat sie das gemacht? Vielleicht weil sie braune Blusen und Hemden trugen? Nein, weil sie blaue Hemden trugen!“ Nach der Veranstaltung sagte Honecker im Vorbeigehen zu mir: „Du hast ihm eine gute Rede gemacht!“ Ich war froh, daß er nicht stehenblieb.

Endlich konnten wir unsere Hochzeit feiern. Die Trauung fand im Rathaus Pankow und das Essen im Rathauskeller statt. Honecker schickte einen Glückwunsch und mehrere Meter Anzugs- bzw. Kostümstoff. Der Stoff war so schwer, daß ich glaubte, da seien mehrere Bäume aus der Schorfheide verarbeitet worden.

In Düsseldorf konnten wir eine Wohnung im 5. Stock eines wiederaufgebauten Mietshauses in der Aachener Straße beziehen. Wir teilten uns die Wohnung mit Hermann Otto und seiner Frau. Er war Sekretär für Studentenfragen. Seine schöne blonde Frau stammte aus Danzig. Nach der Geburt unserer ersten Tochter im Juli 1952 zogen wir dann in ein zweistöckiges Haus in der Nähe der Persil-Werke in Düsseldorf-Benrath. Der Erbauer brauchte einen Mieter, der entweder Vertriebener oder Spätheimkehrer war, um staatliche Förderung zu erhalten. Da traf es sich gut, daß auf mich beides zutraf. So wohnten wir in einer 2-Zimmer-Wohnung mit eigener Küche und Bad. Es war ein Glücksfall.

Politisch wurde es dagegen schlechter. Schon 1951 hatten die Verhandlungen über die Aufstellung deutscher Militäreinheiten im Rahmen der „Europäischen Verteidigungsgemeinschaft" (EVG) begonnen. Später wurde der „Generalvertrag", ein Militärabkommen über die Integration militärischer Einheiten der Bundesrepublik in die westliche Allianz, unterzeichnet. Sowjetische Angebote wie die Stalin-Note von 1952 wurden abgelehnt und damit die Chancen auf eine mögliche Wiederherstellung der deutschen Einheit der Westintegration geopfert.[29]

Innenpolitisch erklärte die Bundesregierung am 24. April 1951 die Volksbefragung gegen die „Remilitarisierung" für „verfassungswidrig". Am 26. Juni 1951 erging ein Erlaß des Bundeskabinetts, mit dem die westdeutsche FDJ verboten wurde.[30] Allerdings waren die Maßnahmen gegen die FDJ juristisch nicht unumstritten, und die Bundesregierung stellte einen Verbotsantrag gegen die FDJ beim Bundesverwaltungsgericht.[31]

Für uns brachte die Situation neue Probleme. Offiziell erhielt ich vom Zentralbüro der FDJ eine Kündigung aufgrund des Verbots vom 26. Juni 1951 „unter Einhaltung der Kündigungsfrist zum 31. 7. 1951". Tatsächlich konnten wir nun nicht mehr legal in unseren Büros arbeiten und mußten uns auf neue Bedingungen der Arbeit einstellen.

Zur Sicherung der sozialen Ansprüche wurden neue Arbeitsverträge mit dazu bereiten Unternehmen geschlossen. Die bisherigen Büros der FDJ wurden aufgelöst, wenn sie nicht ohnehin schon von der Polizei geschlossen worden waren. An ihre Stelle traten geheimgehaltene Wohnungen, die sogenannte „Koordinierungspunkte" darstellten und immer nur einem begrenzten Personenkreis bekannt waren. Die Leitungsstrukturen wurden verändert und einige Funktionen neu besetzt. Doch insgesamt konnte von einer wirklichen Vorbereitung auf die Illegalität keine Rede sein.[32] Die Leitungen wurden zwar verkleinert, aber im Grunde blieb es bei denselben Personen. Die Behörden der Bundesrepublik konnten sich leicht ausrechnen, nach wem sie fahnden mußten. Auch war das Verbot der FDJ insofern skurril, als die KPD, die hinter der westdeutschen FDJ stehen sollte, wegen des Parteienprivilegs weiterhin legal war. Das führte zu solch zwiespältigen und die verbotene FDJ leicht enttarnenden Situationen, daß FDJ-Funktionäre ohne weiteres an völlig legalen Sitzungen der Jugendkommissionen der KPD teilnehmen konnten. Aber wenn sie danach als FDJ-Leitung in irgendeiner Wohnung zusammenkamen, waren sie „illegal". Das verführte auch dazu, das Verbot nicht ganz ernst zu nehmen. Von vornherein war es fraglich, ob ein Jugendverband überhaupt in der Illegalität existieren konnte, ohne seinen Charakter als Jugendorganisation zu verlieren. Schon zuvor war versucht worden, eine von der FDJ getrennte Jugendzeitschrift zu gründen. Sie entstand in Hamburg unter dem Namen „Blitz".

Sie erschien von Dezember 1951 bis März 1953 wöchentlich in einer Auflage von 10.000 Exemplaren, blieb aber hinter den Erwartungen zurück und mußte dann eingestellt werden.[33]

Unter allen diesen Umständen war es schon erstaunlich, daß es bis in das Jahr 1954 hinein gelang, den Verband der westdeutschen FDJ nicht nur am Leben zu erhalten, sondern zahlreiche weitere Aktionen durchzuführen und die Zeitung „Das Junge Deutschland" auch in der Illegalität in verringerter Auflage regelmäßig alle acht Tage bis November 1954 erscheinen zu lassen.[34]

Eine der illegalen Sitzungen der Führungsspitze der FDJ fand im Sommer 1951 in einer Wohnung in Duisburg statt. Da Fred Dellheim, der damalige Landesvorsitzende der FDJ in NRW, auf die Jugendhochschule am Bogensee in der DDR fahren wollte und sollte, hatte ich für die anstehende Beschlußfassung einen Personalbogen von Dellheim zur Sitzung mitgebracht. An der Besprechung nahm auch Heinz Lippmann teil. Auf einmal klopfte es ziemlich laut, die Tür wurde aufgerissen, und die Polizei stürmte mit dem Befehl „Hände auf den Tisch!" in das Zimmer. Alle Papiere, die vor uns lagen, wurden von der Polizei eingesammelt, auch der Personalbogen von Dellheim. Auf dem Polizeirevier wurden unsere Personalien registriert, mir wurden 100 DM abgenommen, ohne daß ich dafür eine Quittung erhalten hätte. In Zeitabständen von zwei Stunden wurden wir dann alle wieder auf freien Fuß gesetzt. Offensichtlich herrschte auch bei den Verfolgungsbehörden noch keine Klarheit, wie mit uns zu verfahren sei.

Wochen danach erklärte Lippmann, in dem Personalbogen von Dellheim seien auch Angaben über seine Dienstzeit in der britischen Armee und der britischen Militärregierung in Deutschland enthalten gewesen. Da in den Westzonen noch immer das Militärgesetz Nr. 53 und überhaupt Besatzungsrecht gelte, sei Dellheim extrem gefährdet und könnte vor ein Militärgericht kommen. Deshalb sei es für ihn wohl das beste, wenn er seinen Wohnsitz in der DDR nähme. Zudem lief damals von Seiten der SED bzw. der DDR eine „Überprüfung“ aller sogenannten „Westemigranten“. Dellheim zeigte dafür zwar Verständnis, wollte aber einen schnellen Abschluß.[35] Kurz darauf setzte sich Dellheim in die DDR ab, wo er später Direktor der Werkzeugmaschinenfabrik „Fritz Heckert“ in Karl-Marx-Stadt und darauf in der Werkzeugmaschinenfabrik in Berlin-Mahrzahn wurde.

Eines der herausragendsten Ereignisse im Jahr 1952 war die „Jugendkarawane“ am 11. Mai in Essen. Aufgerufen zu der Demonstration hatte ein Komitee mit Pastor Mochalski an der Spitze. Die FDJ konnte schon wegen des Verbots nicht offiziell daran teilnehmen, doch war Angenfort als Einzelperson an dem Komitee beteiligt, und natürlich organisierte die FDJ bei der Aktion kräftig mit.[36] Auch diesmal ging es aus aktuellem Anlaß gegen die „Remilitarisierung“ und für die Einheit Deutschlands. Einerseits trieb Kanzler Adenauer die Integration Westdeutschlands in die westliche Militärallianz NATO immer energischer voran. Andererseits wiesen der deutsche Kanzler und die westlichen Mächte sowjetische Vorstöße wie die Stalin-Note vom 10. März 1952, in der Verhandlungen über die deutsche Einheit vorgeschlagen worden waren, zurück.[37] Weitere sowjetische Noten wie die vom 9. April 1955, die die Zusicherung freier Wahlen enthielt, wurden einfach ignoriert.

Auch diesmal brachte ich mehrere hundert Teilnehmer aus dem Raum Düsseldorf dazu, nach Essen zu fahren. Doch diesmal nahmen wir keine Busse wie zwei Jahre zuvor, als Dinslaken das Ziel war. Wir fuhren mit der Bahn. Das ist von Düsseldorf nur ein Sprung. Wir hatten auch mit dem Kauf der Fahrkarten keine Probleme. Unterschwellig dachte ich daran, daß ich bei Lenin gelesen hatte, man müsse sich an der deutschen Arbeiterbewegung ein Beispiel nehmen, weil diese so diszipliniert sei, daß sie ohne Bahnfahrkarte nicht zur Revolution fahren würde. Schon damals hatte ich mich gefragt, warum eine so disziplinierte – oder sollte man sagen: sozialdemokratisierte? – Arbeiterschaft für eine Revolution besonders geeignet sein sollte?

Wir jedenfalls nutzten die „revolutionäre“ Eisenbahn, kamen pünktlich in Essen an und begaben uns zum Treffpunkt vor der Essener Gartenbauausstellung Gruga. Es waren wohl einige tausend, die sich dort versammelten. Davon, daß das Treffen am Vorabend verboten worden war, wußten wir nichts. Es wäre wohl auch zu spät gewesen, uns davon zurückzuhalten. Jedenfalls sind damals mehr als 30.000 Teilnehmer aus allen Teilen der Bundesrepublik nach Essen gekommen. Wie viel davon Mitglieder der FDJ waren, ist mir nicht mehr in Erinnerung. Doch nach allem, was darüber bekannt geworden ist, waren wohl zwei Drittel der Teilnehmer keine Angehörigen der FDJ gewesen.

Von der Gruga wurden wir plötzlich von der Polizei abgedrängt und liefen daraufhin in Richtung Kirmesplatz. Auf einmal hörte ich von hinten Schüsse (von meinen Kriegserfahrungen her wußte ich sofort, hier wird scharf geschossen), und ein junger Mann vor mir brach zusammen. Instinktiv verlangsamte ich meine Schritte und hatte schließlich einen ganz normalen Gang.

Die Polizei hielt mich deshalb wohl für einen Spaziergänger, der zufällig in dieses Chaos hineingeraten war. Jedenfalls zog sie an mir vorbei, hob den zu Boden gefallenen jungen Mann auf und warf ihn auf einen LKW. Später stellte sich heraus, daß der Tote Philipp Müller geheißen hatte und ein FDJler aus München gewesen war.

Bis heute wird in den Berichten über den 11. Mai 1952 in Essen über diese Ermordung herumgeredet. Wolfgang Buschforth meinte zum Beispiel im „Deutschland Archiv"[38]: „Ob Philipp Müller nun von vorn oder von hinten erschossen wurde …" In der übernächsten Ausgabe erreichte ich eine Klarstellung: „Ich habe es gesehen. Der junge Mann, der sich später als Philipp Müller herausstellte, wurde am 11. Mai 1952 vor dem Gelände der Gruga etwa zehn Meter vor mir vor der Polizei fliehend von dieser von hinten erschossen."[39]

In dem auch in Essen eingerichteten „Koordinierungspunkt" traf ich Angenfort und den KPD-Landtagsabgeordneten Schabrod und berichtete, was ich gesehen hatte. Die Situation rief danach, mit Ostberlin zu sprechen, und ich flog kurz entschlossen nach Westberlin, erreichte mit der U-Bahn Ostberlin und meldete mich bei dem vereinbarten Treffpunkt im Gästehaus der Regierung. Honecker verspätete sich, und so saß ich eine Zeitlang mit Margot Feist, Gerald Götting von der CDU der DDR und einigen anderen zusammen. Götting klagte, daß er immer noch in der CDU arbeiten müsse und von der Politik der SED praktisch ausgeschlossen sei, obwohl er doch immer lieber dort selbst Politik machen wollte. Margot tröstete ihn. Jeder müsse eben an seinem Platz seine Aufgabe erfüllen. Als Honecker kam, berichtete ich über die Ereignisse in Essen und war gespannt auf seine Reaktion. Mir war zwar klar, daß wir politisch an einem entscheidenden Punkt angekommen waren. Doch auf die Fragen, die sich stellten, hatte ich keine Antwort. Vorsichtig hatte ich darauf hingewiesen, daß die Schießerei der Polizei weder von uns gewollt noch provoziert worden war. Wir müßten nun, so mein Hinweis, genau überlegen, wie wir politisch weiter vorgehen wollten. Honecker hatte, wie auch später immer wieder, die „ganz einfachen Antworten". Die Ermordung zeigte seiner Meinung nach das wahre Gesicht des Adenauer-Regimes. Darauf könne man nur mit Empörung, Protesten und neuen Aktionen antworten. Im übrigen hätten wir richtig gehandelt. Niemand könne uns etwas vorwerfen.

Mich befriedigten seine Antworten nicht. Doch zu einer ernsthaften Diskussion kam es nicht. Honecker wollte erst hören, was das Politbüro der SED zu der Entwicklung sagte, und ich mußte zurück nach Düsseldorf. Schließlich war meine Frau schwanger, und ich ahnte, daß wir wohl nicht mehr lange wie normale Bürger in unserer polizeilich gemeldeten Wohnung würden leben können.

Tatsächlich wurden wir bald von der Polizei gesucht und mußten in illegale Quartiere umziehen. Damals lebte ich unter anderem in einer Laube in einer Schrebergartenkolonie in Düsseldorf. Zur Geburt unserer Tochter besuchte ich trotzdem meine Frau in der Klinik. Meine Arbeit bei der Zeitschrift „Das Junge Deutschland“ setzte ich auch unter diesen erschwerten Bedingungen fort.

In diese Zeit fällt auch ein Ereignis, von dem Richard Kumpf in seiner Autobiographie[40] berichtet, und an das ich mich beim besten Willen nicht erinnern kann, das ich aber auch nicht dementieren will. Kumpf erzählt von der Vorbereitung eines Treffens der Gewerkschaftsjugend in Frankfurt am Main, an dem er aber nicht teilnehmen konnte, weil er in Düsseldorf einen Autounfall hatte und erst in einer Privatklinik wieder zu Bewußtsein kam.

„14 Tage später“, so Kumpf, „holte mich Wolfgang Seiffert an einem Sonntagnachmittag auf abenteuerliche Weise aus dem Krankenhaus, und ich wurde mit einem Auto über die ‚Grüne Grenze‘ in die DDR nach Buch in das dortige Klinikum gebracht.“ Mag sein, mag auch nicht sein. Aber warum sollte Kumpf so etwas erfinden? Geschadet hat es ihm jedenfalls nicht. Er gesundete nämlich bald wieder.

Die nächsten Monate waren fast ausschließlich der Arbeit für die Zeitschrift „Das Junge Deutschland“ gewidmet. Wir mußten mehrmals unser kleines Redaktionsbüro verlegen. Große Mühe machte es, die fertigen Texte zur Druckerei zu bringen, denn nichts durfte darauf hindeuten, wo genau unser Blatt gedruckt wurde. Mit mir arbeiteten damals Hermann Weber, Werner Finkemeier und Günter Feldmann. Den Vertrieb übernahm der sogenannte „technische Apparat“.

Mit drei Redakteuren eine Wochenzeitung pünktlich herauszubringen, war nicht leicht, und wir fanden für andere Dinge kaum Zeit. Dennoch erinnere ich mich, wie Werner Finkemeier eines Tages erzählte, daß sein Vater als Kommunist in die Sowjetunion emigrierte, und man bis heute nicht wisse, wo er geblieben sei. Andere Mitglieder der Kommunistischen Partei sprächen in letzter Zeit immer öfter davon, unter Stalin seien auch ausländische Kommunisten in der UdSSR umgekommen. Ich riet ihm, über die örtliche Organisation der Kommunistischen Partei doch eine Anfrage nach Moskau zu richten. Er schwieg, und wir kamen nicht wieder darauf zurück.

Schon wenige Monate später, genau am 16. März 1953, wurde ich verhaftet. Der Ablauf war allerdings etwas anders, als Kumpf dies aus seiner Erinnerung schildert.[41] An diesem Tag fuhr ich von einer Redaktionssitzung von Duisburg mit der „D-Bahn"[42] in Richtung Düsseldorf. An der Haltestelle Düsseldorf-Kaiserswerth stieg ich aus, weil ich mich mit Karl-Heinz Siemens verabredet hatte. Er wartete auch tatsächlich auf der anderen Straßenseite vor einem dort parkenden Auto. Als ich auf ihn zuging, sprangen drei kräftige Gestalten aus dem Wagen, wiesen sich als Polizisten aus und erklärten, ich sei verhaftet. Im Polizeipräsidium in Düsseldorf wurde mir ein Haftbefehl des Bundesgerichtshofs gezeigt. Die Nacht verbrachte ich in einer Zelle des Polizeipräsidiums, am nächsten Tag wurde ich dem Untersuchungsrichter vorgeführt und in das Gefängnis „auf der Ulm" gebracht.

Damit begann eine über zwei Jahre dauernde Wanderung von einem Untersuchungsgefängnis in das andere, nämlich von Düsseldorf nach Bonn, von Bonn nach Pforzheim und von Pforzheim nach Karlsruhe. In gewissen Zeitabständen wurde ich dem Untersuchungsrichter vorgeführt, aber von einer Anklageschrift war nichts zu sehen.

Meine Frau betreute mich, so gut sie konnte, zahlte für mich Geld bei der Kasse des jeweiligen Untersuchungsgefängnisses ein, so daß ich mir Lebensmittel und Zeitungen kaufen konnte. Sie brachte mir Kleidung und Bücher, erzählte von der Tochter und machte mir Hoffnung, daß das doch nicht ewig dauern könne. Doch erst am 18. April 1955 begann der Prozeß.

Zu meinem Erstaunen wurde ich nicht mit den ebenfalls zur gleichen Zeit verhafteten Redakteuren Weber, Finkemeier und Feldmann angeklagt.

Hauptangeklagter war der bisherige Leiter des Arbeitsbüros der FDJ, Jupp Angenfort, und mit ihm stand ich als Chefredakteur der Zeitung „Das Junge Deutschland" vor dem 6. Strafsenat des Bundesgerichtshofs (BGH) in Karlsruhe. Auch der Prozeß dauerte lange und wurde erst mit einem Urteil am 4. Juni 1955 beendet.[43]

Schon beim Lesen der Anklageschrift, die ich etwa vier Wochen vor Prozeßeröffnung erhielt, war mir klar geworden, daß es sich hier um einen politischen Prozeß handelte. Erst nach der deutschen Wiedervereinigung erhielt ich Zugang zu den Unterlagen, die diesen Hintergrund erhellen. Aus ihnen ergibt sich, daß im Frühjahr 1955, und zwar lange, bevor unser Prozeß feststand, im Gebäude des Bundesverfassungsgerichts in Karlsruhe ein Gespräch zwischen dem damaligen Generalbundesanwalt Güde, Rechtsanwalt Kaul sowie dem DDR-Rechtshistoriker Werner

Sellnow stattgefunden hatte. Gegenstand des Gesprächs war das von der Bundesregierung beantragte Verbotsverfahren gegen die KPD vor dem Bundesverfassungsgericht. Die aus der DDR angereisten Gesprächspartner hofften, einen Prozeß gegen die KPD noch verhindern zu können. Doch das mehrstündige Gespräch verlief negativ. Schon fast am Ende des Gesprächs sagte Güde: „Ich habe noch eine schlechte Nachricht für Sie: Mit Angenfort und Seiffert fangen wir an." Güde ließ durchblicken, daß er das nicht für sehr sinnvoll hielt. „Aber der Alte", womit Güde Adenauer meinte, „will es so!"

Während der zwei Jahre Untersuchungshaft hatte ich mir viele Gedanken vor allem zu zwei Problemkomplexen gemacht: Was hatten wir falsch gemacht, daß wir uns jetzt in dieser fatalen Lage befanden, und was wird uns strafrechtlich eigentlich vorgeworfen? Zur ersten Frage fand ich keine abschließende Antwort. Hatten wir uns möglicherweise zu einem übertriebenen Aktionismus hinreißen lassen? Vielleicht hatten wir auch zu unkritisch auf die Führung der FDJ in der DDR gehört? Oder hatten wir womöglich zu wenig ins Kalkül gezogen, welche antikommunistische und antisowjetische Grundstimmung in der westdeutschen Bevölkerung herrschte? Ich befand, darüber müsse man in der FDJ diskutieren. Nur dazu war jetzt weder Zeit noch Gelegenheit. Meine eigene Lage zwang mich, mich vor allem damit zu befassen, welche Anklage mir eigentlich drohte. Bis zur Aushändigung der Anklageschrift wußte ich nur aus dem Haftbefehl, daß mir vorgeworfen wurde, einer Organisation anzugehören, deren Tätigkeit gegen die „verfassungsmäßige Ordnung verstößt" (§ 90a StGB) bzw. „deren Zweck geheimgehalten" wurde (§ 128 StGB), und die darauf aus gewesen sei, „strafbare Handlungen zu begehen" (§129 StGB). Der Vorwurf, ein „hochverräterisches Unternehmen" vorzubereiten (§ 81 StGB), kam erst später in der Anklageschrift dazu. Zwar wußte ich auch, daß schon eine ganze Reihe junger Teilnehmer an Demonstrationen und ähnlichen Aktivitäten von Gerichten auf Landesebene verurteilt worden waren. Doch soweit mir Details bekannt waren, ging es dabei um Auseinandersetzungen mit der Polizei, nie jedoch um die FDJ generell, und auch von einem Prozeß gegen FDJ-Funktionäre vor dem Bundesgerichtshof wußte ich damals noch nichts, obwohl ein solcher Prozeß im Februar 1955 vor unserem Verfahren stattgefunden hatte. Natürlich wußte ich aus dem Verbotsbeschluß der Bundesregierung von 1951, das man die FDJ für eine „verfassungswidrige Organisation" hielt. Doch bekannt war auch, daß dieses Verbot rechtlich auf schwachen Füßen stand und die Sache noch vom Bundesverwaltungsgericht entschieden werden sollte. Was also sollte jetzt eigentlich mit diesem Prozeß geahndet werden; die gesamte Tätigkeit der westdeutschen FDJ in Gestalt der beiden Angeklagten?

Anklageschrift und Verlauf des Prozesses zeigten schnell, daß es eigentlich nicht in erster Linie um die FDJ ging, sondern um die juristische Verurteilung tragender politischer Thesen, die dem Kurs der Bundesregierung entgegengesetzt waren und über die eigentlich das Bundesverfassungsgericht zu entscheiden hatte. Dort war ein Prozeß gegen die KPD angestrengt, aber es war auch klar, daß der lange dauern würde. Hier war ein Urteil des Bundesgerichts leichter und schneller zu erreichen, könnte dann aber als Beweismittel beim Bundesverfassungsgericht dienen. In der Tat stützten sich dann die Staatsanwaltschaft und schließlich das Gericht in seinem Urteil fast ausschließlich auf das „Programm der nationalen Wiedervereinigung Deutschlands" der KPD als „Beweis" für die Vorbereitung eines hochverräterischen Unternehmens und nicht auf Dokumente der FDJ. Dieses „Programm" war von der KPD im November 1952 beschlossen worden.

Ich hatte davon gehört, und Angenfort hatte es als Vertreter der KPD wohl auch in einigen Gruppen der FDJ erläutert, soweit diese unter dem Verbot überhaupt noch zusammenkamen. Doch ich hatte an diesem „Programm" weder mitgewirkt noch das Programm verbreitet noch war ich in irgendeiner Weise an seiner Durchführung beteiligt. Auch lagen zwischen der Veröffentlichung des Programms und unserer Verhaftung nur drei Monate. Was sollten wir da mit diesem „Programm" schon gemacht haben?

Der Prozeß brachte daher auch keinerlei Beweise für die Kernthesen der Anklage, und ich hielt ein ziemlich kämpferisches Schlußwort. Natürlich ging es auch um die westdeutsche FDJ. Die Organisation, die auf dem Höhepunkt ihrer Aktivitäten 30. 000 Mitglieder hatte, war unter dem Druck der Angriffe der Bundesregierung und unter der selbstgewollten Konzentration auf politische Auseinandersetzungen zu einem politischen Kampfverband geworden.

Er konnte innerhalb von drei Tagen an jedem beliebigen Ort der Bundesrepublik eine Massenkundgebung und Demonstration zustandebringen. Aber viele seiner Mitglieder waren auch gute Diskutanten zu den politischen Themen der damaligen Zeit. Eine solche Organisation mußte natürlich für Dr. Adenauer ein Dorn im Auge sein. Im Grunde genommen war deshalb die westdeutsche FDJ für die damalige Bundesregierung gefährlicher als die KPD, die damals noch in den Parlamenten saß und schon deshalb gehalten war, sich an die „Spielregeln" zu halten. Dieser politische Hintergrund war mir durchaus klar; doch rechtfertigte er den Einsatz juristischer Mittel zur Bekämpfung politischer Positionen? Nicht zuletzt aufgrund der Fragwürdigkeit dieser Methode entstand damals der Begriff der „politischen Justiz", und es wurde von ihrer damaligen „Blütezeit" gesprochen.[44] Insofern paßte das Urteil gegen uns in die politische Landschaft. Angenfort erhielt fünf Jahre Zuchthaus (eine Strafart, die es damals noch gab). Bei mir „begnügte“ man sich mit vier Jahren Gefängnis. Angenfort wurden die bürgerlichen Ehrenrechte für fünf Jahre, mir die Fähigkeit zur Bekleidung öffentlicher Ämter sowie das aktive und passive Wahlrecht für die Dauer von vier Jahren aberkannt. Praktisch waren wir vogelfrei.[45]

Doch am meisten empörte ich mich darüber, daß von den zwei Jahren Untersuchungshaft nur 18 Monate auf die Strafe angerechnet wurden. Das war nun doch wirklich perfide. Wenn man schon Anfang 1953 wußte, daß und warum man uns verhaften wollte, wieso dauerte es dann zwei Jahre, bis die Anklageschrift vorlag? Normalerweise darf niemand länger als sechs Monate in Untersuchungshaft gehalten werden, ohne daß Anklage erhoben wird. Wir waren jedenfalls nicht daran schuld, daß der Prozeß erst zwei Jahre nach der Verhaftung begann. Mit dieser Entscheidung des Gerichts machte es den politischen Charakter des Prozesses endgültig klar. Es gab deshalb gegen das Urteil auch Proteste von verschiedenen Seiten: nicht nur Angehörige der FDJ, auch die Bundestagsfraktion der SPD verurteilten das Verfahren. Das Urteil war so offensichtlich politisch und juristisch so eindeutig unhaltbar, daß man auch noch fast 50 Jahre danach versucht ist, bei Inrechnungstellung aller Schwierigkeiten eines derartigen Schritts, ein Wiederaufnahmeverfahren anzustrengen.

Ein Teil der Presse benutzte damals das Verfahren und das Urteil, um die ohnehin vorhandene antikommunistische und antisowjetische Stimmung in der Bevölkerung weiter zu steigern. Den Vogel schoß der „Rheinische Merkur“ mit einem Leitartikel von Guido Zöller ab, der unter der Überschrift „Die Bombenleger“[46] erschien. Als ich dann aus der DDR wieder in die Bundesrepublik zurückkam, interviewte mich eine junge Journalistin von der „Hannoverschen Allgemeinen Zeitung“ und schrieb, Seiffert sei damals für politische Positionen verurteilt worden, die heute keinen Staatsanwalt mehr hinter dem Ofen hervorholen würden. Ich fügte hinzu: ... und für Positionen, mit denen Willy Brandt später Bundeskanzler wurde.[47]

Die DDR hatte uns auf verschiedene Weise bei dem Prozeß unterstützt. Sie stellte nicht nur einen der Verteidiger, nämlich Rechtsanwalt Kaul; sie hat offensichtlich auch die anderen vier Verteidiger aus der Bundesrepublik bezahlt. Jedenfalls habe ich selbst keine Verteidigerkosten getragen, was ich auch finanziell nicht gekonnt hätte. In den Medien der DDR wurden wir zu „Helden der Nation“ hochstilisiert. Das „Neue Deutschland“, damals Zentralorgan der SED, machte am 7. Juni 1955 mit der Schlagzeile „Empörung in ganz Deutschland“ auf, brachte unsere Fotos und überschrieb den Leitartikel mit: „Helden des deutschen Freiheitskampfes – Die Freiheit Deutschlands und die Freiheit Jupp Angenforts“. Honecker erklärte: „Wir versprechen ... nach ihrem Vorbild noch entschlossener für die nationalen Ziele unseres Volkes zu kämpfen."[48] Ein Versprechen, an das ich Jahre später Gründe genug haben sollte, ihn zu erinnern.

Doch damals mußten wir zunächst die gegen uns verhängten Strafen antreten. Schon am nächsten Morgen wurden wir abtransportiert. Angenfort kam in das Zuchthaus Münster, ich landete in der Strafanstalt Anrath bei Krefeld. Die erste Nacht verbrachte ich in einer Aufnahmezelle. Am Vormittag des nächsten Tages wurde ich dem Anstaltsleiter, nämlich Amtmann Dr. Johannes F., vorgeführt. Er sah von Anfang an in mir einen politischen Gefangenen, den man nicht wie einen Kriminellen behandeln könne. Daß es so etwas auch wieder nach 1945 geben würde, so F., hätte er nie für möglich gehalten und ergänzte: „Doch von der Arbeit kann ich Sie nicht befreien, also welche Arbeit wollen Sie?" Er kam dann selbst darauf, daß es eine Arbeitszelle gab, in der von zwei Gefangenen Gummitexte und Dienstsiegel hergestellt wurden, die von den Gerichten und Staatsanwaltschaften im Land NRW benötigt wurden. „Wenn Sie sich das zutrauen?" fragte er mich. Ich traute mich. Schließlich hatte ich als Redakteur auch mit Schriftsätzen aus Blei gearbeitet. Die Arbeit ging dann auch ganz flott von der Hand. Waren unsere Siegel und Texte fertig, mußten wir sie auf Holzkegel kleben, in Päckchen verschnüren und an die Gerichte und Staatsanwaltschaften adressieren. Nach ein paar Wochen dachte ich: Aus den zugelieferten Holzleisten und der Verpackungsschnur könnte man doch auch eine Strickleiter bauen, und wenn man damit auf den Hof käme ... Nur: Wie sollte man auf den Hof kommen? Dazu brauchte man einen Schlüssel und den hatten nur die Wärter. Schließlich fand ich dafür eine Lösung. Es blieb aber noch ein Problem. Die Mauer um das Gefängnis war 4,75 m hoch und war nach außen mit einer Art Dachschindel abgedeckt. Wenn die Strickleiter dort halten sollte, mußte an ihrer Spitze ein Eisenhaken befestigt sein. Auch dieser fand sich, und am 22. Januar 1956 gelang es mir, aus dem Gefängnis zu entkommen.[49]

Über diese Flucht werden bis heute die unterschiedlichsten Versionen verbreitet. Als ich nach meiner Flucht in die DDR ging, wurde ich in der Westabteilung des Zentralkomitees der SED peinlichst verhört. Niemand wollte mir glauben, daß mir das allein gelungen war. Entweder hätte ich Helfer gehabt, die ich nicht nennen wollte, oder ich hätte einen „deal" mit dem Verfassungsschutz oder dem Bundesnachrichtendienst getroffen, meinte man. Ich hielt es für besser, zu schweigen. Sie wollten einfach nicht wahrhaben, daß so etwas ohne ihr Eingreifen gelingen konnte. Kumpf bezweifelte noch in der jüngsten Zeit, daß das mit rechten Dingen zugegangen sei und wunderte sich, daß ich schon nach einem Jahr Gefängnis entfliehen konnte.[50] Daran ist schon die Angabe „nach einem Jahr" falsch; denn mit der Untersuchungshaft waren es bereits drei Jahre. Aber auch bei den Strafverfolgungsbehörden scheint es keine wirkliche Klarheit über mein Entweichen aus dem Gefängnis zu geben. Im Jahre 2003, also fast 50 Jahre danach, erhielt ich von der Tochter des damaligen Leiters der Strafanstalt Anrath den folgenden Brief[51]:

„Sehr geehrter Herr Professor,
dieser Brief ist nur dann für Sie bestimmt, wenn Sie Anfang der fünfziger Jahre als polititischer Gefangener in der Strafanstalt Anrath (heute JVA Willich) inhaftiert waren.

Mein Vater – Dr. Johannes F. – war damals Anstaltsleiter, als der politische Gefangene Wolfgang Sei[f]fert wohl im Winter 1955 oder 56, befreit wurde. Mein Bruder und ich waren damals noch Kinder, erinnern uns aber noch ganz gut an dieser Ereignis, weil es unsere Familie sehr belastet hat. Bei den polizeilichen Untersuchungen fand sich zwar an einer Mauer eine scheinbar dort zurückgelassene Strickleiter, die aber mit der Entweichung nichts zu tun hatte und wohl der Ablenkung dienen sollte. Es musste eine Befreiung statt gefunden haben, die beteiligten Personen wurden aber nie überführt.

An einer Gefängnismauer stand lange vorher schon mit Farbe aufgemalt: ‚Freiheit für Wolfgang Sei[f]fert.' Auch wurde die verhängte Gefängnisstrafe für eine politische Überzeugung von meinem Vater kritisch gesehen.

Zu dieser Zeit wurden an unterschiedlichen Stellen anoyme Brief verschickt, die meinen Vater mit unwahren Behauptungen verleumdeten und darauf hinwirken sollten, dass er seine Stelle verliert. War er doch als Protestant in dem katholischen Dorf und mit seiner liberalen Einstellung den Gefangenen gegenüber höchst unbeliebt. Im Sommer 1956 konnte die Schwester des katholischen Anstaltsgeistlichen Helewski als Schreiberin der Briefe überführt werden. Es fand daraufhin eine Strafversetzung des Geistlichen nach Berlin statt. Zufällig oder nicht, wurde dort später auch ein politischer Häftling befreit.

Mein Vater, der 1986 verstorben ist, hatte spontan vorgehabt, Sie in der DDR zu suchen und Sie nach den Umständen der Befreiung zu fragen, jedoch wurde ihm das von der vorgesetzten Behörde untersagt. Als er später von Ihrer Professur erfuhr, hat er nochmals erwogen, sich mit Ihnen in Verbindung zu setzen. Warum er das nicht getan hat, ist uns nicht bekannt. Wir wussten nur, dass unser Vater Sie respektiert, vielleicht sogar geschätzt hat.

Was nun meinen Bruder und mich angeht, hätten wir gerne gewusst, wie die Befreiung durchgeführt wurde und welche Personen daran beteiligt waren. Um diese sicher folgenlose Aufklärung möchten wir Sie bitten. Die ganze Angelegenheit ist ja nun fast fünfzig Jahre her, die beteiligten Personen sind verstorben und nicht mehr im Dienst.

In der Hoffnung, dass Sie unsere Bitte verstehen und uns eine Antwort geben werden, verbleibe ich mit freundlichem Gruß

M. L.“

Ich konnte die Frau beruhigen. Ihr Vater war als Anstaltsleiter mir gegenüber sehr freundlich, aber auch korrekt, und zwar in jeder Hinsicht. Mit meiner Flucht hatte er nichts zu tun. Innerhalb des Gefängnisses habe ich alles selbst organisiert. Ein Beamter mit Schlüsselgewalt ließ mich am Abend des 22. Januar auf den Hof. Mit Hilfe der selbstgebauten Strickleiter kam ich über die Mauer. Das dort auf mich wartende Auto hatte meine Frau geschickt, im Wagen lagen Kleidung und Papiere. Der Fahrer nannte mir eine Adresse in Düsseldorf-Oberkassel. Doch ich weigerte mich, dahin zu fahren, weil ich wußte, daß in derselben Straße der KPD-Vorsitzende Reimann seinen Wohnsitz hatte.

So einfach wollte ich es der Polizei nicht machen, mich wieder einzufangen. Nach langem Überlegen kamen wir auf die Adresse einer älteren Dame in Oppenheim am Rhein, in deren Weingut ich schon einmal in der legalen FDJ-Zeit übernachtet hatte. Kurz entschlossen fuhren wir nach Oppenheim. Die Dame nahm mich überrascht, aber ruhig auf. Da ich nicht wußte, wie lange ich hier bleiben müßte, kaufte sie mir einen Arbeitskittel und sagte resolut: „Wenn Du nicht auffallen willst, mußt Du irgend etwas arbeiten. Ich habe unten an der Fernverkehrsstraße am Rheinufer ein Restaurant. Da brauche ich täglich 25 Flaschen ‚Oppenheimer'.“ So füllte ich denn täglich 25 Weinflaschen aus den Fässern des Guts in Flaschen und brachte sie mit einem Handwagen zum Restaurant der alten Dame. Wie lange ich da blieb, weiß ich nicht mehr genau. Doch es müssen fast vier Wochen gewesen sein. Während dieser Zeit war der Rhein zugefroren, und die Schiffahrt lag still.

Auf dem Weg zum Restaurant hing eines Tages der Geheimbericht von Nikita Chruschtschow auf dem XX. Parteitag der sowjetischen KP an einem Zeitungskiosk. Obwohl ich vorsichtig war und dort nie etwas eingekauft hatte, konnte ich nicht widerstehen und kaufte das Blatt. Es muß etwa um den 20. Februar gewesen sein. Die nächsten Tage verbrachte ich in größter Unruhe und mit wachsender Empörung mit dem Lesen des Berichtes von Chruschtschow. Schon immer gab es, in der FDJ weniger, aber bei KPD-Mitgliedern und natürlich in der westdeutschen Presse die verschiedensten Gerüchte über Stalin. Schon Lenin soll vor den Gewaltmethoden Stalins gewarnt haben. Auch ausländische, darunter deutsche Kommunisten seien in der UdSSR unter Stalin umgebracht worden. Deutsche Kommunisten seien sogar an Hitler-Deutschland ausgeliefert worden. Das meiste aber hielten wir für gegnerische Propaganda oder eben für Gerüchte, von denen wir nicht wußten, was daran wahr sei. Doch was nun in dem Chruschtschowschen Geheimbericht stand, war etwas anderes und schockierte mich. Die Zweifel, die Hermann Weber schon 1952 zumindest mir gegenüber geäußert hatte, standen nun schwarz auf weiß in dem Bericht Chruschtschows: Von den 139 auf dem Parteitag 1934 gewählten Mitgliedern und Kandidaten des Zentralkomitees der sowjetischen KP waren 98 verhaftet und erschossen worden. Schon damals fragte ich mich, ob das wirklich die ganze Wahrheit war? Was würde noch nachkommen? Ich ahnte, daß das Jahr 1956 ein Schicksalsjahr werden könnte und überlegte, ob es denn noch Sinn ergäbe, in die DDR zu gehen (was meine Absicht war), wurde dort doch Stalin in höchsten Tönen gelobt und verehrt. Aber vielleicht änderte sich das jetzt dort auch? Doch genau genommen stand ich zwischen Baum und Borke. Blieb ich hier, so konnte ich nur wieder ins Gefängnis zurück. Im Fernsehen brachte man ohnehin jeden Abend ein Fahndungsbild von mir. In einer späteren Stellungnahme der Generalbundesanwaltschaft hieß es in dürren Worten: „Seiffert entwich am 22. Januar 1956 aus der Strafhaft und ist seither flüchtig. Er hat noch 681 Tage Gefängnis zu verbüßen.“[52] Da blieb nur noch der Weg in die DDR.

In der Untersuchungshaft, auch in Anrath, hatte ich viel gelesen und nachgedacht. In Bonn ließ ich mir von meiner Frau „Das Kapital“ von Karl Marx bringen. Danach erhielt ich auch eine Reihe anderer Schriften von Marx und Engels. So wurde ich wohl einer der wenigen, die alle wichtigen Werke von Marx und Engels im Original wirklich durchgearbeitet haben. Das half mir später, genauer hinzuhören, wenn sich in der DDR jemand auf Marx berief. Nicht selten konnte ich ihn darauf hinweisen, daß das bei Marx ganz anders stünde.

Den 17. Juni 1953 erlebte ich in der Untersuchungshaft in Bonn. Jurastudenten höherer Semester, die zu Anschauungszwecken in das Gefängnis kamen, ließen sich auch, wohl sensationslustig, in meine Zelle bringen. Sie provozierten mich mit der Mitteilung des Aufstandes in der DDR, und einer sagte, jetzt schössen sowjetische Panzer sogar in Berlin, und meinte, mit der DDR wäre es jetzt wohl vorbei. Sie waren reichlich arrogant und die Situation ziemlich grotesk. Ich saß wegen meiner Überzeugungen in Untersuchungshaft hier in Bonn, und sie wollten mir erzählen, warum die DDR ein „Hort der Unfreiheit“ sei. Ich fragte zurück, was sie denn aus dem Einsatz der Sowjetarmee folgerten? Ihre Antwort lautete, daß die DDR unterginge. Daraufhin sagte ich, daß sie nicht richtig denken könnten. Denn die Konsequenz des Einsatzes der sowjetischen Panzer lautete doch ganz eindeutig: Die DDR wird weiterbestehen. Sie waren verblüfft und wütend und zogen ab. Innerlich dachte ich: „Was haben die in der DDR bloß angestellt, daß es zu solchen Massenprotesten kommt?“ Tage danach las ich in den Zeitungen, daß die Demonstranten nach anfänglichen Protesten gegen Normerhöhungen und für bessere Arbeitsbedingungen dazu übergingen, immer stärker die deutsche Einheit zu fordern. War das nicht aber auch unsere Forderung?

In Anrath fand ich in der Bibliothek mehrere Bücher über den Jesuitenorden des Ignatius von Loyola. Ich studierte auch sie, darunter einige wenige Texte von Loyola selbst. Mir wurde dabei schnell klar, daß die Organisationsprinzipien und Strukturen der Kommunistischen Partei, wie wir sie auf der Antifaschule gelehrt bekommen hatten, keine neue Erfindung von Lenin und Stalin waren. Schon der Jesuitenorden hatte sie auf seine Weise und für seine Ziele praktiziert. Der von Ignatius von Loyola 1534 gegründete Orden wollte bekanntlich den katholischen Glauben durch Mission, Unterricht und Erziehung, wissenschaftliche und schriftstellerische Arbeit, mit allen „zeitgemäßen" Mitteln ausbreiten und bewährte sich besonders bei der Gegenreformation in Europa. Seine innere Struktur war von der Hierarchie der Entscheidungen von oben nach unten und strengster Disziplin sowie unbedingtem Gehorsam gegenüber dem General an der Spitze gekennzeichnet.[53] Was war da in der Kommunistischen Partei der Sowjetunion oder der SED, abgesehen von der ganz anderen Zielsetzung, viel anders? Hatten wir als westdeutsche FDJ nicht auch angefangen, uns in diesen Bahnen zu bewegen? Allerdings waren diese Prinzipien nach der Machtergreifung in Rußland bzw. der DDR infolge der Umwandlung dieser Parteien zu Massenparteien weitgehend verblaßt. Sie trafen daher in der Praxis zumeist nur noch auf die Geheimdienste, insbesondere aber auf deren Auslandsorganisationen zu.

In Anrath gab es an den Samstagen so etwas wie „Freizeitgestaltung". Ausgewählte Gefangene durften hier Fernsehen, Radiohören, Zeitungen lesen oder auch Schachspielen. Bei einer solchen Gelegenheit lernte ich den Strafgefangenen Lüderitz kennen. Er war wegen eines Wirtschaftsvergehens verurteilt, das einen politischen Hintergrund hatte. Die Firma Mannesmann lieferte damals Rohre nach Osteuropa und verstieß dabei oft gegen Embargobestimmungen oder die Wirtschaftsgesetze der Bundesrepublik. Damit sie nicht selbst in Gefahr geriet, bediente sie sich einer Handelsgesellschaft, deren Geschäftsführer Lüderitz war.

Er war so etwas wie ein „Sitzredakteur", wie er in der Weimarer Republik üblich gewesen war. Dort zeichnete bei den Zeitungen ein Redakteur für Artikel verantwortlich, die er nie geschrieben hatte, und mußte dann im Zweifel auch die Strafe für Publikationen tragen, die irgendwie gegen Gesetze verstießen. So ähnlich ging es Lüderitz mit seiner kleinen Gesellschaft. Er saß für die Mannesmann AG ein, die die Rohre eigentlich geliefert hatte. Natürlich wurde er gut betreut. Regelmäßig besuchte ihn sein Anwalt, Dr. Ernst Achenbach, der damals für die FDP Mitglied des

Landtages von Nordrhein-Westfalen war. Von Lüderitz erfuhr ich so eine Menge über die politische Situation draußen, vor allem in NRW. Auch verschwieg er nicht, daß Dr. Achenbach ein großer Anhänger der deutschen Einheit war, der die Meinung hegte, dieses Ziel müsse allem politischen Handeln übergeordnet sein, solange es nicht erreicht sei.

Bei gleicher Gelegenheit begegnete ich auch einem jungen Mann aus der DDR. Er saß wegen des illegalen Verkaufs unverzollter US-amerikanischer Zigaretten in großem Stil. Aus der DDR war er nach dem Westen als einer der vielen FDJ-Instrukteure gekommen, von denen schon die Rede war. Auf ein Gespräch mit ihm verzichtete ich. Bei der Weihnachtsfeier führten Strafgefangene das Krippenspiel auf. Ich traute meinen Augen nicht und konnte ein Lachen nur mühsam unterdrücken, als eben jener FDJ-Instrukteur aus der DDR als Engel auf der Bühne mit dem Lied erschien: „Vom Himmel hoch, da komm ich her ...“

Meine Gedanken kreisten immer stärker um die Frage, welches Resümee ich eigentlich aus meiner FDJ-Tätigkeit ziehen sollte. Unsere Positionen, wie „Nie wieder Krieg!“, keine deutschen Militärkontingente für die westliche Allianz, alles dem Ziel der deutschen Einheit unterordnen, erschienen mir nach wie vor richtig. Natürlich hatten wir dabei auch Fehler gemacht. Es begann schon wenige Monate, bevor ich in der FDJ tätig wurde, nämlich 1949, als die FDJ bei der Diskussion über ihre Aufnahme in den Bundesjugendring das Grundgesetz ablehnte.[54] Das Grundgesetz stand damals überhaupt nicht mehr zur Diskussion, es war längst in Kraft getreten. Sich gegen die Verfassung des Landes zu stellen, bedeutete nicht nur, daß die FDJ nicht in den neu gegründeten Bundesjugendring aufgenommen wurde. Es war auch der Anfang einer Entwicklung, die dazu führte, daß die FDJ nicht nur von staatlichen Behörden, sondern auch von anderen politischen Kräften als „am Rande des Verfassungsbogens“ stehend angesehen wurde.

Für dieses Verhalten gab es keine Weisung aus irgendeinem Gremium der westdeutschen FDJ, auch nicht aus der DDR. Die beiden FDJ-Vertreter, nämlich Helmut Heins und Ilse Wachsmuth, handelten aus eigenem Antrieb und glaubten es, dem KPD-Vertreter im Parlamentarischen Rat, Max Reimann, gleichtun zu müssen. Der hatte dort nämlich gegen das Grundgesetz gestimmt. Dort ging es allerdings um die Annahme des Grundgesetzes. Bei der Diskussion im Bundesjugendring ging es aber um eine bereits in Kraft getretene Verfassung. Eine Diskussion um die Frage, ob man für oder gegen das Grundgesetz sei, hätte als plumpe Falle identifiziert werden müssen. Leider sind die beiden FDJ-Vertreter darauf hereingefallen; das hatte Folgen, die sich damals keiner vorstellen konnte. Dieses Ereignis ist danach in der FDJ im übrigen auch nie diskutiert worden.

In den Jahren 1950–1951 beherrschte ein gewisser Aktionismus die FDJ-Tätigkeit. Die Lage in der DDR wurde so unkritisch wiedergegeben, wie sie uns die DDR-Führung darstellte. Politische Losungen der DDR wurden einfach nachgeplappert. Die antikommunistische Grundstimmung der westdeutschen Bevölkerung wurde selten zur Kenntnis genommen.

Doch alle diese Fehler und Mängel können nicht darüber hinwegtäuschen, daß die Hauptursache für den Niedergang der westdeutschen FDJ der politische Wille des Dr. Adenauer und seiner politischen Freunde gewesen war, die westdeutsche Republik in die westliche Allianz zu integrieren und die Gegner dieser Politik mit allen Mitteln auszuschalten. Opfer waren nicht nur die Mitglieder der FDJ, Opfer waren vor allem die 18 Millionen Menschen in der DDR. Sie hätten schon damals die Wiedervereinigung erleben können.

In Oppenheim darüber nachzudenken, hatte ich nicht zuletzt deshalb so viel Zeit, weil es mit der Verbindung zu dem technischen Apparat, der mich in die DDR schaffen sollte, einfach nicht klappte. Immer wieder hieß es, es dauere nur noch ein paar Tage. Doch in der Folge geschah nichts. Vielleicht herrschte schon das Mißtrauen mir gegenüber vor, das mir später in der DDR begegnete. Schließlich platzte mir der Kragen. Mithilfe meiner Gastgeberin mietete ich einen Wagen und fuhr nach Offenbach. Dort wohnte Robert Hofmann von der Jugendkommission der KPD. Er war furchtbar erschrocken und das aus gutem Grund. Gegen die KPD lief das Verbotsverfahren vor dem Bundesverfassungsgericht, und er bereitete sich darauf vor, eine Handelsvertretung der DDR für Lederwaren in Offenbach zu installieren, von der er dann später ganz gut leben konnte. Mein Erscheinen bei ihm konnte seinen Vorbereitungen abträglich sein. Dennoch setzte er sich mit dem Parteivorstand der KPD in Verbindung, und die versprachen erneut, es werde ein Wagen kommen, der mich abholt. Ich fuhr zurück nach Oppenheim und spülte meine Unzufriedenheit mit einem guten Rheinwein herunter.

Es dauerte dann wohl noch bis Ende Februar, bis es dann endlich klappte. Wieder einmal ging es, wie so oft vorher, über die „grüne Grenze“. Auf der anderen Seite erwartete mich ein Auto der Volkspolizei. Zwei Tage später war ich bei Frau und Tochter in Berlin, die schon lange dort auf mich warteten. Die DDR-Medien machten die Sache noch spannender. Als ich schon sicher in der DDR angekommen war, meldeten sie noch immer „Wolfgang Seiffert ist aus Bonner Haft geflohen“ und sei „auf dem Weg in die DDR“. Eine Episode – wirklich nur eine Episode? – meines Lebens ging damit zu Ende.

BERLIN

Es war tatsächlich ein BMW, der mich auf der DDR-Seite der Grenze erwartete. Das erste Auto, das in der DDR produziert wurde, nämlich der Typ 340; im BMW-Werk Eisenach nach Plänen der alten Fabrikherren hergestellt. Das Werk wurde später in Eisenacher Motorenwerke (EMW) umbenannt und produzierte schließlich als VEB Automobilwerk Eisenach den „Wartburg".

In Berlin empfing mich Karl Namokel, der Vorsitzende der FDJ der DDR. Er war Nachfolger Honeckers, der zu dieser Zeit zu Ausbildungszwecken in Moskau weilte. Karl Namokel war von Beruf Schiffbauer und stammte aus Demmin in Mecklenburg. Er hatte dort verschiedene Funktionen in FDJ und SED auf Kreis- und Bezirksebene bekleidet und war 1955 als Nachfolger Honeckers Vorsitzender der FDJ geworden. Warum ihm dies widerfahren sei, so bekannte er offen, wisse er bis heute nicht, aber man habe das irgendwo so beschlossen; an Disziplin gewöhnt, führe er die Funktion eben aus. Daß man mit ihm zufrieden sei, glaube er nicht. Doch er könne jederzeit wieder nach dem Norden zurückgehen. Dort fühle er sich jedenfalls wohl, einfach zu Hause. Namokel war ein verblüffend offener, ehrlicher und aufrichtiger Gesprächspartner. Dies dürfte auch der Grund gewesen sein, daß er schon 1959 als FDJ-Vorsitzender wieder abgelöst wurde und in Rostock ein Ingenieur-Studium für Schiffbau aufnahm. Während seiner FDJ-Zeit traf ich noch oft mit ihm zusammen und lernte auch seine Familie kennen.

Doch zunächst einmal begrüßte er mich wenige Tage später auf einer offiziellen Großkundgebung der FDJ im Filmtheater „Babylon" in Berlin. Das war der Anfang einer sich über Wochen erstreckenden Rundreise durch die ganze DDR von Rostock bis Suhl. Überall wurde ich als „Patriot" und „Friedenskämpfer" empfangen. Joachim Herrmann, damals Chefredakteur der „Jungen Welt", lud mich zu einem Gespräch, und an der 3. SED-Parteikonferenz Ende März durfte ich als Ehrengast teilnehmen. Auf dem Empfang, den Walter Ulbricht gab, umarmte mich am Eingang Margot Feist, die nun Honecker hieß, weil sie den einstigen FDJ-Bekannten inzwischen geheiratet hatte. Sie brachte mich zu Erich Honecker, denn dieser war zur Konferenz extra aus Moskau angereist. Er faßte mich am Arm: „Komm, ich stelle Dich Walter vor." Gemeint war Ulbricht, der damals führende Mann der DDR. Ulbricht gab sich väterlich und freundlich, überließ mich aber bald drei neugierigen Damen, die unbedingt wissen wollten, wie ich denn aus dem Gefängnis entwichen sei und wer mir dabei geholfen hätte. Ich hatte nicht die Absicht, derartige Fragen zu beantworten und verwies auf den Roman „Die Krähe ist ein Frühlingsvogel" von Sergej Mstislawski. In dessen Mittelpunkt steht der russische Revolutionär Nikolai Baumann.[55] Er war auch aus einem (zaristischen) Gefängnis entflohen. Mein Hinweis: „Dort steht, wie man so etwas macht", überzeugte nicht. Als sie weiter in mich drängten, wies ich darauf hin, daß ich ja nicht einmal wisse, mit wem ich spräche. Daraufhin stellte sich die Wortführerin der drei Damen vor: „Ich bin Lotte Ulbricht, und das sind Hanna Grotewohl [Frau des Ministerpräsidenten] und Gerda Ziller [Frau des ZK-Sekretärs für Wirtschaft]." Doch auch soviel DDR-Prominenz konnte mich nicht dazu verleiten, das Geheimnis meiner Flucht preiszugeben.

Zudem interessierte mich viel mehr, was die SED-Konferenz zu der Distanzierung der sowjetischen Führung von Stalin und seinen Herrschaftsmethoden sagen würde. Denn mir war der Geheimbericht Chruschtschows vom Februar noch in der Bundesrepublik bekannt geworden, und ich war nun gespannt, welche Konsequenzen die einst auf Stalin eingeschworene SED-DDR-Führung daraus ziehen würde. Wenige Tage vor der Konferenz hatte Ulbricht in einem Artikel im „Neuen Deutschland" festgestellt: „Zu den Klassikern des Marxismus kann man Stalin nicht zählen." Das erschien mir wenig. Würde die Problematik nun vertieft und für die DDR entsprechende Schlüsse gezogen werden?

Die „Antwort" der Konferenz war enttäuschend. Im Grunde wurde auf ihr zur Stalin-Kritik überhaupt nichts gesagt, statt dessen wurden Wirtschaftsfragen behandelt.[56]

Nach der Konferenz wurden als Gegner Ulbrichts bekannte SED-Politiker, wie Ackermann, Dahlem, Jendretzky oder Elli Schmidt, rehabilitiert und der ehemalige DDR-Justizminister Fechner aus der Haft entlassen. Aber zu einer inhaltlichen Diskussion der Problematik kam es nicht. Ich begriff schnell, daß das bewußte Taktik war; offensichtlich fürchtete man, daß eine solche Diskussion sich zwangsläufig gegen Ulbricht wenden mußte.

Auch bei den Mitgliedern der FDJ Westdeutschlands, die in einem Büro in Berlin-Lichtenberg domizilierten (es waren Herbert Mies, Werner Cieslak, Manfred Kappluck und andere), herrschten sehr unterschiedliche Auffassungen zu der Problematik um Stalin. Vor allem fiel ich damit auf, daß ich aus dem Geheimbericht Chruschtschows zitierte, den niemand der Anwesenden vollständig kannte. In der SED seien nur Teile aus dem Bericht verlesen worden, erzählte man mir. Einige machten sich zudem die offizielle Lesart der SED zu eigen, in der DDR hätte es keinen Personenkult und auch keine Massenverfolgung gegeben und deshalb solle es jetzt auch keine rückwärtsgewandte Fehlerdiskussion geben. Als ob es nur darum gegangen wäre!

Doch mich beschäftigte bald ein anderes Problem.

Im April wurde ich in das Zentralkomitee der SED am Werderschen Markt bestellt. Dort erwarteten mich einige ernst dreinschauende Herren, die sich als Mitarbeiter der Westabteilung im Zentralkomitee und eines mir unbekannten „Arbeitsbüros“ vorstellten und mich einem „hochnotpeinlichen“ Verhör unterzogen. Vor allem wollten sie wissen, wie ich denn aus dem Gefängnis entkommen sei, und ob ich nicht Angebote des BND und des Bundesverfassungsschutzes erhalten hätte und vielleicht sogar darauf eingegangen wäre.

Zur letzten Problematik konnte ich sie beruhigen, solche Angebote hatte ich nicht erhalten. Ob sie mir das abnahmen, weiß ich nicht. Jedenfalls spürte ich von da an bei fast allen offiziellen Stellen, mit denen ich zu tun hatte, ein gewisses Mißtrauen. Die Frage nach den Umständen meiner Flucht beantwortete ich damit, daß ich schweigen müsse, solange ich mit solchen Aussagen noch jemanden gefährden könnte.

Unbeschadet dieser unangenehmen Unterredung ging meine Rundreise durch die DDR weiter, und ich stellte fest, daß immer mehr Jugendgruppen, Schulen, Jugendherbergen, Produktionsbrigaden oder Landwirtschaftliche Produktionsgenossenschaften begannen, sich meinen Namen zu geben. Einige schrieben mir immerhin einen Brief, in dem sie mich um mein Einverständnis ersuchten. In meinen Antwortbriefen bat ich regelmäßig darum, hiervon Abstand zu nehmen. Ich sei noch viel zu jung für eine derartige Ehrung. Einige Male schrieb ich wohl auch den Satz: „Überhaupt halte ich nichts davon, eine Jugendgruppe oder ein anderes Objekt nach einem Lebenden zu benennen.“ Ich ahnte nicht, was ich damit anrichtete. Schon im Mai wurde ich erneut zum Zentralkomitee der SED bestellt, und man hielt mir einige dieser Briefe vor und fragte mich zornig: „Was hast Du Dir eigentlich dabei gedacht?“ „Genau das, was ich geschrieben habe: Man kann nichts nach einem so jungen Menschen benennen.“ „Aber Du hast daraus eine verallgemeinernde These gemacht.“ Als ich nicht begriff, wurde der Gesprächspartner deutlich: „Wir haben doch zum Beispiel die Leuna-Werke ‚Walter Ulbricht‘. Wenn Deine allgemeine These richtig ist, dürfen die auch nicht so heißen.“ Da verstand ich, worauf sie hinauswollten. Von nun an schrieb ich vorsichtiger, doch ganz verhindern konnte ich solche „Namensgebungen“ nicht.

Von Anfang an war ich mir darüber klar, daß die Zeit, die ich in der DDR verbringen würde, nur so lange andauern konnte, bis meine Rückkehr in die Bundesrepublik wieder möglich sein würde. Diese Zeit wollte ich nutzen, um endlich das zu erreichen, was ich schon bei meiner Rückkehr aus der Kriegsgefangenschaft wollte, nämlich ein Studium an einer Universität aufzunehmen.

Zunächst brauchte ich dazu ordentliche Papiere, einen klaren Personalstatus und natürlich eine Wohnung. In der „Westabteilung“ des ZK der SED hatte man alle Dokumente, die ich noch aus der Bundesrepublik besaß, einbehalten. Dafür bekam ich dort einen Personalausweis der DDR mit dem Hinweis, bei der lokalen Dienststelle der Volkspolizei werde ein amtlicher Vermerk hinterlegt, daß dies nur ein Behelfsausweis sei, der jederzeit wieder eingezogen werden könnte. Auf meinen ausdrücklichen Wunsch erhielt ich auch einen Reisepaß, den das Außenministerium der DDR ausstellte und der auf Seite 1 den Vermerk enthielt: „Reise-Paß für deutsche Staatsangehörige“. Außerdem erhielt ich die Auflage: „Wenn Du bei uns studierst, mußt Du an den Versammlungen der SED teilnehmen. Du hast aber nur Gastrecht in der SED. Du kannst keine Funktion als 1. Sekretär ausüben und darfst keine Verbindung zur Staatssicherheit haben.“ Damals war für mich klar, daß ich in der DDR politisches Asyl hatte. Mit diesem Status war ich völlig einverstanden, und ich hatte den Eindruck, daß die andere Seite dies ebenso sah. Was zu diesem Zeitpunkt niemand ahnte, war, daß mein Aufenthalt in der DDR derart lange dauern würde. Welche Rolle diese Festlegungen, an die ich mich all die vielen Jahre meines Lebens in der DDR gehalten hatte, einmal spielen würden, wußte ich damals natürlich nicht.

Nach einigen Überlegungen entschloß ich mich, an der Humboldt-Universität Jura zu studieren. Einmal hoffte ich, daß ich mit einem solchen Studium auch in der Bundesrepublik würde arbeiten können. Zum anderen hatte ich mir schon während des Prozesses in Karlsruhe gesagt, es wäre doch ganz sinnvoll, Rechtswissenschaft zu studieren.

Doch auch in der DDR hatte die Bürokratie ihr Recht. Man verlangte von mir mein Abiturzeugnis, und da ich solches nicht erbringen konnte, blieb mir nichts anderes übrig, als eine sogenannte Sonderreifeprüfung abzulegen, die nach einiger Vorbereitung von der Akademie für Staats- und Rechtswissenschaft in Potsdam-Babelsberg abgenommen wurde.

Diese Akademie war Jahre zuvor in Forst-Zinna gegründet worden und auch dort domiziliert. Sie sollte die der DDR fehlenden Juristen und Staatsfunktionäre heranbilden und war inzwischen nach Postdam-Babelsberg umgesiedelt worden. Ihr Rektor war Professor Dr. Herbert Kröger.

Obwohl wir als Teilnehmer der Kurse zur Sonderreifeprüfung mit der Akademie direkt nichts zu tun hatten, fand der abschließende Kurs doch in Potsdam-Babelsberg statt, und ich lernte bei dieser Gelegenheit den Rektor kennen. Er war in der NS-Zeit Landgerichtsrat, Oberscharführer der SS und in sowjetischer Kriegsgefangenschaft Mitglied des „Nationalkomitees Freies Deutschland“ geworden. Bei späteren politischen Auseinandersetzungen in der DDR hieß es immer, über Kröger gäbe es genügend Dossiers in den Archiven des ZK der SED, so daß er immer die Position der SED-Führung einnehmen werde.

Während der wenigen Tage unseres Kurses, der Ende Oktober stattfand, nahmen die Entwicklungen in Ungarn dramatische Ausmaße an. Der an die Macht gelangte Imre Nagy erklärte, Ungarn werde weiter sozialistisch bleiben, aber ein Mehrparteiensystem einführen, aus dem Warschauer Pakt austreten, und das Land einen neutralen Status annehmen.[57]

Über diese Entwicklung kam es in unserer Gruppe zu hitzigen Diskussionen, und die Meinungen gingen hin und her. Schließlich wurde ich gefragt, was ich von der Entwicklung hielte. Meine Antwort löste Erstaunen aus. Ich war überzeugt, daß irgend etwas geschehen müsse, und sagte: „Die politischen Kräfte, die Ungarn nicht an den Westen verlieren wollen, müssen sofort eine provisorische Regierung bilden und sie Nagy entgegenstellen."

Als dies wenige Tage später mit der Bildung der Regierung Kadar geschah und die sowjetischen Truppen in Ungarn den Aufstand niederschlugen, fragten mich alle, woher ich das gewußt hätte. Ich wußte natürlich nichts und konnte auch nichts wissen. Nur sagte mir mein politischer Instinkt, daß sich die sowjetischen Truppen nicht einfach aus Ungarn vertreiben lassen würden. Als Tito später ähnlich über die Ereignisse im Jahre 1956 in Ungarn urteilte, fühlte ich mich mehr als bestätigt.

Mit dem Zeugnis der bestandenen Sonderreifeprüfung erhielt ich endlich die Zulassung zum Jura-Studium an der Berliner Humboldt-Universität. An der ehrwürdigen Alma mater war die Juristische Fakultät damals gut besetzt. Zivilrecht lehrten Professor Dr. Hans Nathan, ein aus englischer Emigration zurückgekehrter Rechtsanwalt[58], und Dr. Hans Kleine. Ihnen zur Seite standen der Dozent Heinz Strohbach und der Assistent Stefan Supranowitz. Strafrecht lehrten die Professoren John Lekschas und Gerats; Staats- und Völkerrecht Professor Steiniger, Dr. Uwe-Jens Heuer und Dr. Graefrath; Internationales Privatrecht Dr. Horst Wiemann.

Das Studium fiel mir leicht, selbst im Zivilrecht, das damals noch genau wie in Westberlin und in der Bundesrepublik auf der Grundlage des Bürgerlichen Gesetzbuches (BGB) von 1900 gelehrt wurde und als „Krone der Rechtswissenschaft" galt, kam ich gut voran. Die später von Ulbricht geforderte „sozialistische Durchdringung" der Rechtslehre hatte damals die Humboldt-Universität noch nicht erreicht. Hans Kleine versuchte mit seiner Arbeit über „Die Abstraction von der causa" einen ersten Anfang im Zivilrecht. Doch in der Praxis kam man praktisch immer wieder auf die alten Zivilrechtslehren zurück. Auch die in der Bibliothek ausliegenden Lehrbücher der sowjetischen Rechtswissenschaft halfen nicht weiter. Als ich bei einem so einfachen Begriff wie den „absoluten Rechten" im russischsprachigen Lehrbuch von Nowizki nachlas, stellte ich fest, daß bei ihm das gleiche stand wie bei den deutschen Zivilrechtslehrern Enneccerus und Kipp.

Endlich fanden wir auch eine passable Wohnung in Lichtenberg. Zuvor waren wir in einem dem Zentralrat der FDJ zugeordneten Haus in der Wilhelm-Wolff-Straße in Niederschönhausen untergebracht, das später von dem Schauspieler Manfred Krug bewohnt wurde. Ende des Jahres 1956 wurde unser zweites Kind, nämlich Thomas, geboren. Finanziell war es nicht einfach, die Familie zu unterhalten. Doch wegen guter Leistungen erhielt ich 1958 das Karl-Marx-Stipendium, und das bedeutete ein monatliches Einkommen von 450 DDR-Mark.

Daneben hielt ich pflichtgemäß Kontakt zu denjenigen KPD-Genossen, die seit ihrem im Jahre 1956 erfolgten Verbot in der Bundesrepublik ein geheimes Büro in Ostberlin betrieben, vor allem aber mit der Gewerkschaftskommission der KPD. Während des Studiums hatte ich keinen direkten Anlaß zu Kontakten und Gesprächen mit Erich Honecker. Ich nutzte aber regelmäßig das Angebot, Urlaub im Heim des Zentralrates der FDJ am Döllnsee in der Schorfheide zu machen. Das Haus ist später bekannt geworden, weil dort ein offizielles Treffen zwischen Bundeskanzler Helmut Schmidt und dem Staatsratsvorsitzenden der DDR, Erich Honecker, stattfand. Auf den Bildern sind denn auch Wachpersonal und andere Offizielle zu sehen.

Zu meiner Zeit, das heißt in den Jahren 1956–1960, war das ganz anders. Das Haus am Döllnsee war vor 1945 das Haus des Oberförsters des auf dem gegenüberliegenden Ufer zu Jagdzwecken errichteten Schlosses „Carinhall“ der NS-Größe Hermann Göring gewesen. Während „Carinhall“ vor Kriegsende von der SS zerstört wurde, blieb die Oberförsterei erhalten. Es wurde zunächst ein Heim für NS-Opfer, die aus dem KZ zurückkamen, und dann das Heim des Sekretariats des Zentralrates der FDJ. In dieser Zeit wurde das ebenfalls erhalten gebliebene Badehaus von „Carinhall“ über den See zur Försterei gebracht und diente nun seinen neuen Besuchern. Bewacher gab es hier nicht. Dafür viele Möglichkeiten zum Spazierengehen oder zum Schwimmen; auch Segeln war möglich. Je nach Jahreszeit konnte man Pilze sammeln, Blaubeeren pflücken oder das Wild in den angrenzenden Wäldern beobachten. Hier habe ich mich mit meiner Familie, so oft es ging, gut erholt. Während ich mehrmals meine ganzen Semesterferien hier verbrachte, kamen andere Gäste nur über das Wochenende zum Döllnsee. In der Woche übten sie ihre verschiedenen Funktionen aus, und zum Urlaub flogen sie in die Sowjetunion oder nach Ungarn und Bulgarien. Später auch nach Dubrovnik.

Alle, die am Wochenende kamen, befanden sich am Beginn einer steilen Karriere, die sie dann in der DDR machten. Hier aber waren sie ganz ungezwungen, weil unter sich: Margot Honecker mit ihrem Mann Erich; Heinz Keßler, damals schon General der Luftstreitkräfte. Mit ihm sprang ich regelmäßig vom Badehaus in den See. Er klagte immer darüber, daß er nun genau das mache, was er für immer hinter sich lassen wollte, nämlich Militärdienst. Er schimpfte immer auf Hoffmann, der damals Verteidigungsminister war und so furchtbar auf Disziplin aus sei. Seine Frau arbeitete im Reisebüro der DDR, und als ich 1968 in Jugoslawien Urlaub machen wollte, mußte ich mit ihr verhandeln.

Robert Menzel, Stellvertretender Verkehrsminister der DDR, leitete die Politische Verwaltung der Deutschen Reichsbahn und erwies sich als ein lustiger, geselliger Besucher, der gern Skat, aber auch Gitarre spielte und kräftig sang. Er hatte schon vor Honecker im Gefängnis Bautzen gesessen. Ihm steckte immer noch der Aufstand vom 17. Juni 1953 in den Knochen, und er sagte ein über das andere Mal zu mir: „Wolfgang, ich wußte überhaupt nicht, was los war. Aber eines war mir klar: die Bahn fährt!"

Zu den Besuchern gehörte auch Gerhard Heidenreich, damals 1. Parteisekretär im Ministerium für Staatssicherheit. Und natürlich Karl Namokel, der damalige FDJ-Vorsitzende, und überdies der einzige, der wie ich mit seiner Familie nicht nur am Wochenende hierherkam, sondern seinen gesamten Urlaub hier verbrachte.

Alle verband die Herkunft aus der FDJ. Denn von dort waren sie alle gekommen, und deshalb stiegen sie auf. Da war es kein Wunder, daß sie das alte FDJ-Heim als Refugium betrachteten, in dem man sich erholen konnte. Alle schickten, wenn sie im Haus angekommen waren, ihre Fahrer und Bodyguards weg.

Honecker fing damals erst an, auf die Jagd zu gehen. Im Haus am Döllnsee spielte er mit Robert Menzel und Heidenreich gern Skat. Als einmal Heidenreich fehlte, wurde ich bedrängt, als „dritter Mann" mitzuspielen. Doch die beiden merkten bald, daß ich vom Skatspielen keine Ahnung hatte, und entließen mich ungnädig zum Schwimmen.

Über Politik wurde fast nie geredet. Ich hatte den Eindruck, man klammerte dieses Thema bewußt aus.

Nur Margot Honecker klagte manchmal darüber, daß die Schuld für Mißerfolge immer dem Staat zugeschoben werde, niemals der Partei. Sie war damals schon Stellvertretender Minister für Volksbildung. Doch niemand ging darauf ein.

Es muß 1959 oder 1960 gewesen sein, als Honecker mir zwei schwarzgekleidete Frauen vorstellte, die einige Tage im Heim am Döllnsee blieben. Es waren Fanny Rosenthal und ihre Schwester, die in Großbritannien als Schauspielerin arbeitete. Fanny Rosenthal hatte kurz vorher ihren Ehemann verloren. Klaus Rosenthal war Abteilungsleiter im Zentralrat der FDJ gewesen und an Leukämie gestorben. Sie hatten sich in der FDJ in England kennengelernt. Dort lebten sie als jüdische Emigranten.

Honecker versuchte der Schauspielerin aus England in einem langen Gespräch zu erklären, wie erfolgreich der Aufbau in der DDR voranschritt und um wieviel besser die Menschen in der DDR im Vergleich mit dem Westen lebten. Doch die Dame blieb skeptisch, und Honecker kam zu mir: „Sprich Du mit ihr weiter. Kümmere Dich auch darum: Sie will über den See segeln." Die Dame hatte die Wünsche eines Touristen. Sie wollte über den See nach „Carinhall" und aus den Trümmern des Jagdschlosses von Hermann Göring irgendein Souvenir bergen.

Eigentlich hatte ich dazu überhaupt keine Lust, aber den Wunsch einer Dame und den Befehl des zweiten Mannes der DDR mußte man wohl erfüllen. Außerdem war die Dame sehr hübsch. Also segelten wir über den See. Das ging relativ schnell, denn der Wind stand günstig. In „Carinhall" dauerte es länger, denn die Trümmer boten – wie vorauszusehen – nichts, was sich als „Souvenir" eignete. Endlich fand meine Begleiterin doch einen Steinbrocken, der noch Reste eines Wappens enthielt und in England sicher als „Souvenir von Göring" ausgegeben werden konnte.

Ich drängte zur Eile, da es bald dunkel werden würde und wir zurück gegen den Wind segeln mußten. So war es denn auch. Wir kamen sehr langsam voran und waren erst gegen Abend wieder am anderen Ufer. Dort standen mit leuchtenden Lampions Margot Honecker, Gertrud Namokel, meine Frau und Fanny Rosenthal mit ihrem Kind Werner und winkten erleichtert. Sie hatten sich nicht erklären können, warum wir so lange wegblieben, und die unterschiedlichsten Vermutungen angestellt.

(Viele Jahre danach bat mich Fanny Rosenthal, die inzwischen wieder geheiratet hatte und mit ihrem zweiten Mann, der Botschafter der DDR in Japan wurde, nach Tokio zog, mich ihres Sohnes anzunehmen. Werner Rosenthal hatte inzwischen studiert und erhielt ein Forschungsstudium an dem von mir geleiteten Institut für Ausländisches Recht und Rechtsvergleichung. Ohne daß mir die Gründe bekannt wurden, ging er nach seiner Promotion nach West-Berlin.)

An der Juristischen Fakultät wurde ich vorzeitig zu allen Prüfungen zugelassen und konnte 1960 mein Examen mit der Note „Mit Auszeichnung bestanden" ablegen. Die Universität bot mir alsbald eine Aspirantur an. Das war damals in der DDR eine Art Doktorantur, auf der man innerhalb von drei bis vier Jahren zwar auch Seminare und andere Unterrichtsveranstaltungen durchführen mußte, aber hauptsächlich an seiner eigenen Doktorarbeit arbeiten durfte. Während dieser Zeit wurde man monatlich mit 500 DDR-Mark bezahlt. Das Angebot nahm ich an und wählte als Fach „Arbeitsrecht". Denn inzwischen hatten sich meine Kontakte zur Gewerkschaftskommission der in Ost-Berlin angesiedelten KPD so intensiviert, daß ich dort regelmäßig an Besprechungen teilnahm und ihr mit verschiedenen Ausarbeitungen half. Ich entschloß mich daher, eine Dissertation über „Die freiwillige Schlichtung im westdeutschen Arbeitsrecht“ zu schreiben, und hoffte, von der Kommission auch Unterstützung in Form von Literatur und Zeitschriften zu erhalten. Dies geschah auch; ich erhielt regelmäßig Zeitschriften der westdeutschen Gewerkschaften, der Arbeitgeberverbände und Material über die Rechtsprechung des Bundesarbeitsgerichts. So konnte ich mich gut in die Problematik einarbeiten. Von der Universität aus wandte ich mich schriftlich an die Gewerkschaften und Arbeitsrechtswissenschaftler in der Bundesrepublik und hatte bald alle damals gültigen Schlichtungsvereinbarungen der westdeutschen Gewerkschaften zusammen, die ich im Anhang zu meiner Dissertation abdrucken konnte. 1961 entsandte mich zudem die KPD in die DDR-Gesetzgebungskommission zum Arbeitsgesetzbuch, so daß ich miterleben konnte, wie dieses Gesetz ausgearbeitet wurde. Vorsitzender der Kommission war Walter Ulbricht.

Bis heute ist das Bild, das von Ulbricht in der Literatur und in den Medien gezeichnet wird, wenig realistisch. Gewiß war der äußere Habitus Ulbrichts einschließlich seiner Fistelstimme ziemlich unsympathisch. Auch war er sicher ein ausgeprochener Stalinist, wenn man von der wissenschaftlich gesicherten Definition dieses Begriffes[59] ausgeht.

Doch Ulbricht war ein deutscher Stalinist von Format.[60] Er hat sich zwar spät, nämlich erst 1961, von den Verbrechen Stalins distanziert.[61] Doch er blieb bis zu seiner Verdrängung durch Honecker der zielstrebige politische Führer der DDR, der diesen Staat gegründet hatte und der in ihm ein Instrument zur Verwirklichung seiner „nationalen Mission“ in Deutschland sah. Nach ihm hat kein anderer Politiker der DDR wieder sein Niveau erreicht. Zu Recht sahen viele in ihm den eigentlichen Gegenspieler von Konrad Adenauer.

Die Gesetzgebungskommission leitete Ulbricht mit Sachkunde und genauen machtpolitischen Vorstellungen. In der Kommission verlangten einmal Vertreter der DDR-Gewerkschaft „FDGB“ eine Verkürzung der Arbeitszeit für einige Gruppen von Arbeitern, die schwere körperliche Arbeiten, Nachtarbeit oder gesundheitsschädliche Arbeit leisteten.

Ulbricht wies sie mit dem Bemerken ab, dafür habe man jetzt kein Geld, dies brauche man für Investitionen in der Industrie, um wenigstens auf einigen Gebieten „so stark“ zu werden wie die Industrie der Bundesrepublik. „Wir müssen ökonomisch stark werden“, so Ulbricht, „dann werden wir die Auseinandersetzung um Deutschland gewinnen. Dann, aber nur dann, könnt Ihr mit der Frage der Arbeitszeitverkürzung wiederkommen.“

Unabhängig davon, daß das Arbeitsgesetzbuch (AGB), das 1961 in

Kraft trat, insofern auf Protest stieß, als es primär auf die Produktionserfüllung in den Betrieben hin orientiert war und das in der DDR-Verfassung noch enthaltene Streikrecht hingegen nicht erwähnte, war es doch das erste Arbeitsgesetzbuch in Deutschland, das diesen gesellschaftlichen Bereich selbständig und umfassend regelte. Das blieb es sogar bis heute, obwohl der Einigungsvertrag vom 31. August 1990, der ausgewählte Teile des Arbeitsgesetzbuches der DDR in Kraft ließ, vorsah, daß ein gesamtdeutsches Arbeitsgesetzbuch zu schaffen sei, was allerdings bis heute nicht geschehen ist (so steht es aber in Artikel VII des Einigungsvertrages).

Fest steht auch, daß sich unter Ulbricht ein eigengeartetes Demokratieverständnis in der DDR entwickelt hat, das jede Opposition verfolgte und dem viele Ulbricht-Gegner zum Opfer fielen.[62] Noch in den Jahren 1958 und 1959 erreichten solche Maßnahmen auch die Juristische Fakultät der Humboldt-Universität. Im Kontext zur „Babelsberger Konferenz“[63] wurde eine „parteifeindliche Gruppierung“ entdeckt, als deren Köpfe man die Rechtswissenschaftler Klenner, Graefrath und Heuer ausmachte. Sie wurden aus der Juristischen Fakultät entfernt und „zur Bewährung“ in die Praxis geschickt: Klenner wurde Bürgermeister der Gemeinde Letschin (Krs. Seelow), Graefrath Bürgermeister in Zossen, und Heuer nahm eine Arbeit am Staatlichen Vertragsgericht auf, und zwar zunächst in Berlin und dann in Karl-Marx-Stadt. In meinem studentischen Praktikum im VEB Schwermaschinenbau „8. Mai“ (früher Niles) in Karl-Marx-Stadt traf ich auch Uwe Jens Heuer. Direktor des Betriebes war übrigens Fred Dellheim, den ich noch von der westdeutschen FDJ her kannte.

1961 waren alle drei wieder in die Rechtswissenschaft zurückgekehrt. Ulbricht begann 1961, und zwar noch vor dem Mauerbau, sein strategisches Konzept zu ändern und setzte nun auf Selbständigkeit gegenüber Moskau und auf Wissenschaft und Hochtechnologie in der Industrie der DDR. So unwahrscheinlich es heute auch klingen mag, auch der Bau der Berliner Mauer diente diesem strategischen Ziel. Sicher war es Ulbricht, der gegenüber Moskau darauf drängte, die Grenze nach Westberlin zu schließen, weil der Flüchtlingsstrom aus der DDR auf andere Weise nicht mehr zu stoppen war.[64] Seine Variante hieß: Die Luftwege für den zivilen Verkehr von und nach Westberlin werden geschlossen und bleiben nur für die militärischen Zwecke der westlichen Alliierten offen. Für Zivilpersonen werde die Möglichkeit geschaffen, über den DDR-Flughafen Schönefeld ein- und auszureisen.[65] Dies hätte die Lufthoheit der DDR hergestellt, ein Mauerbau wäre dann nicht erforderlich gewesen. Noch auf einer Besprechung am 11. August 1961 bei Erich Glückauf, dem Leiter des sogenannten Arbeitsbüros im ZK der SED, an der ich als Vertreter der Gewerkschaftskommission der KPD teilnahm, ging dieser von dieser Variante Ulbrichts als Hauptorientierung aus. Erst an zweiter Stelle war an

Stacheldraht und als letzte Möglichkeit an einen Mauerbau quer durch Berlin gedacht.[66]

Ulbrichts viel zitierter Ausspruch „Niemand hat die Absicht, eine Mauer zu errichten“[67] war also nicht auf Irreführung der Öffentlichkeit gerichtet, sondern entsprach seiner Strategie. Allerdings scheiterte er damit, und schon bei Beginn der Tagung des Warschauer Paktes am 3. August 1961 in Moskau sagte ihm Chruschtschow: „Deine Variante ist gestorben; da machen die Amerikaner nicht mit.“[68]

Die Aktion des Mauerbaus am 13. August 1961 leitete Ulbricht aus dem Haus am Döllnsee, das uns so oft als Urlaubs- und Erholungsheim und führenden SED-Funktionären, wie Honecker, Heidenreich, Keßler oder Menzel, als Refugium gedient hatte.

Anfang 1960 suchte das Politbüro der SED für den kranken Wilhelm Pieck, der als erster (und einziger) Präsident der DDR seine Sommerresidenz in Priesnitz hatte, einen neuen Sommersitz, in dem sich genügend Räume zu ebener Erde befanden. Pieck fiel nämlich das Treppensteigen immer schwerer. Kurz und bündig beschloß das Politbüro, daß Pieck das Heim am Döllnsee erhielt und die FDJ Priesnitz. Im Haus am Döllnsee starb Pieck am 1. September 1960. Danach wurde es Sommerresidenz des Staatsratsvorsitzenden Ulbricht. Uns blieb der schöne Erholungsplatz von diesem Zeitpunkt an verschlossen, das neue Heim besuchten wir nie.

Ulbricht nutzte die mit dem Mauerbau 1961 zunächst verbundene Stabilisierung der DDR, um mit einer grundlegenden Wirtschaftsreform die DDR zum „Modell eines sozialistischen Staates in der Mitte Europas“ auszubauen.[69]

Meine Arbeit an der Dissertation kam voran, und 1963 konnte ich sie vor dem Wissenschaftlichen Rat der Juristischen Fakultät erfolgreich verteidigen. Fast hätte ich die Note „summa cum laude“ erhalten, doch Professor Steiniger fand, ich sollte in der Arbeit Ulbricht nicht kritisieren. Ich hatte darauf hingewiesen, daß man nicht „Tarifautonomie“ fordern müsse, wie das Ulbricht immer auf den Gesamtdeutschen Arbeiterkonferenzen formulierte. Besser und unmißverständlich sei es, von „Tariffreiheit“ zu sprechen, und ich zitierte zum Beweis eine Schrift Ulbrichts aus den Jahren der Weimarer Republik, die ich in der Staatsbibliothek gefunden hatte. Genaugenommen war meine Kritik unberechtigt, da die westdeutsche Rechtsordnung die Tarifautonomie als unmittelbar verfassungsrechtlich ansah. Es hätte also genügt, darauf hinzuweisen. Doch Steiniger, der vom Arbeitsrecht sowieso nichts verstand, ging es nicht darum. Er wollte auf alle Fälle klarstellen, daß in seiner Anwesenheit keine Kritik an Ulbricht geduldet wurde. So war denn meine Note etwas tiefer angesiedelt, bei „magna cum laude“. Das war immer noch recht gut, und ich war zufrieden. Natürlich drängte es mich, die Arbeit auch zu publizieren, zumal der Dekan, Professor Dr. Lekschas, mich schriftlich ausdrücklich darauf hinwies, daß der Wissenschaftliche Rat dies empfohlen habe. Für eine solche Publikation schien mir der Tribüne-Verlag des FDGB am geeignetsten. Doch es dauerte und dauerte, und von der vereinbarten Publikation war nichts zu sehen und zu hören. Als ich erfuhr, daß man dort Bedenken hatte, eine Arbeit zum westdeutschen Arbeitsrecht zu veröffentlichen, in der von Streiks, Arbeitskämpfen und Schlichtung die Rede ist, verstand ich, daß es hier eines politischen Machtwortes bedurfte. Da ich wegen dieser Angelegenheit nicht gleich bis zum Politbüro gehen wollte, wandte ich mich an Margot Honecker, die mir schon früher einmal in einer ähnlichen Angelegenheit geholfen hatte. Sie verstand das Problem sofort und teilte mir alsbald mit, daß das Buch erscheinen werde. Es werde aber wohl vorwiegend an die westdeutschen Teilnehmer der Gesamtdeutschen Arbeiterkonferenzen verteilt werden.

Das war mir nicht unlieb, denn ich arbeitete inzwischen mehrmals in der Woche ohnehin in der Gewerkschaftskommission, die an der Vorbereitung solcher Konferenzen beteiligt war. Die Arbeit dort brachte mir viele neue Kontakte zu jenen in der SED, die sich mit den westdeutschen Gewerkschaften befaßten, nämlich mit dem Vater von Margot Honecker, Gotthard Feist, Jupp Steidle von der Abteilung Gewerkschaften, der später die Abteilung „Verkehr“ leitete, sowie eine spezielle Abteilung im ZK der SED, die sich mit Unternehmen, die in der damaligen Bundesrepublik oder in anderen westeuropäischen Staaten bestimmte Geschäfte abwickelten, befaßte bzw. diese gründete. Auch mit Herbert Häber, der erst Mitarbeiter und dann Leiter der Westabteilung wurde und später sogar für kurze Zeit in das Politbüro der SED kam, wurde ich so bekannt.

Während dieser Arbeit hatte ich auch viele Gespräche mit Betriebsräten und Gewerkschaftsfunktionären aus der Bundesrepublik. Nach einiger Zeit kam ich auf die Idee, daß es doch eine Möglichkeit geben müßte, in der Bundesrepublik eine regelmäßige Publikation herauszubringen, in der wir unsere Ansichten zu Gewerkschaftsproblemen darlegen könnten und die jedermann zugänglich sein sollte. In Heinz Seeger, dem früheren Vorsitzenden der IG Nahrung, Genuß, Gaststätten, der seinen Posten wegen einer Affäre hatte aufgeben müssen, fand ich einen Herausgeber für das Blatt, das wir „NACHRICHTEN: Informationen und Kommentare zur Wirtschafts- und Sozialpolitik“ nannten. Am 1. Juli 1961 erschien die erste Ausgabe dieses Informationsblatts. Mehrmals traf ich mich mit dem Herausgeber in Bregenz am Bodensee. Heinz Seeger, der in Friedrichshafen wohnte, kam über die Grenze nach Österreich. Die Westabteilung im ZK in Berlin hatte zwar meinen (verlängerten) Bundespersonalausweis für die Reise herausgegeben. Aber in die Bundesrepublik Deutschland zu reisen, war für mich nicht ratsam, stand ich doch noch immer auf der

Fahndungsliste des Bundeskriminalamtes. So besprachen wir die nächsten Nummern der neuen Zeitschrift in Österreich. Die Zeitschrift wurde recht erfolgreich und ist bis 1978 erschienen.

Später lernte ich Eduard Rabofsky kennen, einen österreichischen Arbeitsrechtler, der nach 1938 im KZ gesessen hatte, aber auf abenteuerliche Weise herausgekommen war. Jetzt leitete er die Rechtsabteilung der Österreichischen Arbeiterkammer. Er war ein geborener Österreicher, ein glänzender Schifahrer und vereidigter Sachverständiger für Rechtsfragen des Alpinismus.[70] Rabofsky war ein zauberhafter und kluger Freund, der mir Land und Leute, aber auch die österreichische Mentalität näherbrachte. Als er von meinen Treffen mit Heinz Seeger und anderen Gewerkschaftskollegen aus der Bundesrepublik in Österreich erfuhr, nutzte er sofort seine Beziehungen zu Christian Broda, dem damaligen Justizminister Österreichs. Nachdem er mit ihm gesprochen hatte, teilte er mir folgendes mit: Solange ich mich nicht in die österreichische Politik einmische, könne ich solche Treffen in Österreich ohne jedes Risiko durchführen. Das war für alle Fälle eine gute Absicherung. Durch ihn gelang es mir auch, in der österreichischen Fachzeitschrift für Arbeitsrecht einige Artikel zu veröffentlichen. Da dafür Honorare gezahlt wurden, war dies für mich eine willkommene Hilfe. Denn nachdem 1958 unser Sohn Stefan und 1959 unsere Tochter Kerstin geboren worden waren, war unsere Familie inzwischen auf vier Kinder angewachsen. Das brachte nicht nur viel Arbeit für meine Frau, sondern zwang mich auch, neue Einkommensquellen zu erschließen.

1964 wurde an der Juristischen Fakultät ein neues Institut eröffnet, nämlich das Institut für Erfinder- und Urheberrecht. Direktor wurde Professor Dr. Hans Nathan, der mir anbot, an diesem Institut zu arbeiten und mich weiter zu spezialisieren. Die Problematik interessierte mich schon lange, vor allem ihre internationalen Aspekte, und so nahm ich das Angebot gerne an. Zudem hatte ich nun eine feste Anstellung. Von Anfang an befaßte ich mich mit internationalen Lizenzbeziehungen, und auf Anraten Nathans begann ich, auf diesem Gebiet meine Habilitation zu schreiben.

Unter Nathans Leitung schrieb das junge Institut das erste und einzige Lehrbuch der DDR für Erfinder- und Neuererrecht.[71] Ich verfaßte darin die Abschnitte über die Anmeldung und Nutzung von Erfindungen im Ausland und über die Lizenzvergabe. Zuvor – 1967 – hatte ich mich mit einer Arbeit über internationale Lizenzverträge habilitiert.

Die Jahre ab 1961 waren in vielerlei Hinsicht durch den Mauerbau und seine Auswirkungen bestimmt. Persönlich hatte ich in dem Mauerbau angesichts des anhaltenden Flüchtlingsstromes nach Westberlin eine Notwendigkeit gesehen, andererseits aber auch eine politische Niederlage des in der DDR etablierten politischen Systems, das so offensichtlich den Wettstreit mit dem System der Bundesrepublik nicht bestehen konnte.

Als ich schon selbst Institutsdirektor war, sagte ich einmal in meiner Berliner Außenstelle zu einer jungen Sekretärin, die nicht nur gut Englisch und Russisch sprechen konnte, sondern auch in beiden Sprachen stenographierte: „Manchmal glaube ich, es ist ein Glück, daß es die Mauer gibt. Denn trotz Ihrer Kenntnisse kann ich Ihnen monatlich nur 700 Mark [DDR] zahlen, und das auch nur, weil ich Sie als ‚Sachbearbeiterin' führe. Wäre die Grenze offen, würden Sie längst in einer Kanzlei in Westberlin arbeiten und mehr als 2000 DM verdienen." Wie recht ich damit hatte, zeigte sich nach der Wiedervereinigung. Meine ehemalige Sekretärin arbeitet heute in einer bekannten Anwaltskanzlei am Kurfürstendamm in Berlin. Aber auch andere dachten damals über die Mauer ähnlich wie ich und hofften, in ihrem Schutz werde sich in der DDR alles zum Besseren wenden. Bei einem Mittagessen im Haus des Zentralkomitees traf ich auf Werner Lamberz, der bis zu seinem tödlichen Absturz in Lybien (1978) als Nachfolger Honeckers galt. Er bestärkte mich in der Überzeugung, daß der Mauerbau eine politische Niederlage, aber auch eine Chance sei, die jetzt genutzt werden müsse. Vor allem Walter Ulbricht ergriff diese Chance und nutzte sie zur Durchführung einer radikalen Wirtschaftsreform. Es ging tatsächlich um eine neue Strategie bzw. um eine Alternative zum bisherigen administrativen Kommandosystem, wie das Uwe-Jens Heuer einmal formulierte[72], der in den entsprechenden Gremien bei Ulbricht mitarbeitete.

Es ging aber von Anfang an um mehr. Heuer verweist darauf, daß hinter der Reformpolitik Ulbrichts die Überzeugung stand, daß die DDR sonst keinen Bestand haben könne.[73] Mit der These, man schaffe in der DDR nun das Beispiel einer sozialistischen Gesellschaftsordnung in Mitteleuropa, verlegte Ulbricht das Schwergewicht des sogenannten revolutionären Weltprozesses mit allen Konsequenzen, die das haben mußte, auf die DDR. Denn praktisch hieß das: Nicht die Sowjetunion ist das Modell für Mitteleuropa, sondern die DDR, und alle – also auch Moskau – müssen nun diesen Schwerpunkt mit allen Mitteln und Ressourcen unterstützen. Vielleicht ist das Reformprojekt Ulbrichts gerade an dieser Vision, an diesem Anspruch gescheitert, weil er damit die sowjetische Führungsmacht, zumindest die damalige Führung unter Breschnew, politisch und theoretisch in Frage stellte. Hinzu kamen noch Ulbrichts persönlicher Anspruch, der „größte Marxist" der Gegenwart zu sein, und seine Kritik an Breschnew, die sowjetische Führung versäume es, auf die neuen Fragen der Gegenwart eine theoretische Antwort zu geben.

Uwe-Jens Heuer war bemüht, die Konsequenzen der eingeleiteten Wirtschaftsreform, die unter dem Namen „Neues ökonomisches System der

Planung und Leitung der Volkswirtschaft" (NÖSPL) bekannt wurde, für Demokratie und Recht herauszuarbeiten.

Die Quintessenz seiner am 3. April 1964 vor dem Wissenschaftlichen Rat der Juristischen Fakultät verteidigten Habilitationsschrift bestand darin, daß die Wirtschaftreform nicht ohne Demokratisierung der Gesellschaft und einer uneingeschränkten Bejahung des Rechts gelingen könne.

Wie immer man heute die damalige Entwicklungsperiode der DDR unter Ulbricht beurteilen mag, es läßt sich nicht leugnen, daß sie ein ernsthafter Versuch war, in Deutschland eine wirkliche Alternative, zumindest ein konkurrenzfähiges System zum ökonomischen und politischen System der Bundesrepublik zu errichten.

Vor allem hielt Ulbricht in dieser Periode am Ziel der deutschen Einheit fest, ja, er begründete seine Reform geradezu mit diesem Ziel. In diesen Jahren publizierte Ulbricht nicht nur eine Vielzahl von Arbeiten zur „nationalen Mission".[74] Er veranstaltete zu dieser Problematik auch eine Konferenz, die im Gebäude der Akademie der Wissenschaften in der Otto-Nuschke-Straße stattfand, und an der auch ich teilnahm. Das Referat ließ er jenen Karl Polak halten, der schon die Babelsberger Konferenz der Rechtswissenschaft für ihn konzipiert hatte.[75] Die etwas trockenen Thesen Polaks wischte Ulbricht mit der Frage „Wo ist bei Dir der nationale Kompromiß?" fast vom Tisch.

Besonders wichtig und ein Indiz dafür ist es, daß Ulbricht hier nicht an billige Propaganda, sondern an ernsthafte Zielsetzungen dachte, daß er das nationale Ziel in der 1968 in Kraft getretenen Verfassung festschreiben ließ. Heuer, der der Kommission zur Ausarbeitung der Verfassung angehörte, berichtet, daß Ulbricht „im Gegensatz zu früheren Zeiten" Wert darauf gelegt habe, bei dem Volksentscheid über die neue Verfassung eine „echte Entscheidung der Abstimmenden zu ermöglichen".[76]

Ganz offensichtlich betrachtete Ulbricht die 1968er Verfassung als sein politisches Testament. Diese Periode der Orientierung der DDR auf ein selbständiges Modell und die Wiedergewinnung der staatlichen Einheit Deutschlands dauerte nur eine kurze Zeit, nämlich von 1961 bis 1971. Aber es gab sie. Niemand vermag zu sagen, wie sich die Dinge entwickelt hätten, hätte man diese Strategie 10 bis 15 Jahre länger durchgehalten. Sicher aber ist, daß der Abbruch der Ulbrichtschen Wirtschaftsreform ein „irreparabler Fehler" war.[77] Der Abbruch dieser Reformen begann schon zu seiner Amtszeit. Die Entwicklung unter Alexander Dubček in der Tschechoslowakei verunsicherte Ulbricht, mehr aber wohl die anhaltende negative Reaktion der politischen Führung in Moskau. Ulbricht hatte die gesamte Strategie der Reformen in Form eines dicken Buches, das er Seite für Seite im Politbüro absegnen ließ, publiziert. Als ich wegen einer wissenschaftlichen Konferenz nach Moskau flog, las ich in der Parteizeitung „Prawda“ einen Kommentar auf Seite 2 zu diesem Buch. In der ersten Spalte wurden die wichtigsten Thesen Ulbrichts kurz als neu und „originell“ dargestellt. In der zweiten Spalte wurden sie als fragwürdig eingestuft. Mir war klar: das „Neue ökonomische System“ war gestorben. SED-Politiker wie Honecker rümpften ohnehin über diese Orientierung an wissenschaftlichen Erkenntnissen anstatt an der „Weisheit“ der Partei die Nase. Funktionäre wie Günter Mittag, Gerhard Weiss, Gerhard Beil und viele andere sahen es in dieser Periode als sinnvoll an, zu promovieren, sprich: einen Doktortitel zu erwerben. Zwar ist es reichlich übertrieben, wenn heute manche Anhänger des Ulbrichtschen Reformkurses meinen, Ulbricht wollte die Wissenschaft an die Stelle der Partei setzen. Aber Erich Honecker sagte mir damals: „Ich glaube auch, die sind alle ein bißchen verrückt geworden mit ihrer Sucht nach akademischen Titeln.“ So wie er dachten viele im Apparat, vor allem jene, denen bewußt war, daß sie es zu solchen Titeln nie bringen würden.

In dieser Zeit war ich oft in Österreich, nicht nur wegen des Kontakts zur Gewerkschaftszeitung „Nachrichten“, sondern auch als Schiedsrichter in Wirtschaftsstreitigkeiten, und Honecker beauftragte mich auch, meine inzwischen gewachsenen Beziehungen zu Persönlichkeiten des öffentlichen Lebens in Österreich zu nutzen, um für die völkerrechtliche Anerkennung der DDR zu werben. Auf diese Weise lernte ich die Politiker Klesatzky, Kreisky und Pittermann kennen. Letzterer kam regelmäßig zum Empfang der DDR in Wien am 7. Oktober (dem Gründungstag der DDR). Bei dieser Gelegenheit fragte ich den Vorsitzenden der Sozialistischen Internationale, warum er denn regelmäßig zu dem DDR-Empfang komme, aber für die Anerkennung der DDR nichts unternähme. Pittermann lachte: „Auf beides eine Antwort: Bei Empfängen jener Staaten, die noch nicht anerkannt sind, gibt es immer gut zu essen. Die anerkannten Staaten haben das nicht nötig; bei denen gibt es nur ein Stehbankett. Im übrigen, die Internationale könne niemanden anerkennen, das sei Sache der Staaten. Sprechen Sie mit Kreisky.“

Kreisky war bekanntlich dann auch der erste westliche Staatsmann, der der DDR einen offiziellen Besuch abstattete. Zur Anerkennung konnte auch er sich allerdings nicht durchringen. Nach der Intervention der fünf Staaten des Warschauer Paktes in der Tschechoslowakei gab es nicht nur im Westen eine allgemeine Empörung, sondern auch reichlich Unmut in den kommunistischen Parteien Westeuropas. Honecker sprach mit mir darüber und ließ mich nach Wien reisen, um mit der KPÖ zu sprechen und um danach eventuell zu Berlinguer – den ich noch von der Tagung des Weltjugendbundes in Budapest kannte – von der italienischen KP nach Rom weiterzureisen. In Wien wohnte ich diesmal, nicht zuletzt aus

Kostengründen, in der Wohnung eines Funktionärs der KPÖ. Dieser hatte wie ich in sowjetischer Kriegsgefangenschaft eine Antifaschule besucht. Dieser Funktionär hatte Verbindung zu einer Mitarbeiterin der Arbeiter- und Bauerninspektion der DDR, vor allem aber durch seine Frau, die aus der Tschechei stammte, viele Kontakte nach Prag. Die Ereignisse in der Tschechoslowakei hatten ihn, zusammen mit anderen veranlaßt, in der KPÖ einen neuen, gegenüber Moskau unabhängigen Kurs zu verlangen. In Berlin hatte man mir gesagt, daß Ulbricht sich lange gegen eine Militärintervention gewehrt habe. Er sei der Auffassung, daß das, was da in der ČSSR grassiere, das „Gift des Sozialdemokratismus" sei. Die Sozialdemokratie könne man aber nicht verbieten, sondern nur integrieren. So kam es zu einer lebhaften Diskussion. Danach erhielt ich auf vereinbartem Telefonwege aus Berlin die Mitteilung, die Weiterreise nach Rom hätte sich erübrigt. Beim nächsten Besuch in Wien erfuhr ich, daß wenige Tage nach meinem Besuch auch die Bekannte meines österreichischen Gastgebers aus der Arbeiter- und Bauerninspektion der DDR angereist war. Sie hatte sich lebhaft danach erkundigt, was ich denn zu den Ereignissen in der Tschechoslowakei gesagt hätte. Mein österreichischer Bekannter sagte: „Das, was die DDR offiziell auch sagt." Die DDR-Freundin war skeptisch: „Bei diesen Wissenschaftlern weiß man nie."

Ich glaube allerdings nicht, daß die Dame von der Arbeiter- und Bauern-Inspektion extra meinetwegen nach Wien gereist war. Sie besuchte vielmehr ihren österreichischen Bekannten regelmäßig. Ihre Äußerungen entsprachen jenen üblichen Auffassungen, die damals bei vielen stalinistisch gefärbten SED-Mitgliedern über Wissenschaftler vorherrschten. Und auch bei den beiden Honeckers spürte ich mir gegenüber niemals Mißtrauen. Im Gegenteil.

Als die DDR beschloß, ein Institut für Ausländisches Recht und Rechtsvergleichung ins Leben zu rufen, das dazu beitragen sollte, Verluste der DDR in ihren Wirtschaftsbeziehungen zum Westen wegen fehlender Rechtskenntnisse ihrer Außenwirtschaftsfunktionäre zu vermeiden, wurde ich zum Direktor dieses Instituts berufen. Zuvor gab es allerdings einige ungeahnte Probleme.

Von seiten führender Funktionäre der SED wurde ich in dieser Zeit mehrmals bedrängt, in der SED bzw. im Staatsapparat höhere Aufgaben zu übernehmen. Hätte ich mich dafür entschieden, so wäre mein „Weg nach oben" in der DDR sicher gewesen. Doch das wollte ich nicht.

Nachdem die Bildung des neuen Instituts im Ministerrat der DDR für den 1. Januar 1967 beschlossen und der Leiter des Amtes für den Rechtsschutz des Vermögens der DDR, Professor Hermann Kleyer, mit der Durchführung beauftragt worden war, schlug er vor, daß ich die Leitung des Instituts übernehmen sollte. Die Aufgabe reizte mich sehr, und ich sagte zu. Verschwiegen werden soll nicht, daß der zunächst vorgesehene Aufbau des Instituts im Rahmen der aus der einstigen Kaiser-Wilhelm-Gesellschaft nach 1945 in Ostberlin hervorgegangenen Deutschen Akademie der Wissenschaften (später der DDR) für mich wegen der herausragenden Stellung der Akademie in der Struktur der Wissenschaftsorganisation der DDR ein weiterer Anreiz war. Abgesehen davon, daß gelegentlich auch in Ungnade gefallene Politiker wie der SED-Funktionär Fred Ölsner oder von der „Parteilinie“ abgewichene Wissenschaftler mit gut dotierten Posten in der Akademie abgefunden (sozusagen „lebendig begraben“) wurden, galt es noch immer als eine besondere Auszeichnung, an die Akademie der Wissenschaften berufen zu werden. Die Arbeitsweise und die Arbeitsbedingungen der Akademie erlaubten es zudem, mit einigem Geschick echte wissenschaftliche Forschungsarbeit zu betreiben, ohne dirigistischen Eingriffen der an den Universitäten immer unangenehmer wirksam werdenden Parteibürokratie ausgeliefert zu sein. Ich hatte also allen Grund, das Angebot freudig aufzugreifen.

Doch zunächst ging eine Menge schief. In der erwähnten Sitzung des Ministerrates gab es eine Debatte darüber, ob das Institut nicht besser an der Babelsberger Deutschen Akademie für Staats- und Rechtswissenschaft gebildet werden sollte. Hilde Benjamin, damals noch Justizministerin der DDR, wandte sich gegen diese Absicht von Ministerpräsident Stoph. Aber sie argumentierte denkbar ungeschickt. Ihr Hauptargument, ein Institut der Babelsberger Akademie könne nie so viel internationale Reputation erlangen, wie ein Institut der Akademie der Wissenschaften, konnte einem orthodoxen Parteifunktionär mit puritanischem Lebenswandel wie Stoph nur darin bestärken, nicht schon wieder ein Institut zu schaffen, das sich leicht der Parteikontrolle entziehen konnte. Die Entscheidung stand daher für Stoph fest: Das Institut kommt an die Babelsberger Akademie, die unmittelbar dem Ministerrat und der Abteilung „Staat und Recht“ im ZK der SED unterstellt ist. Manche Kenner der Verhältnisse im Ministerrat fragten sich damals, was wohl Hilde Benjamin dazu bewogen haben könnte, für ein Institut im Rahmen der Akademie der Wissenschaften zu plädieren. Sie dachte im wesentlichen über Wissenschaftler nicht viel anders als Stoph und Ulbricht, der einmal gesagt hat, die Wissenschaftler bräuchten von Zeit zu Zeit „einen Schlag ins Genick“, dann würden sie wieder in der erforderlichen Richtung laufen. Auch ich war von Hilde Benjamins Auftreten überrascht. Bald fand dieser Vorgang eine überraschende Erklärung. Die damalige Justizministerin rechnete mit ihrer baldigen Ablösung (die dann am 13. Juli 1967 in Form ihres Rücktritts erfolgte). Danach aber wollte sie noch eine Professur haben, und zwar (sie kannte ihr System) an der Akademie der Wissenschaften! Ihre Stellungnahme sollte also die eigene Etablierung an der Akademie der Wissenschaften vorbereiten. Ich empfand es als einen Akt der ausgleichenden Gerechtigkeit, daß sie zwar ihren Lehrstuhl erhielt, aber, und da war Stoph vor, ebenfalls an der Akademie in Babelsberg.

Wir fanden beide, unabhängig voneinander, einen Ausweg: Trotz unserer Zuordnung zur Babelsberger Akademie konnten wir „aus Zweckmäßigkeitsgründen“ ein Berliner Büro einrichten. Der praktische Hauptgrund war, daß wir von unseren Wohnungen (ich wohnte in Niederschönhausen, Benjamin in Pankow) einen riesigen Umweg um Berlin machen mußten, da die direkte S-Bahnfahrt nach dem Griebnitzsee wegen der Mauer nicht mehr möglich war. Der Zufall wollte es, daß unsere Berliner Büros nebeneinander in einem Haus in der Hermann-Matern-Straße lagen. Natürlich erhielt Hilde Benjamin, sie war ja immer noch Mitglied des ZK der SED, größere und bessere Räume als ich. Doch ich profitierte manchmal davon, indem ich mit ihrer Erlaubnis ihr geräumigeres Arbeitszimmer für Sitzungen und Beratungen mit Mitarbeitern meines Institutes nutzte. Gelegentlich bedankte ich mich damit, daß ich einen Blumenstrauß auf ihren Schreibtisch stellte. Sie hinterließ mir als Antwort einmal ihre Visitenkarte, auf deren Rückseite geschrieben stand: „Herzlichen Dank für die schönen Rosen. Sozialistische Hilfe ist doch Selbstverständlichkeit. Hilde Benjamin.“

Ich habe lange nicht verstanden, warum die „rote Hilde“ (diesen Beinamen erhielt sie in der Bundesrepublik wegen ihrer Tätigkeit als Vizepräsidentin des Obersten Gerichts der DDR in den 1950er Jahren, während der sie zahlreiche harte Urteile bis hin zur Todesstrafe ausgesprochen hatte) mir relativ freundlich begegnete. Denn eigentlich mußte sie auf mich nicht gerade gut zu sprechen sein. Als Student hatte ich einige Zeit am Stadtgericht Berlin- Mitte in der Littenstraße an Gerichtsverhandlungen des Jugendstrafrichters Mariendorf teilgenommen. Als ich den Eindruck hatte, er verurteilte manchmal, ohne genügend Beweise zu haben, sagte ich ihm dies bei einer Besprechung und verwies auf den strafrechtlichen Grundsatz „Im Zweifel zugunsten des Angeklagten“. Er antwortete mit dem verblüffenden Argument: „Wenn wir so an die Sache herangehen, können wir überhaupt niemanden verurteilen.“

An der abschließenden Besprechung der Praktikanten nahm auch Hilde Benjamin als Justizministerin teil. Wieder brachte ich meine Beschwerde vor und erzählte, wie der Richter reagiert hatte. Hilde Benjamin war sichtlich nervös und meinte nur, sie werde das überprüfen. Ich hatte damals den Eindruck, daß ihr meine Kritik überhaupt nicht gefiel. Ich hätte mich also nicht gewundert, wenn sie mir distanziert gegenübergetreten wäre. Fachlich hatten wir nichts miteinander zu tun, und politisch hatten wir uns nichts zu sagen. Ein Grund für ihr freundliches Verhalten mir gegenüber resultierte wohl daher, daß ihre Informationen über mich von

Hans Nathan stammten und später auch von ihrem Sohn Michael, den ich an der Babelsberger Akademie kennenlernte. Hans Nathan, mein früherer Institutsdirektor an der Humboldt-Universität, und Hilde Benjamin kannten sich flüchtig aus der Weimarer Republik, in der sie beide Rechtsanwälte waren; sie in Berlin, er in Görlitz. Nach 1945 wurde Nathan Hauptabteilungsleiter im DDR-Justizministerium, das Hilde Benjamin ab 1953 leitete. Nathan mußte später aus dem Justizministerium ausscheiden, weil er vor den Nationalsozialisten in die falsche politische Richtung emigriert war, nämlich nach England. Nathan wurde Professor an der Humboldt-Universität.

Hilde Benjamin bewahrte ein freundschaftliches Verhältnis zu Nathan. An manchen Freitagen konnte man sie im Gang vor einem der Hörsäle hin und her gehen sehen. Sie wartete, bis Nathan seine Vorlesung beendet hatte, um dann mit ihm nach Pankow zu fahren. Sie wohnte am Majakowskij-Ring, er in der Erich-Weinert-Siedlung. Michael Benjamin (oder „Mischa", wie ihn seine Freunde nannten) war der einzige Sohn von Hilde und dem Arzt Dr. Georg Benjamin, der 1942 im KZ Mauthausen ums Leben kam. Der 1932 in Berlin geborene Michael überlebte als Junge jüdischer Eltern die NS-Zeit nur deshalb, weil politische Freunde seiner Eltern ihn versteckten. Das schloß einen Schulbesuch in dieser Zeit aus. Dennoch machte er mit gutem Erfolg 1947 sein Abitur in Berlin-Steglitz. Mischa weckte von Anfang an mein Interesse und meine Sympathie. Er war ein sehr begabter und vielseitig interessierter Mensch. 1948–1956 studierte er in Ostberlin und Leningrad Mathematik und Rechtswissenschaft. Nach Promotion und Habilitation wurde er am 1. September 1968 Professor für Rechtstheorie und kybernetische Probleme der Rechts- und Staatswissenschaft. Er erhielt die Professur übrigens am selben Tag wie seine Mutter.

Seine Begabung für Fremdsprachen war außerordentlich. Russisch sprach er ebenso gut wie Englisch. Auf der Außenministerkonferenz 1955 in Genf übersetzte er für die DDR-Delegation die Reden der Teilnehmer aus dem Russischen und Englischen so glänzend, daß die Vertreter der Bundesrepublik sich immer wieder dabei ertappten, ihre Kopfhörer auf den Kanal geschaltet zu haben, auf dem die Stimme Benjamins ertönte. Als Horst Sindermann nach dem Wechsel von Ulbricht zu Honecker einige Jahre (1973–1976) anstelle von Stoph das Amt des Ministerpräsidenten versah, nahm er Mischa Benjamin regelmäßig zu Gesprächen und Verhandlungen nach Moskau mit. Natürlich nicht nur wegen seiner Sprachkenntnisse, sondern auch wegen des Vertrauens, das er bei der politischen Führung genoß. In den Dienstbesprechungen der Institutsdirektoren beim Rektor der Babelsberger Akademie saßen wir regelmäßig nebeneinander. Meist waren wir die einzigen, die dort wirklich diskutierten, wenn auch nicht immer zur Freude des Rektors. Die Anständigkeit gebietet es, hinzuzufügen, daß wir es uns auch wegen unseres politischen Hintergrundes leisten konnten. Wir waren uns sehr oft in der Beurteilung politischer Ereignisse und Personen einig. Nachdem der intelligente und wissenschaftlich produktive Rainer Arlt als Rektor von Gerhard Schüßler aus dem Sekretariat des Ministerrates abgelöst worden war, begriffen wir schnell, daß die Zeit für wissenschaftliche Diskussionen bei dem Apparatschik Schüßler vorbei war. Er leitete die Akademie wie ein besseres Postamt. Als dies später das bundesdeutsche Wochenmagazin „Der Spiegel“ auf eben diese Weise charakterisierte, wurden die Mitarbeiter der Babelsberger Akademie, wenn sie nach Berlin kamen (zum Beispiel ins Außenministerium), mit „Na, was macht Euer Postamt?“ begrüßt.

Benjamin reagierte auf die neue Situation damit, daß er in den Sitzungen schwieg und irgendwelche mathematischen Formeln auf sein Papier schrieb. Er blieb bis zum Ende der DDR an der Akademie. 1985 erschien unter der gemeinsamen Redaktion von Benjamin und Professor P. I. Grischaew in Moskau ein „ Deutsch-russisches juristisches Wörterbuch“. Das herannahende Ende der DDR beantwortete er mit einer recht dogmatischen Verteidigung der DDR. Später wurde er einer der Begründer der „Kommunistischen Plattform“ in der PDS. Anfang August 2000 starb Mischa Benjamin an den Folgen einer Herzoperation.

Wenn Hilde Benjamin mir also so freundlich begegnete, so wohl auch deshalb, weil ich durch Hans Nathan und ihren Sohn Michael einen guten Leumund hatte.

Bevor ich meine Arbeit an dem neuen Institut aber aufnehmen konnte, sollte es noch weitere Schwierigkeiten geben. Der damalige Dekan der Juristischen Fakultät, Professor Dr. John Lekschas, stellte sich quer. Lekschas, Sohn einer Reederfamilie aus Ostpreußen, gehörte zu dem kleinen Kreis von Juristen, die in jungen Jahren zu Professoren ernannt worden waren und die die Lehrstühle jener Professoren übernahmen, die in den Westen abgewandert waren. Er meinte, ich hätte gegenüber der Fakultät und der Universität eine Verpflichtung, als Hochschullehrer an der Universität zu bleiben. Als ich das nicht einsehen wollte, wurde er aggressiver: „Wer echt wissenschaftlich arbeiten will, unterstellt sich nicht freiwillig der Abteilung Staat und Recht.“ In der Tat, daran hatte ich nicht gedacht. Aber es war für mich dennoch kein Grund, nicht an das Babelsberger Institut zu gehen. Ich verließ mich auf mich selbst. Kurz darauf wurde ich zur Kreisleitung der SED an der Humboldt-Universität bestellt. Sie forderte nun nicht weniger hartnäckig meinen Verbleib an der Universität.

Das konnte böse werden. Ich wandte mich an meinen Institutsdirektor Nathan. Der zeigte Verständnis für meinen Weggang: „Das ist doch immer so gewesen; wer mit der Promotion und Habilitation fertig ist, muß sehen, wo er einen Lehrstuhl bekommt. Den gibt es nicht an der bisherigen Fakultät, sondern nur an einer anderen wissenschaftlichen Einrichtung."

Nathan hatte mir auch in manch anderer Hinsicht schon diesen oder jenen Rat gegeben.

Als die staatliche Verwaltung an den Universitäten stärker darauf drang, briefliche Kontakte mit Kollegen im Westen nur noch auf dem Wege unverschlossener Briefe über die Abteilung Auslandsverbindungen der Universität zu halten, hatte ich gegenüber Nathan wegen dieses Unsinns meinen Unwillen geäußert und dieses Vorgehen schlicht als unwürdig bezeichnet. Nathan nahm mich beiseite und schlug mir einen einfachen Ausweg vor: „Solche Briefe schreibe ich von zuhause als Privatmann, basta. Kontrolle privater Post kann nur auf Grund eines gerichtlichen Beschlusses erfolgen." Solchen Glauben an rechtsstaatliche Grundsätze in der DDR hatte ich zwar längst verloren, aber ein Weg zur Umgehung der staatlichen Verwaltung an der Universität war es immerhin. Auch diesmal wußte Nathan Rat: „Du mußt Dich an jemanden an der Spitze der SED-Führung wenden, den Du kennst." Kurz entschlossen schrieb ich an Erich Honecker, damals Zweiter Sekretär der SED und Stellvertreter Ulbrichts. Schon fünf Tage, nachdem ich meinen Brief abgesandt hatte, wurde ich von Honecker empfangen. Es genügte, daß ich meinen Brief mündlich dahin ergänzte, daß meine Tätigkeit in dem neuen Institut auch deshalb sinnvoll sei, weil ich ja nicht dauerhaft in der DDR zu bleiben gedachte. Freundlich wie immer, aber sich seiner Macht bewußt, wies Honecker telefonisch den amtierenden Leiter der Kaderabteilung im ZK der SED, Horst Wagner, an, entsprechend meinen Wünschen zu verfahren. Den Rest des Gespräches verwandte Honecker fast ausschließlich darauf, mir von seiner Frau Margot und seiner Tochter Sonja zu erzählen. Darüber war ich einigermaßen verblüfft. War das eine Erinnerung an unsere gemeinsamen Aufenthalte im Haus am Döllnsee oder hatte Margot ihm von unseren, sehr sporadischen Kontakten berichtet?

In der Humboldt-Universität war man schon am nächsten Tag informiert und furchtbar über mich verärgert. Ich hätte mich bei Honecker beschwert, die Universität würde mir meine Perspektive als Wissenschaftler kaputtmachen. Davon konnte keine Rede sein. Weder in meinem Brief noch in meinem Gespräch mit Honecker hatte ich davon gesprochen. Offensichtlich aber war die Kaderabteilung des ZK so oder ähnlich gegenüber der Universität aufgetreten. Untergebene reagieren nun einmal so. Außerdem konnte gegenüber der Universität natürlich nicht von meinem besonderen Personalstatus gesprochen werden.

In Babelsberg verschaffte mir indessen das Gespräch mit Honecker einen guten Start.

Es war schon erstaunlich, wie in einem geschlossenen politischen System wie der DDR solche Zufälligkeiten wirkten.

Der Aufbau des Instituts ging in den Jahren 1967 und 1968 zügig voran. Aus Leipzig kam Professor Dr. Walter Schönrath zu uns, ein Fachmann für gewerblichen Rechtsschutz und Internationales Privatrecht, Kenner des französischen Rechts und der französischen Sprache. Aus Berlin kam Professor Dr. Heinz Strohbach, ein ausgewiesener Zivilrechtler und Präsident des Schiedsgerichts bei der Kammer für Handel und Industrie der DDR.

Plötzlich bekamen wir noch einen „dritten Mann", nämlich Professor Dr. Fritz Enderlein. Bisher war er an der Hochschule für Ökonomie tätig und auf Zivil- und Wirtschaftsrecht in den internationalen Beziehungen spezialisiert. Er sprach gut Englisch. Ihn kannte ich noch nicht. Fachlich war er eine gute Vervollkommnung unseres Teams. Erst später hörte ich von seiner abenteuerlichen Vergangenheit. Er hatte einst die DDR verlassen und war über das Aufnahmelager Marienfelde in West-Berlin nach Nürnberg gekommen. Natürlich wurde er aus der SED ausgeschlossen. Doch nach Jahren kehrte er in die DDR zurück, wurde mehr oder weniger öffentlich für seine „Kundschaftertätigkeit" im Westen gelobt und mit Orden ausgezeichnet. Eine Zeitlang war er in der Handelsvertretung der DDR in Indien tätig, danach an der Hochschule für Ökonomie. Nachdem ich diese Biographie kannte, war mir klar: Wir haben jetzt jemanden, der alles dokumentieren wird, was wir sagen. Ändern konnte ich das nicht. Man mußte sich einfach darauf einstellen. Manchmal nutzte ich das auch für meine Zwecke. Wenn ich wollte, daß etwas an die DDR-Spitze gelangen sollte, aber das lieber nicht selber schreiben wollte, erzählte ich es Enderlein. An der späteren Reaktion „von oben" merkte ich, daß die Nachricht „angekommen war". Sehr angenehm war diese Situation natürlich nicht.

Die Arbeit im Institut selbst gestaltete sich sehr interessant. Neben den Vorlesungen, die wir nun zum Internationalen Wirtschaftsrecht und zur Rechtsvergleichung begannen, mußten wir uns zu vielen Problemen gutachtlich äußern. Ein Problem von vielen war der Status der S-Bahn in Westberlin. Der Auftrag dazu kam vom Verkehrsministerium der DDR, und mein Partner Dr. Volkmar Winkler wurde dort für viele Jahre Stellvertretender Minister. Die S-Bahn in West-Berlin unterstand der DDR, und das Verkehrsministerium war dafür verantwortlich. Die DDR-Führung und wohl auch die meisten, die sich damit im Westen befaßten, waren davon überzeugt, daß die Westberliner S-Bahn der DDR viele Devisen einbringen würde. Doch das Gegenteil war der Fall. Die Westberliner S-Bahn fuhr immer mehr Verluste ein. Mein Vorschlag war daher, man müsse sie an West-Berlin verkaufen oder verpachten. Volkmar Winkler war einverstanden, doch er hatte damit – oder genauer gesagt: Verkehrsminister Arndt – ein Problem. Würde man diesen Vorschlag zusammen mit meinem Gutachten an die DDR-Spitze geben, müßte man offen über die Defizitsituation berichten. Also bat mich Winkler, ich solle doch meine Bekanntschaft mit Honecker nutzen und ihn über die Situation aufklären. Ich lehnte dankend ab. Ich hatte mit diesem Debakel nichts zu tun, und nicht ich, sondern der Verkehrsminister gehörte dem ZK der SED an. Also könne auch der Verkehrsminister am besten und kompetentesten über das Problem berichten.

Das Problem löste sich dann auf eine ungeahnte Weise. Eines Tages kam die Schwester von Erich Honecker aus dem Saarland zu Besuch zu ihrem Bruder. Sie reiste mit dem Zug bis Berlin-Zoo und von dort mit der S-Bahn nach Ostberlin. Bei Honecker angekommen, schimpfte sie über die verdreckten Bahnhöfe der S-Bahn in West-Berlin und fragte Honekker, warum man nicht mit den hohen Deviseneinnahmen aus der S-Bahn in West-Berlin wenigstens die dortigen Bahnhöfe sauberhalten könne. Honecker verlangte daraufhin vom Verkehrsminster eine Stellungnahme. Das war die Gelegenheit, endlich die von mir präferierte Lösung ins Spiel zu bringen. Nach langen Beratungen wurden dann Verhandlungen aufgenommen, die schließlich mit der Übergabe der S-Bahn-Verwaltung an den Westberliner Senat endeten.[78]

Die Zusammenarbeit mit dem Verkehrsministerium brachte mir auch viele andere Aufträge ein. So mußte ich Verträge für die Gründung von Gemeinschaftsunternehmen der DDR in Belgien und den Niederlanden ausarbeiten. Dabei fehlten oft die geltenden Gesetze in deutscher Sprache. So übersetzte ich kurzerhand einige niederländische Gesetze ins Deutsche. Aus dieser Zeit weiß ich noch heute, daß „besloten Venotschap" (BV) die niederländische GmbH und „namenlotse venotschap" (NV) die Aktiengesellschaft ist.

Zusammen mit einer großen Delegation reiste ich zur Gründung der von Belgien und der DDR gegründeten Gesellschaft SOGEMAR N. V. nach Antwerpen. Von DDR-Seite war Hans Neunkirchen mit von der Partie. Er war damals Generaldirektor der Seereederei der DDR (DSR). Im Zweiten Weltkrieg war er Kommandeur eines Zerstörers bei der Kriegsmarine und in der DDR eine Zeitlang Chef der Volksmarine gewesen.

Es war interessant, führende Leute der DDR im westlichen Ausland zu beobachten. Neunkirchen wollte unbedingt das Nachtleben von Antwerpen kennenlernen, also führte ich ihn in einen entsprechenden Nachtclub. Dort trat eine wenig bekleidete Dame mit einem schwarzen Panther am Halsband auf. Neunkirchen blickte wie gebannt auf die Bühne. Nach der Show sagte ich ihm: „Die Gefahr mit dem Panther haben Sie überstanden. Dafür hat Sie der westliche Geheimdienst jetzt gut im Bild." Neunkirchen war bestürzt: „Meinen Sie, wieso denn?“ Ich verwies darauf, daß am Nachbartisch drei Herren saßen, von denen einer mit seiner Kamera laufend Aufnahmen machte, und zwar nicht nur von der Dame mit dem Panther, sondern auch von ihm. „Und Sie meinen, die wollten mich aufs Bild haben?“ Ich antwortete: „Sie waren doch Chef der Volksmarine der DDR. Wenn Sie in ein NATO-Land kommen, weiß man das doch und will wissen, wer Sie sind und was Sie hier machen.“ Neunkirchen war betrübt. Am nächsten Morgen bat er mich, in meinem Bericht nichts über den Besuch im Nachtclub zu schreiben. Meine Antwort war einfach: „Ich schreibe sowieso nur über die juristischen Fragen der Gründung der Aktiengesellschaft. Das andere ist Ihre Sache.“ Nach meiner Rückkehr in die DDR erhielt ich von ihm aus Rostock ein freundliches Schreiben, in dem er sich für die gute Unterstützung bedankte. Die Arbeiten für das Verkehrsministerium brachten auch andere Vorteile mit sich. Das Ministerium hatte wegen der vielen Eisenbahner, Speditionsunternehmen und der Handelsschiffahrt die Kompetenz, dienstliche Dauervisa ins westliche Ausland zu erteilen.

Als sich meine Reisen für das Ministerium häuften, erhielt ich ohne weiteres ein solches Dauervisum für fünf Jahre. Auch war der Minister in Personalunion Chef der Deutschen Reichsbahn. Diese tauschte mit den anderen europäischen Eisenbahngesellschaften jährlich eine exklusive Anzahl Dauerfahrkarten der 1. Klasse aus, mit denen man kostenlos alle Züge in dem jeweiligen Land benutzen konnte. Auch mir standen bald solche Karten für Reisen zur Verfügung. Ich konnte sie allerdings für die damalige Bundesrepublik zunächst noch nicht nutzen, da ich dort noch immer auf der Fahndungsliste stand. Meine Bemühungen, dies endlich zu meinen Gunsten zu ändern, hatte ich indessen nie aufgegeben.

Als der Bundestag 1968 das „Straffreiheitsgesetz“ (BGBl I Nr. 46 vom 12. Juli 1968), ein Amnestiegesetz, verabschiedete, fand ich heraus, daß auch ich davon profitieren müßte, und wandte mich sofort an meinen früheren Verteidiger Professor Dr. Kaul. Der wehrte zunächst ab, gab aber dann nach und stellte Antrag auf Strafherabsetzung, und zwar mit Erfolg: Der Bundesgerichtshof verkürzte die noch verbliebene Strafe von knapp zwei auf ein Jahr. Kaul teilte mir den entsprechenden Beschluß des Bundesgerichtshofs mit: „Aufgrund dieser Entscheidung hättest Du noch 316 Tage zu verbüßen.“ Er verwies weiter darauf, daß eine weitere Abänderung nur auf dem Gnadenweg durch den Bundespräsidenten möglich sei. Als sich mein Vater aus Hannover daraufhin an den Verfassungsrichter Martin Hirsch wandte, antwortete dieser, daß eine Streichung der Reststrafe durch den Bundespräsidenten bald erfolgen würde. Am 29. Oktober 1969 teilte dann das Bundespräsidialamt offiziell mit, daß mir die Reststrafe erlassen worden war:

„Der Herr Bundespräsident hat durch Entscheidung vom 23. September 1969 dem Professor Dr. Wolfgang SEIFFERT, geboren am 18. Juni 1926 in Breslau, wohnhaft in Berlin-Ost, Dietzgenstr. 43/45, den noch nicht verbüßten Teil der Gefängnisstrafe, auf die der Bundesgerichtshof durch Urteil vom 4. Juni 1955 – in Verbindung mit dem Beschluß vom 4. Dezember 1968 – (2 StE 1/52) erkannt hat, erlassen. Die im Urteil für zulässig erklärte Polizeiaufsicht wird aufgehoben."

Martin Hirsch schrieb mir einen freundlichen Brief und bat mich, ihn in Berlin, „wo ich nach wie vor wohne, oder in Karlsruhe" zu besuchen.

Endlich war ich auch in der Bundesrepublik wieder ein freier Mann. Friedrich-Karl Kaul brachte es dann als Rechtsanwalt fertig, mir ein dem Ansehen der DDR „abträgliches Verhalten" vorzuwerfen. Doch ich hatte über jeden meiner Schritte Erich Honecker bzw. sein Büro schriftlich informiert, so daß mir niemand etwas vorzuwerfen wagte. Seit meiner Verurteilung waren 13 Jahre vergangen. Manchmal muß man viel Geduld und Zähigkeit beweisen, um zum Ziel zu kommen.

Allerdings hatte Bundespräsident Heinemann es unterlassen, auch die Nebenstrafen aufzuheben. Diese verjährten erst vier Jahre, nachdem die Strafe selbst getilgt war, also im Jahre 1973. Erst ab diesem Zeitpunkt bestand überhaupt die Möglichkeit für mich, in die Bundesrepublik zurückzukehren und zum Beispiel als Hochschullehrer zu wirken. Doch zunächst gab es in und mit dem Institut weiter viel Arbeit.

Nun wurden auch Fragen der Wirtschaftsbeziehungen zwischen der DDR und der Bundesrepublik stärker zum Gegenstand meiner wissenschaftlichen Arbeit. So wollte die DDR-Führung wissen, ob man die Aufhebung des in der Bundesrepublik weiter geltenden Militärgesetzes Nr. 53 fordern solle. Ich fand heraus, daß das für die DDR mehr Nachteile als Vorteile bringen würde, und so unterblieb es. Mit Hermann Schlimme, dem Generaldirektor von VEB Deutrans, reiste ich nach Rotterdam und nach Hamburg zur Firma Ihle, die überwiegend von Aufträgen aus der DDR lebte. Es war für mich schon bewegend, nach so langer Zeit wieder in der Bundesrepublik zu sein. In Berlin hatte mich vor der Abreise der Leiter der Abteilung Verkehr im ZK der SED, Steidle, beauftragt, für den 60. Geburtstag Erich Honeckers in Hamburg Wein, genauer: Portwein, einzukaufen. „Weißt Du, da gibt es eine Firma", so Steidle, „die klebt auf die Flaschen auch den Namen des Geburtstagskindes." Allerdings sollte nur der Vorname „Erich" draufkommen. Der Familienname sollte entfallen. Ich fragte daraufhin: „Und wieviel Flaschen sollen das sein?" Steidle: „Na, wie alt wird er denn?" „Also 60!" erwiderte ich und ergänzte: „Wer bezahlt das?" Steidle hatte eine einfache Antwort: „Die Firma lebt doch von uns. Außerdem kann sie das als Werbekosten absetzen." So geschah es denn auch. Jupp Steidle war der Herkunft nach ein Bayer; die Abteilung Verkehr kümmerte sich um bestimmte DDR-Unternehmen in Westeuropa und die Finanzierung der KPD.

Nach der Aufnahme diplomatischer Beziehungen der DDR zu Italien wurde die DDR auch Mitglied des in Rom angesiedelten Internationalen Instituts für die Vereinheitlichung des Privatrechts Unidroit. Zu den ersten Sitzungen wurde ich als Wissenschaftler auf diesem Gebiet entsandt. An der Generalversammlung nahm auch der Botschafter der DDR in Italien teil. Es war damals Klaus Gysi, ein polyglotter Mensch, der den Sekretär des Instituts damit überraschte, daß er viele Sprachen beherrschte. Mir erzählte er von seinem Sohn Gregor, der den Dissidenten Rudolf Bahro in der DDR verteidigte. Nur dank seiner Hinweise konnte ich die Fragen Enrico Berlinguers (des damaligen italienischen KP-Chefs) zum Fall Bahro halbwegs beantworten.

Obwohl wir uns in den ersten Jahren ausschließlich mit Rechtsfragen der Wirtschaftsbeziehungen der DDR zum Westen befaßten und dies unsere offiziell festgelegte Aufgabe war, sollte sich das bald ändern. 1969 beschloß der Rat für gegenseitige Wirtschaftshilfe (RGW oder Comecon), ein Programm für die ökonomische Integration seiner Mitgliedsländer auszuarbeiten. Das rief auch in der DDR umfangreiche Aktivitäten mit dem Ziel hervor, deren Interessen bei diesem Vorhaben angemessen zur Geltung zu bringen. Walter Ulbricht begegnete diesem Projekt mit gespannter Aufmerksamkeit und legte, mißtrauisch wie er war, allergrößten Wert darauf, einen eigenen DDR-Standpunkt auszuarbeiten. Das entsprechende Dokument des Politbüros der SED, mit dem wir bald vertraut gemacht wurden, trug nach dem Willen Ulbrichts den Titel: „Die sozialistische Wirtschaftsgemeinschaft der RGW-Staaten“ und enthielt noch viele Elemente des zuvor forcierten „Neuen ökonomischen Systems“. In der Sitzung des Politbüros, auf der das Dokument verabschiedet wurde, warnte Ulbricht zum Erstaunen mancher Teilnehmer vor einer bedingungslosen Zustimmung zu einer Wirtschaftsintegration im RGW und fand lobende Worte für den rumänischen Standpunkt: „Die rumänischen Genossen haben jedenfalls recht, wenn sie davon ausgehen, man müsse zunächst die Wirtschaftskraft des eigenen Landes entwickeln. Ohne eine solche Position kann man nicht erfolgreich sein.“

Auch im DDR-Ministerrat löste die Problematik – zum Teil hektische – Betriebsamkeit aus. Schon bei der Vorbereitung des genannten Dokumentes hatte die Abteilung RGW unter ihrem Leiter Siegfried Möke Zuarbeit leisten müssen. Nun war es an Dr. Gerhard Weiß, dem Ständigen Vertreter der DDR im RGW, den von Ulbricht vertretenen Standpunkt zu wahren.

Es konnte nicht ausbleiben, daß bald von unserem Institut gefordert wurde, unsere Arbeiten auch auf die Integration im RGW auszudehnen. Ab Mitte 1969 nahm ich regelmäßig an den Sitzungen der Organe und Arbeitsgruppen des RGW teil, zumeist, wenn es dort um Rechtsprobleme der Wirtschaftszusammenarbeit ging. Schließlich wurde eine ständige „Rechtsberatung" gebildet, an deren Sitzungen ich teilnahm, gleich ob sie in Moskau oder einer Hauptstadt eines anderen Mitgliedsstaates stattfanden. Diese Tätigkeit verschaffte mir viele Einblicke in die ökonomischen Probleme dieser Wirtschaftsregion und hat viel zu meinem letztlich negativen Urteil über das in diesen Staaten herrschende politische System beigetragen. Das Verblüffendste und Ernüchternste war die Illusionslosigkeit und die oft unverhüllte Wahrnehmung der Interessen des eigenen Landes, mit der sich die Staatenvertreter im RGW gegenübertraten. Das führte nicht selten auch zu scharfen persönlichen Angriffen. So übte einmal der Vertreter der Sowjetunion, Lessetschko, harte Kritik an Polen, der ČSSR und anderen Ländern wegen mangelnder Effektivität der Zusammenarbeit, ungenügender Spezialisierung der Produktion und fortbestehender Parallelproduktionen. Der Vertreter Polens, Piotr Jaroszewicz, entgegnete ihm ebenso scharf, daß das System der Kooperation nicht funktionieren könne, solange es keine exakten Außenhandelspreise und keine gegenseitige Konvertierbarkeit der Währungen gäbe.[79]

Meine Reisen nach Moskau führten auch dazu, meine Kontakte zu Rechtswissenschaftlern der Sowjetunion aufzufrischen oder neue zu knüpfen. Dies ermöglichte es mir, erst eine internationale wissenschaftliche Konferenz im Gästehaus des ZK der SED in Leipzig zu veranstalten und schließlich im Juni 1974 im Haus Lerbach bei Bergisch Gladbach mit 14 Teilnehmern aus den RGW-Staaten an einem Symposium zu Fragen der Wirtschaftsintegration in Ost und West teilzunehmen. Veranstalter war die Deutsche Gesellschaft für Osteuropakunde, und Otto Wolff von Amerongen hatte die Einladung unterschrieben. Bei dieser Gelegenheit lernte ich auch den Geschäftsführer dieser Gesellschaft, Dr. Ernst von Eicke, kennen, was sich später für mich noch als sehr nützlich erweisen sollte.

Die Arbeit an den Fragen der Wirtschaftsintegration im RGW brachte aber auch neue Probleme mit sich. Zu meinem wichtigsten Opponenten auf sowjetischer Seite wurde Professor Dr. E. T. Ussenko. Er war zehn Jahre lang unter Minister Mikojan Leiter der Rechtsabteilung des Außenhandelsministeriums gewesen, bevor er als Dozent an der Moskauer Akademie für Außenhandel arbeitete und danach im Institut für Staat und Recht der Akademie der Wissenschaften in Moskau den neu geschaffenen Sektor für Rechtsfragen der Integration übernahm. Der 1918 in Odessa geborene Jurist verfügte über gute völkerrechtliche und zivilrechtliche Kenntnisse, hatte Erfahrungen in der Praxis internationaler Wirtschaftsbeziehungen und zwischenstaatlicher Verhandlungen. Er sprach gut Deutsch und Schwedisch. Politisch aber war er ein unverbesserlicher Stalinist, der seine Fähigkeiten rücksichtslos in den Dienst sowjetischer Machtpolitik stellte. In Fragen der Integration ging er unerbittlich davon aus, daß die Souveränität des sowjetischen Staates unangetastet bleiben müsse. Unter Souveränität aber verstand er nichts anderes als die uneingeschränkte Macht des sowjetischen Staates. Als ich einmal fragte, was denn eine „Internationale Wirtschaftsorganisation" auf sowjetischem Territorium noch mit Integration zu tun habe, wenn zwar am Tor des Unternehmens die Fahnen aller Mitgliedstaaten des RGW hingen, man sich aber dann, wenn man das Tor durchschritten habe, in einem sowjetischen Betrieb befände, meinte er: „So muß es sein. Das ist Souveränität." Als er einmal die DDR besuchte, kaufte er in einem Antiquariat in Leipzig ein Buch von Triepel (einem deutschen Juristen um die Wende vom 19. zum 20. Jahrhundert) über Souveränität. Davon erzählte er mir, und ich konnte es mir nicht verkneifen, darauf hinzuweisen, daß die Souveränitätslehren des Herrn Triepel das letzte Mal 1912 in Heidelberg gelehrt worden waren. Solch konträre rechtswissenschaftliche Positionen störten mich nicht besonders.

Doch Ussenko betrieb auch anderes. Bei einem Empfang für die juristische Kommission des RGW in Ostberlin drückte er gegenüber dem Stellvertretenden Ministerpräsidenten der DDR, Dr. Weiß, sein Erstaunen darüber aus, daß ich noch immer Institutsdirektor sei. Er hätte gehört, man habe mich abgelöst. Dr. Weiß war erstaunt und erkundigte sich, was mit mir los wäre.

Nach dem Ende der Sowjetunion wurde Ussenko übrigens der Hauptinitiator des russischen Gesetzes über Kulturgüter, mit dem alle nach Rußland verbrachten Kulturgüter (die sogenannte Beutekunst) zum Eigentum des russischen Staates erklärt wurden.

Auch in der Babelsberger Akademie nahm die Kritik an meinen wissenschaftlichen Positionen zu. Erst wurde mir Liberalität und Objektivität vorgeworfen. Die Mitarbeiter meines Instituts verfügten bei mir, so die Kritik, über zu viel unkontrollierte Arbeitszeit. Ersteres hing damit zusammen, daß ich meinte, mich interessiere es als Institutsdirektor nicht, wie lange ein Mitarbeiter im Institut anwesend sei. Entscheidend war für mich, was er an wissenschaftlich fundierten Arbeiten zustandebringt. Der Vorwurf der Objektivität hing damit zusammen, daß ich mich bei Forschungsarbeiten weigerte, vorher festzulegen, was bei der Arbeit herauskommen solle. „Wenn ich das schon vorher weiß, ist die Arbeit unsinnig", war meine Meinung dazu. Der Leiter der Abteilung Staat und Recht im ZK der SED, Klaus Sorgenicht, wurde dann politisch und kritisierte meine „mangelnde ideologische Auseinandersetzung mit dem Klassenfeind".

Als Beispiel nannte er die Befassung unseres Institutes mit dem EWG-Recht. Hintergrund war wohl auch der Umstand, daß ich zur Situation in der DDR immer kritischere Fragen bei sich bietender Gelegenheit gestellt hatte. Eine meiner Fragen lautete: „Was ist an den Verhältnissen in der DDR eigentlich sozialistisch?“, und ich gab auch gleich die Antwort: „Alle wollen eine gute Wohnung, eine Waschmaschine, einen Fernseher und jedes Jahr eine Urlaubsreise. Aber das wollen die Leute im Westen auch. Also, wo ist der Unterschied? Daß man in der DDR das alles zwanzig Jahre später bekommt als in Westdeutschland?“

Immer wieder wurde mir entgegengehalten, daß die Menschen in der DDR doch besser leben würden als in Polen oder der Sowjetunion. Doch ich hatte eine Antwort parat: Die Menschen in Leipzig vergleichen nun mal ihre Lage nicht mit der Bevölkerung in Polen, sondern damit, wie ihre Verwandten in München oder Hamburg lebten. Solche Diskussionen brachten nie ein befriedigendes Ergebnis, aber sie wurden natürlich registriert und gemeldet. In vielerlei Hinsicht war ich durch meine Kinder – mit dem 1970 geborenen Sohn Matthias waren es inzwischen fünf – mit dem „wirklichen Leben“ in der DDR enger verbunden, als das sonst bei meiner herausragenden Stellung möglich gewesen wäre. Hinzu kam, daß ich durch Vorlesungen und Seminare zum intellektuellen Eigentum, die ich sowohl im Rahmen der Kammer für Technik als auch im Zentralinstitut für sozialistische Wirtschaftsführung durchführen durfte, tiefe Einblicke in die inneren Widersprüche des Wirtschaftssystems der DDR bekommen hatte. Zusammen mit meinen Erfahrungen im RGW wurde mir klar, daß das System so zugrunde gehen mußte. Den denkbaren Ausweg, nämlich die Wirtschaftsreform unter Ulbricht und die damit verknüpfte Demokratisierung hatte man aufgegeben.

Meine kritische Haltung konnte ich in dieser Zeit auf die vielen Publikationen zur Stalinismus-Diskussion stützen, die damals von den kommunistischen Parteien des Westens publiziert wurden und zu denen ich Zugang hatte. Insbesondere das politische Testament des italienischen Kommunistenführers Palmiro Togliatti fand ich aufschlußreich. Togliatti schrieb damals unter anderem, daß man im System selbst die Ursachen der Fehler suchen müsse.

1974 kam hinzu, daß Honecker als Nachfolger Ulbrichts auch das nationale Ziel zugunsten eines DDR-Separatismus aufgab. Ich erfuhr davon dadurch, daß der Rektor der Babelsberger Akademie mir die Absicht Honeckers mitteilte, aus der Verfassung der DDR das Ziel der Vereinigung zu streichen, und zwar durch einfaches Gesetz. Er fügte hinzu, Honecker verlange dazu eine Stellungnahme der Akademie und hätte gesagt, er lege Wert darauf, daß ich meine Meinung sagte.

In meiner Stellungnahme erklärte ich unverblümt, juristisch sei es ein

Staatsstreich, wenn man durch einfaches Gesetz ein Essential aus einer Verfassung streiche, die durch Volksentscheid angenommen worden war. Politisch aber sei es noch viel schlimmer, nämlich ein Verrat an den Prinzipien, für die man angetreten sei.

Ich fühlte mich persönlich tief getroffen, war ich doch für das Ziel der deutschen Einheit ins Gefängnis gewandert, und Honecker selbst hatte öffentlich gelobt, für dieses Ziel so zu kämpfen wie ich. Immer wieder hatte ich gehofft – und mit mir so viele in der DDR, die an die proklamierten Ideale glaubten –, daß die DDR zu einem wirklichen Neubeginn deutscher Geschichte werden würde. Außerdem mußte die DDR damit jeder Perspektive entsagen. Markus Wolf hat später geschrieben, mit der Streichung des Wiedervereinigungszieles am 9. Oktober 1974 aus der Verfassung der DDR habe der Untergang der DDR seinen Lauf genommen. Auch wenn er diese Worte dem sowjetischen Politiker Falin in den Mund legt, hat er damit wohl recht.[80]

Prinzipieller ausgedrückt: Nach der Aufgabe des „Neuen ökonomischen Systems“ war die Aufgabe der nationalen Mission der zweite irreparable Fehler der DDR-Führung. Der erste Fehler bedingte wohl den zweiten und beide zusammen führten schließlich zum Untergang der DDR. Markus Wolf war einer der ganz wenigen, die später zugaben, die Brisanz der nationalen Frage nicht begriffen zu haben.[81]

Daß beide Fehler ausgerechnet mit dem Namen Erich Honeckers verbunden sind, zwingt zum Nachdenken über seinen politischen Werdegang. In dem Haus am Döllnsee hatte ich in einem der wenigen politischen Gespräche, die wir dort führten, etwas frech gefragt, warum er als Saarländer in Berlin sei und nicht dort, wo seine Heimat ist. Er meinte leichthin: „Nun, die Parteiführung war in Berlin, und ich wurde hier gebraucht.“ Noch frecher fuhr ich fort: „Man kann das auch anders sehen. Du bist da geblieben, wo die sowjetische Armee steht. Ist das revolutionär?“ Honecker: „Es gibt Parteidisziplin.“

Was mir damals so unverblümt über die Lippen kam, wiederholte sich bei einem Gespräch, als in der DDR auf einmal nicht nur von zwei deutschen Staaten, sondern auch von „zwei Nationen“ die Rede war. Ich hielt das für ausgemachten Unsinn und sagte bei sich bietender Gelegenheit zu Honecker: „Das kannst Du doch nicht machen. Deine Schwester im Saarland kann – vielleicht – eine andere Staatsangehörigkeit haben, aber sie kann doch nicht zu einer anderen Nation gehören!“ Honecker antwortete nicht direkt, sondern rief nur: „Du immer mit Deiner Wiedervereinigungsidee. Wenn wir das jetzt machen, sind wir doch weg vom Fenster.“ Honecker war im Laufe der Zeit allein darauf bedacht, die persönliche Macht zu erhalten. Das war nicht nur verengtes Machtbewußtsein, es war auch ein Mangel an geistigem Horizont.[82]

Noch deutlicher zeigte sich dies darin, wie Honecker die Entmachtung Ulbrichts betrieb.

Wieder war das Haus am Döllnsee der Schauplatz. Während Lotte Ulbricht in ihren „Erinnerungen“ behauptet, Ulbricht sei nicht unter Druck zurückgetreten[83], schildert Markus Wolf die Umstände sehr viel dramatischer. Zur entscheidenden Konfrontation zwischen Honecker und Ulbricht sei es bei einem Vier-Augen-Gespräch im Sommersitz Dölln gekommen. Dort sei Honecker mit bewaffnetem Personenschutz erschienen und entschlossen gewesen, Ulbricht festzusetzen, wenn dieser seinen Rücktrittsforderungen nicht nachkomme.[84]

Honeckers Sicht der Dinge ließ mich zu dem Ergebnis kommen, daß unter ihm eine Wende in der DDR hin zu einer eigenständigen Politik, die Zustimmung bei der Mehrheit der Bevölkerung auf Dauer findet und den Weg zur Wiedergewinnung der deutschen Einheit bereitet, wohl nicht zu erwarten ist. Zugleich zeigten viele Anzeichen, daß sich die innere Situation in der DDR, trotz vorübergehender Verbesserungen, wieder zuspitzte.

Ich mußte mich fragen: „Wenn es zu Konflikten kommt, wo stehst Du dann eigentlich?“

Meine Sympathie galt dem damals aufkommenden Reformkommunismus, und ich hörte oder las mit Interesse die Thesen Robert Havemanns und traf mich mit Rudolf Bahro, dem Autor des 1977 im Westen erschienenen Buchs „Die Alternative“. Doch mir war auch klar, daß diese Gruppen keine Chancen hatten, wirklich etwas zu ändern.

Meine Position war noch schwächer, hatte ich doch selbst darauf bestanden, in der DDR keine politische Rolle zu spielen, sondern wissenschaftlich zu arbeiten, bis meine Rückkehr in die Bundesrepublik wieder möglich sein würde. Infolgedessen lief ich nur Gefahr, zwischen die Fronten zu geraten, wenn ich bei inneren Konflikten der DDR aktiv werden wollte. Die einen würden in mir einen Parteifunktionär sehen, wie andere auch; die anderen hätten in mir einen Verräter vermutet, der sich bisher nur absichtsvoll zurückgehalten hatte. Nein, ich mußte schon meinem eigenen, selbst gewählten Weg treu bleiben. Das aber hieß, den Weg zurück in die Bundesrepublik anzutreten. Doch auch das wollte überlegt sein. Der Krach mit der DDR-Führung, der abzusehen war, sollte möglichst nicht allzugroß sein.

Denn ich wollte aus der DDR nicht fliehen und wollte auch meine Familie in keine allzu großen Schwierigkeiten bringen. Wie aber macht man so etwas?

In der Bundesrepublik wurde ich oft gefragt: „Wie sind Sie eigentlich von Ost-Berlin an die Universität Kiel gekommen?“ Ebenso oft antwortete ich darauf lächelnd: „Mit der Eisenbahn.“ Doch so einfach war es nicht. Obwohl ich ja nicht mehr verlangte, als dahin zurückzukehren, von wo aus ich 1956 den Weg in die DDR angetreten hatte. Letztlich war es denn auch diese Position, mit der ich mich durchsetzte.

Daß mein Vorhaben, in die Bundesrepublik zurückzukehren, ein schwieriges Unterfangen war, dessen war ich mir dennoch von Anfang an bewußt. Meine Kenntnisse der Machtverhältnisse in der DDR, der Zufall und gute Beziehungen zu einflußreichen oder wenigstens hilfsbereiten Personen in beiden deutschen Staaten kamen mir zu Hilfe. Positiv wirkte sich auch aus, daß ich inzwischen durch meine Veröffentlichungen zum Internationalen Wirtschafts-, Patent-, Lizenz- und zum Integrationsrecht im RGW nicht nur in der DDR und in Osteuropa bekannt war, sondern auch in der Bundesrepublik und in anderen EU-Staaten. Auch hatte ich bereits Vorlesungen auf Einladung von Professor Dr. R. Rodier an der Internationalen Fakultät für Rechtsvergleichung in Straßburg gehalten, war in Brüssel einige Zeit zu Forschungszwecken bei der EU und an der Akademie für Internationales Recht in Den Haag gewesen. Auf Tagungen der Deutschen Gesellschaft für Osteuropakunde hatte ich auch Professor Dr. Dieter Löber kennengelernt, der damals Direktor des Instituts für Ostrecht an der Kieler Universität war. Er lud mich ein, in Kiel Vorlesungen zu halten. Ich hatte zwar zugesagt, aber eine konkrete Vereinbarung auf später verschoben. Jetzt griff ich die Einladung wieder auf. Doch zuvor mußte ich klarstellen, daß ich nicht für eine befristete Zeit, sondern für immer nach Kiel kommen wollte, und daß ich hierfür eine amtliche Einladung benötigte, die ich den DDR-Behörden vorlegen könnte. In dieser durfte natürlich nichts von der Endgültigkeit des Wechsels nach Kiel stehen (obwohl gerade dies der einladenden Stelle bewußt gemacht werden mußte).

Mit der diffizilen Klärung dieser Aufgabe betraute ich Dr. Ernst von Eicke. Er hatte mich in seiner Eigenschaft als Geschäftsführer der Deutschen Gesellschaft für Osteuropakunde immer wieder zu Tagungen seiner Gesellschaft eingeladen, und als eine Jahrestagung in Bremen stattfand, war ich der Einladung gefolgt. Die Tagung endete an einem Samstag gegen Mittag, und ich benutzte die Gelegenheit, auf der Rückfahrt nach Berlin meine Eltern in Hannover zu besuchen.

Mein Vater las den Prospekt über dese Jahrestagung und fragte mich plötzlich: „Dieser Geschäftsführer Dr. von Eicke, heißt der vielleicht ‚von Eicke und Polwitz'"? Wenn ja, dann kenne ich seine Eltern und das Gut, das sie in Schlesien besaßen." Kurz entschlossen rief ich Dr. von Eicke in Berlin an, und es stellte sich heraus, daß er tatsächlich der Sohn jener Familie aus Schlesien war. Ein weiteres Telefongespräch mit der Mutter von Dr. von Eicke, die in Hof wohnte, bestätigte die Vermutung meines Vaters.

Er hatte mit seinem „Verband buchführender Landwirte" das Gut der

Familie von Eicke betreut und wußte noch die Buchführungsnummer. Seitdem wurden meine Beziehungen zu Dr. von Eicke noch enger. Er besuchte mich regelmäßig in Ost-Berlin und ich ihn in West-Berlin zunächst in seiner Wohnung in der Schaperstraße, später in seinem Haus im Grunewald. Bei dieser Gelegenheit machte er mich auch mit Fritjof Meyer von der „Spiegel"-Redaktion bekannt. Meyer war ein äußerst sachkundiger Redakteur für Osteuropa, insbesondere für Rußland. Er hatte alle Generalsekretäre der sowjetischen KP interviewt.[85] Mit ihm verband mich bald eine fruchtbare Zusammenarbeit, die jahrelang währen sollte.

Bei nächster Gelegenheit erzählte ich Dr. von Eicke von meinen Problemen und von meiner Absicht, in die Bundesrepublik zurückzukehren, sowie von der Einladung nach Kiel. Von Eicke versprach nicht nur, mit Professor Dr. Löber alles detailliert zu besprechen, sondern fügte auch hinzu, daß ein Studienkollege von ihm in der Kanzlei von Ministerpräsident Dr. Stoltenberg in Kiel arbeitete, so daß praktisch alles auch mit dem schleswig-holsteinischen Ministerpräsidenten besprochen werden könne. Auf dem gleichen Wege informierte ich auch Professor Dr. Konrad Zweigert, damals Direktor des Max-Planck-Instituts für Internationales und Ausländisches Privatrecht in Hamburg.

Zu Zweigert war der Kontakt einige Jahre zuvor auf ungewöhnliche Weise zustande gekommen. Die DDR erhielt einige Forschungsstipendien US-amerikanischer Stiftungen angeboten, und eines davon sollte unser Institut mit einem geeigneten Nachwuchswissenschaftler besetzen. Mir erschien dafür der Doktorand Andreas Henselmann geeignet, und dieser erklärte sich auch bereit, die angebotene Stelle im Max-Rheinstein-Institut für Rechtsvergleichung in Chicago anzunehmen. Doch die amerikanische Stiftung verlangte einen renommierten Rechtswissenschaftler aus dem Westen als Bürgen. Als ich mit Henselmann darüber sprach, löste sich das Problem schnell auf überraschende Weise: „Mein Patenonkel ist Professor Zweigert. Mein Vater, das war der Architekt Professor Henselmann, der die Stalinallee gebaut hatte, und Zweigert waren in der Weimarer Republik in derselben SPD-Gruppe und enge Freunde." Als beide in ihrer jeweiligen Ehe neun bzw. elf Kinder bekamen, wurden sie bei einigen wechselseitig Paten.[86] Zweigert war sofort bereit, die geforderte Bürgschaft zu geben, und in Chicago hatte danach niemand mehr Zweifel, daß der von mir benannte Andreas Henselmann der geeignete Stipendiat sei. Zum Dank lud ich Professor Dr. Zweigert in unser Institut ein.

Bei dieser Gelegenheit besuchten wir auch das Schloß Sanssouci in Potsdam, und Zweigert merkte danach in einem Brief an mich an, daß es ihn besonders gefreut habe, „daß Sie mich alten Preußen nach Potsdam gebracht haben". Als das Hamburger Institut 1976 sein fünfzigjähriges Bestehen feierte, war auch ich eingeladen. Zuvor konnte ich helfen, die zwischen dem Hamburger Institut und dem Moskauer Akademieinstitut für Staat und Recht abgerissenen Verbindungen wiederherzustellen. Für mich waren die Beziehungen zu dem Hamburger Institut deshalb immer besonders wichtig, weil ich in ihm ein deutsches Parallelinstitut mit einer Aufgabenstellung sah, die der unseren analog war.

Nachdem auch Professor Zweigert informiert war, schien mir mein Plan eines Wechsels an die Universität Kiel auf der bundesdeutschen Seite ausreichend vorbereitet. Bald traf auch die offizielle Einladung des Präsidiums der Kieler Christian-Albrechts-Universität bei mir ein. Nun galt es, die Dinge auf DDR-Seite zu klären.

Zunächst sandte ich die Einladung an den Rektor der Babelsberger Akademie. Dazu merkte ich an, daß ich der Einladung Folge leisten werde und um Nachricht bitte, welche administrativen Schritte ich zu unternehmen habe, um mich von meinen Verpflichtungen in der DDR zu befreien. Professor Schüßler, der Rektor, bestellte mich zu sich und war konsterniert: „Das habe ich von Dir nicht erwartet. Hier können wir das sowieso nicht entscheiden. In Absprache mit dem Büro des Ministerrates bist Du vorläufig als Institutsdirektor suspendiert." Von nun an konnte ich in meiner Wohnung in Berlin der Dinge harren, die nun kommen sollten. Zunächst bemerkte einer meiner Söhne: „Vater, was ist mit Dir los? Vor und hinter dem Haus stehen jetzt Tag und Nacht zwei Wartburgs mit kräftigen jungen Männern. Bist Du ins Politbüro gekommen?" Ich hatte davon nichts gemerkt. Doch tatsächlich standen diese Beobachtungsfahrzeuge da, und als ich einmal das Haus verließ, folgte mir einer „auffällig-unauffällig".

Ich rief in Babelsberg den Rektor an und fragte, was das soll. Gleichzeitig wies ich darauf hin, daß ich nicht die Absicht hätte, zu fliehen, sondern einer offiziellen Einladung, Vorlesungen abzuhalten, folgen wollte. Nur müsse die Entscheidung bald fallen, denn ich solle meine Vorlesungen schon am 15. November beginnen. Schüßler betonte, er wisse nichts von den „Wartburgs". Mir schien es nun geraten, über die Angelegenheit Erich Honecker zu informieren, denn die politischen Dimensionen meines Vorhabens wurden immer offensichtlicher. Auf mein Schreiben an Honecker meldete sich telefonisch ein Siegfried Otto und teilte mir mit, der Brief an Honecker sei eingegangen, aber es würde etwas dauern, bis ich Bescheid bekäme. Otto war der Leiter des Büros von Honecker und General der Staatssicherheit.

Inzwischen wurden meine „Freunde" an der Babelsberger Akademie aktiv. Der Rektor bestellte mich erneut nach Babelsberg. Dort, am langen Tisch im Sitzungszimmer des Rektorats, erwarteten mich sechs ernst dreinblickende Herren, nämlich der Rektor mit seinem Prorektor Dähn, ein Vertreter der SED-Parteileitung, ein gewisser Günter Herm (Chef der

Kontrollkommission des Parteibezirkes Potsdam), der persönliche Referent des Rektors als Protokollführer und schließlich ein Unbekannter, der sich nicht vorstellte, aber der nur von der „Stasi“ sein konnte.

Schüßler erklärte, es handele sich nicht um ein Partei- oder Disziplinarverfahren, sondern man habe eine Überprüfung meiner Reisen vorgenommen und festgestellt, daß ich in den letzten zwei oder drei Jahren rund 400mal aus der DDR ausgereist sei. „Wir haben herausgefunden, daß es für viele Reisen einen Auftrag gab, bei anderen weiß man nicht genau, gab es einen oder nicht.“ Ich sollte mich dazu äußern. Überdies monierte Schüßler, daß ich mich nicht an die Beschlüsse über die eigenständige DDR-Nation von 1974 halten würde.

Ich begriff, daß sie Material gegen mich suchten, um meinen Vorlesungsantritt in Kiel zu vereiteln. Zunächst wies ich darauf hin, daß das mit den 400 Ausreisen ja nur die Hälfte der Wahrheit sei. Schüßler fragte zurück: „Wie, waren es noch mehr?“ Ich antwortete: „Nein, aber ich bin auch 400mal wieder eingereist.“ Dann erklärte ich, daß er mit meiner Haltung zur Einheit der deutschen Nation schon recht habe. Im übrigen hätte ich wegen einer langfristigen Gastprofessur in Kiel an Erich Honekker geschrieben. Sie sollten doch erst einmal abwarten, was dort entschieden werde. Schüßler, der zu cholerischen Ausbrüchen neigte, wurde laut: „Das kommt überhaupt nicht in Frage, das entscheide ich hier, und auf Deinen Brief an Honecker bekommst Du keine Antwort.“ Darauf entgegnete ich: „Dann können wir das Gespräch hier beenden. Denn erstens hat Dich Honecker sicher nicht ermächtigt, in seinem Namen Erklärungen abzugeben. Zweitens steht im Parteistatut, daß sich jeder Genosse an die höchsten Stellen der Partei wenden kann und eine auf das Wesen der Sache eingehende Antwort zu bekommen hat. Im Unterschied zu Dir bin ich der Meinung, daß der Generalsekretär der SED das Parteistatut einhält.“ Jede weitere Erklärung lehnte ich ab, verwies aber darauf, daß ich bereit sei, in kleinem Kreis meinen Standpunkt zu prinzipiellen politischen Fragen darzulegen. Dazu benötigte ich aber Zeit. Wir trafen eine Verabredung für die kommende Woche. Bei dieser Gelegenheit trug ich dann dem Rektor und dem Parteifunktionär Herm einen handgeschriebenen Text vor. In ihm verwies ich auf meinen Status als Bürger der Bundesrepublik und meine immerwährende Absicht, eines Tages dorthin zurückzukehren. Ich erklärte, daß ich keinen Sinn mehr für meine Tätigkeit in der DDR sähe und daher meine Tätigkeit an der Universität Kiel fortzusetzen gedachte.

Dies sollte aus meiner Sicht im Einvernehmen mit den DDR-Behörden geschehen. Andernfalls, so machte ich deutlich, müßte ich mich an den Ständigen Vertreter der Bundesrepublik in der DDR, Staatssekretär Günter Gaus, um Unterstützung wenden. Ich schloß mit den Worten: „Ich gehe davon aus, daß meine Erklärung an die zentralen Organe der DDR weitergeleitet wird."

Diesmal antwortete nicht Schüßler, der merkwürdig still geworden war, sondern der Parteifunktionär Herm. Man habe die Erklärung mit dieser Tendenz fast erwartet, und da es sich um eine Frage handele, die nicht auf unterer Ebene entschieden werden könnte, sei der Rektor bevollmächtigt, den Text sofort an das Zentralkomitee weiterzuleiten. Zu meinem Brief an Honecker wegen der Professur in Kiel teilte Herm nun auf einmal mit, ich würde eine Antwort zu allen darin aufgeworfenen Fragen erhalten. Er könne aber nicht sagen, wie schnell das ginge.

Fast schien es so, als ob nun alles nach Wunsch liefe. Doch Rektor Schüßler konnte es nicht lassen, weiter gegen mich Front zu machen, und stützte sich dabei offenbar auf Informationen aus dem ZK der SED, die etwa folgenden Inhalt hatten: Ich sei gar nicht aus dem Gefängnis geflohen, sondern arbeitete für den Bundesnachrichtendienst. Außerdem könnte man mich nicht ausreisen lassen, weil ich viel zu viel wisse. „Der kann erst mal vier Jahre ins Gefängnis gehen", sagte Rektor Schüßler. Gleichzeitig befragte das Ministerium für Staatssicherheit jeden, der einmal dienstlich mit mir zu tun hatte, um herauszufinden, was ich denn an Staats- und Parteigeheimnissen wissen könnte.

Diese Situation führte bei mir zu neuen Überlegungen. Offensichtlich gab es wegen meiner beabsichtigten Ausreise bei der Führung der DDR zwei miteinander streitende Gruppen, und auch wenn Honecker mit seiner Absicht, meine Angelegenheit sachlich und diskret zu regeln, stärker zu sein schien, konnte man nicht wissen, wie die Sache letztlich ausgehen würde. Hier gegenzusteuern, war nur möglich, wenn man notfalls an die Öffentlichkeit ging. Das konnte naturgemäß nur in der Bundesrepublik geschehen. Also bereitete ich das vor und schickte meine überarbeitete Erklärung an Rechtsanwalt Dr. Karl Pfannenschwarz in Frankfurt am Main.

Zuvor hatte ich Pfannenschwarz schon in Ostberlin in der „Raabe-Diele" des Ermeler- Hauses getroffen. Er spielte bei der kommunistischen Neugründung DKP eine führende Rolle und vertrat mehrere Außenhandelsfirmen der DDR in der Bundesrepublik. Ihm war ich schon früher an der Humboldt-Universität begegnet, an der er seine Dissertation verteidigte.[87] Studiert hatte er in Stuttgart und bei Kiesinger (später Bundeskanzler) sein 1. Staatsexamen gemacht. Nach dem Verbot der KPD 1956 verbrachte er einige Jahre in der DDR. Doch es drängte ihn, wie so viele KPD-Genossen, in die Bundesrepublik zurück.[88] Als ihm dies gelang, stand er vor dem Problem, sein 2. Staatsexamen zu absolvieren, ohne das er nicht als Rechtsanwalt zugelassen werden konnte. Dabei half ihm der Oberbürgermeister von Stuttgart, Manfred Rommel, mit dem er während des Krieges zusammen die Schule in Ulm besucht hatte und Flakhelfer gewesen war. Er schloß mit Pfannenschwarz einen Kompromiß: „Du machst hier in Stuttgart Dein zweites Staatsexamen. Aber die Zulassung als Anwalt holst Du Dir danach in Hessen."

Von ihm erhoffte ich mir einerseits Unterstützung, andererseits war ich sicher, daß er die DKP-Führung informieren und auf diesem Wege die Nachricht, daß ich entschlossen bin, mich notfalls an die Öffentlichkeit zu wenden, auch schnell zu Honecker gelangen würde.

Bei unserem Gespräch in Ostberlin fand Pfannenschwarz meine Einladung nach Kiel noch glänzend. Doch die schriftliche Erklärung schickte er per Einschreiben zurück: „Ich sehe mich nicht in der Lage, das Mandat zu übernehmen."

Doch schon Tage darauf fuhr mich der Rektor an: „Du hast dem Pfannenschwarz geschrieben, ich würde Dich in den Grenzen der DDR festhalten." Von Schüßler hatte ich in dem Schreiben überhaupt nichts gesagt. Also war meine Kugel in dem Spiel doch genau dahin gerollt, wohin ich sie hatte spielen wollen, nämlich zu Honecker. Außerdem hatte ich meine Erklärung auch an die SPD-Bundestagsfraktion mit der Bitte zugesandt, sie zu veröffentlichen, wenn ich oder mein Vater aus Hannover dazu aufforderten.

Gleichzeitig fand ich einen neuen Anlaß, mich beim Büro Honecker in Erinnerung zu bringen. Der 75. Geburtstag meines Vaters stand bevor, und ich wollte deshalb nach Hannover reisen. Allein, es fehlten mir die erforderlichen Papiere, die man mir abgenommen hatte. Also fragte ich an, wo ich meinen Paß bekommen könne. Schon am nächsten Morgen meldete sich das Büro Honecker am Telefon. Der mir nun schon bekannte Siegfried Otto versuchte, mich zu überreden, vorläufig das Reisen bleiben zu lassen: „Weißt Du, der Erich hat Deine Angelegenheit an sich gezogen, und sie ist noch nicht geklärt. Es kann aber nicht mehr lange dauern, und dann fährst Du eben ein bißchen später zu Deinem Vater." So optimistisch war ich nicht. Denn mir war bekannt, daß Honecker in Kürze zu einer Asienreise aufbrechen würde. Zudem hatte die „Stasi" eine neue Befragungsaktion unter den Mitarbeitern des Instituts begonnen und observierte mich erneut, und zwar diesmal verdeckt. Der Termin, an dem ich meine Vorlesungen in Kiel beginnen sollte, war auch längst verstrichen.

Da kam vier Tage vor Weihnachten die befreiende Nachricht. Wieder meldete sich Siegfried Otto vom Büro Honecker: „Erich Honecker hat am 19. Dezember in Deiner Sache entschieden, und zwar so, wie Du es gewünscht hast. Erstens: Du kannst nach Kiel ausreisen. Zweitens: Du kehrst als Bürger der Bundesrepublik zurück. Drittens: Du wirst in Babelsberg in aller Form verabschiedet. Und viertens: Du darfst Deinen Professorentitel behalten." Otto fügte noch hinzu: „Der Rektor in Babelsberg wird Dir das alles offiziell mitteilen. Du mußt ihm nicht unbedingt sagen, daß Du das schon weißt."

Tatsächlich meldete sich Schüßler schon am Nachmittag desselben Tages, suchte mich in meiner Wohnung in Berlin auf und teilte mir noch einmal das Gleiche mit. Damit hatte ich in kaum einem halben Jahr alles erreicht, was ich erreichen wollte. Honecker hatte die Entscheidung in der Sache nicht dem ZK-Sekretär für Staat und Recht überlassen, sondern angeordnet, daß alles über mich zusammengetragene Material an die Politbüromitglieder Erich Mückenberger (Partei-Kontrollkommission) und Erich Mielke (Minister für Staatssicherheit) weitergeleitet wird. Mit ihnen traf sich Honecker vor der Politbürositzung am 19. Dezember 1977 und fällte dann die Entscheidung in meiner Angelegenheit. Auf diese Weise umging er das Politbüro und schaltete auch meine innerparteilichen Gegner aus. Warum Honecker letztlich meinen Wünschen auf diese Weise entsprach, läßt sich auf zweifache Weise erklären. Einmal widerstrebte es Honecker, jemanden, den er seit FDJ-Tagen kannte und der wegen seiner FDJ-Tätigkeit in einem westdeutschen Gefängnis gesessen hatte, nun in der DDR Repressalien auszusetzen. Auch hatte sich nichts gefunden, was man mir hätte vorwerfen können. Zum anderen waren wohl alle drei, die die Entscheidung trafen, davon überzeugt, daß wenn man mich nicht ausreisen lassen würde, ich nicht länger Professor in der DDR sein könnte. Dann wäre ich irgendwo in Mecklenburg Rechtsanwalt, aber ein ähnliches Politikum darstellen wie Havemann. Dann würde man mich loswerden wollen, und ich würde nicht gehen. Ließe man mich aber jetzt gehen, würde das im Westen wohl eine Zeitlang zu Medienrummel führen. Aber irgendwann wäre das vorbei, und der Westen würde von mir nichts mehr wollen. Insofern sei dies die beste Entscheidung. Später erfuhr ich, daß die Staatssicherheit in ihrem Bericht geschrieben hatte, ich sei „kein Verräter".

Meine Abreise nach Kiel legte ich auf den 26. Januar 1978 fest, weil nun vorgesehen war, daß ich am 1. Februar meine Vorlesungen in Kiel beginnen sollte. Ich teilte diesen Termin und die Personalien meiner mitreisenden Familienmitglieder der Babelsberger Akademie und dem Büro Honecker mit. Doch wenige Tage vor diesem Termin erhielt ich einen erneuten Anruf aus dem Büro Honecker mit folgendem Inhalt: „Wir haben eine Bitte an Dich." Ich wurde ganz hellhörig. Die Bitte ging dahin, meinen Ausreisetermin zu verschieben, und zwar wenigstens um 14 Tage. „Du hast doch sicher von dem im ‚Spiegel' veröffentlichten ‚Manifest der Opposition'[89] gehört. Wenn Du jetzt fährst, wird sich die westdeutsche Presse auf Dich stürzen und einen Zusammenhang zwischen Deiner Ausreise und dem Manifest konstruieren." Mir war klar: Diese Bitte war ein Befehl. Also blieb mir nichts anderes übrig, als einzuwilligen. Wir einigten uns auf den 15. Februar als Ausreisetermin. Nach diesem Gespräch fragte ich mich, ob denn Honecker noch so fest im Sattel saß, wenn ihn dieses „Manifest“ zu derartigen Manövern veranlaßte. Erst als mir mitgeteilt wurde, daß ich mich am 13. Februar zur Verabschiedung in Babelsberg einzufinden habe, wußte ich, daß doch noch alles gut gehen würde. In Potsdam empfing mich besagter Herm von der Parteikontrollkommission und verlas den Beschluß, daß ich mit Wirkung vom 9. Februar 1978 aus der Liste der SED gestrichen werde. In der Akademie Babelsberg verabschiedete mich Rektor Schüßler offiziell mit einem Blumenstrauß und Urkunden des Hochschulministers der DDR, in denen mir für meine Arbeit in Forschung und Lehre gedankt und mir das Recht zuerkannt wurde, den Professorentitel weiterzuführen. In einem weiteren Schreiben hieß es, daß mein Arbeitsrechtsverhältnis bei der Akademie beendet sei. Ich ließ es mir nicht nehmen, vor den anwesenden Mitgliedern des Wissenschaftlichen Rates der Akademie zu erklären, daß ich, so wie ich es immer vorhatte, im Einverständnis mit den Organen der DDR in die Bundesrepublik zurückginge.

Im Institut mußte ich noch einem Offizier der Volkspolizei Schlüssel und Inhalt meines Panzerschrankes übergeben. Dies entsprach den üblichen Vorschriften. Doch dabei kam es zu einer unerwarteten Situation. Im kleinen Fach des Panzerschrankes lagen Briefumschläge mit der Aufschrift „Streng geheim. Persönlich Nr“. Der Absender war der Ministerrat der DDR. Die Umschläge waren versiegelt. Als der Offizier die Siegel prüfte, war er verblüfft und fragte: „Wie haben Sie denn das geschafft, die Briefe zu lesen, ohne die Siegel zu verletzen?“ Meine Antwort war einfach: „Ich habe sie noch nie geöffnet.“ In der Tat: Am Anfang öffnete ich derartige Briefe noch, später gab ich es dann auf. Sie enthielten so gut wie nie irgend etwas, was nicht zwei, drei Tage später in der Zeitung nachzulesen gewesen wäre. Da konnte man sich die Mühe auch sparen und etwas Wichtigeres tun. Der Offizier wollte mir nicht glauben und prüfte die unverletzten Siegel noch einmal. Dann schrieb er ein Protokoll, das ich gern gegenzeichnete. „So was habe ich noch nie erlebt“, waren seine letzten Worte.

Mich plagten ganz andere Sorgen. Bisher hatte ich weder meiner Frau noch meinen Kindern etwas von meinen wirklichen Absichten gesagt. Mir erschien es einfach zu gefährlich und unklug, sie damit zu belasten. Nun aber mußte es sein. Die älteste Tochter und der älteste Sohn waren bereits verheiratet. Also mußten sie ganz allein entscheiden, was sie nun wollten. Die älteste Tochter wollte zunächst in der DDR bleiben, und ich sah darin kein Problem. Doch schon wenige Monate nach meiner Ausreise wurde ihr Mann als Offizier des Wachregimentes der Nationalen Volksarmee wegen seiner Verwandtschaft mit mir entlassen. Er erhielt zwar die Stelle eines

Direktors des Hotels „Berlin“ am Alexanderplatz. Doch die Ehe ging in die Brüche, und meine Tochter kam Jahre später zu uns nach Hamburg. Mein ältester Sohn wollte ebenfalls mitkommen, aber die DDR machte noch Schwierigkeiten, so daß seine Ausreise erst nach Jahren gelang. Am leichtesten war es mit unserem Sohn Stefan und unserer Tochter Kerstin. Stefan war LKW-Fahrer in einem Baubetrieb, Kerstin Bibliothekarin in einer staatlichen Bibliothek in Berlin. Beide wollten mit mir mitgehen, und die DDR-Behörden waren schnell damit einverstanden. Von Anfang an hatte ich darauf bestanden, daß meine Frau und unser jüngster Sohn mit mir zusammen ausreisten. Dagegen gab es keine Einwände. Das Problem war hier, daß meine Frau seit Jahren an einer schweren Nervenkrankheit litt, von der ich zunächst nichts wußte. Erst als unser ältester Sohn wegen eines endogenen Hautekzems behandelt wurde, machte mich der Hautarzt eines Tages darauf aufmerksam: „Merken Sie nicht, daß Ihre Frau schwer krank ist?“ Bestürzt las ich in dieser Zeit eine Menge medizinischer Bücher über endogene Hautkrankheiten und Nervenheilkunde. Leider wurde mir nur zu schnell bewußt, daß die Krankheit meiner Frau kaum heilbar war. Ich konnte sie daher erst dann nach Kiel bzw. Hamburg holen, wenn ich dort eine Arbeit und eine Wohnung hatte. Sie ganz allein in Ost-Berlin zu lassen, war aber auch nicht ratsam. So blieb nichts anderes übrig, als den jüngsten Sohn Matthias bei ihr zu lassen. Glücklicherweise gelang es, alle Familienmitglieder von meinen Absichten und Vorschlägen zu überzeugen.

So konnte ich denn am 14. Februar 1978 mit den Kindern Stefan und Kerstin in der Abteilung für Pass- und Ausländerwesen des DDR-Innenministeriums – denn für die DDR waren wir nun Ausländer – unsere Reisepapiere abholen. Ein besonders höflicher Polizeioberst übergab uns unsere „Identitätsbescheinigungen“ und kassierte dafür je 15 Mark der DDR. Auf den Bescheinigungen stand bei der Rubrik „Staatsangehörigkeit“: „BRD“. Ich konnte es nicht lassen und sagte: „Das ist falsch. Denn so etwas gibt es überhaupt nicht. Wir sind ‚deutsche Staatsangehörige‘.“ Der Oberst zog die Augenbrauen hoch: „Wollen Sie wieder anfangen?“ Offenbar hatte er davon gehört, daß ich bei den Gesprächen in Babelsberg darauf verwiesen hatte, daß ich kein Staatsbürger der DDR sei.

Auf die entsprechende Frage des Rektors hatte ich geantwortet: „Als ich 1956 in die DDR kam, gab es noch keine Staatsbürgerschaft der DDR, sondern nur die deutsche Staatsangehörigkeit. Das Gesetz über die Staatsbürgerschaft der DDR von 1967 bestimmt, daß Bürger der DDR ist, wer am 7. Oktober 1949 seinen Wohnsitz in der DDR hatte. Da aber war ich in der Sowjetunion. Ferner sieht das Gesetz vor, daß die Staatsbürgerschaft der DDR auch verliehen werden kann. Doch das ist bei mir nie geschehen.“ Wie ich später erfuhr, ist danach der Fachmann für Staatsangehörigkeit, Professor Riege in Jena, bemüht worden, sich zu meiner Erklärung zu äußern. Offenbar hatte er mich nicht widerlegen können.

Mein Sohn und meine Tochter wurden bei meinem Disput mit dem Polizeioberst unruhig: „Vater, laß das. Wir wollen raus und Schluß." Ich sah ein, daß sie Recht hatten. Außerdem hatte man ja auch mit dem Kürzel „BRD" meinen Standpunkt akzeptiert, wenn auch auf „DDR-Weise".

Vom Innenministerium schickte man uns in das „Haus des Reisens". Dort lagen gegen Mark der DDR – „obwohl Sie als Bundesbürger eigentlich in D-Mark bezahlen müßten" – die Fahrkarten bereit: dreimal 1. Klasse „ohne Rückfahrt".

Am Nachmittag fuhren wir nach Westberlin. Dort wartete Dr. von Eikke auf uns, der uns dann telefonisch bei Professor Löber ankündigte, der in Hamburg wohnte. Noch am selben Tag trafen wir in Hamburg ein.

Als erstes half Professor Löber uns finanziell über die Runden. Dann übergab er mir eine Liste von Personen und Institutionen – von Ministerpräsident Dr. Stoltenberg über das schleswig-holsteinische Kulturministerium bis hin zum Präsidium der Kieler Universität –, die darüber informiert waren, daß es sich bei mir nicht um eine normale Gastprofessur, sondern um einen endgültigen Wechsel an die Universität Kiel handeln würde. Schon am nächsten Tag reisten wir weiter nach Kiel, wo wir zunächst im Gästehaus der Universität untergebracht wurden. Ich begann nun mit meinen Vorlesungen.

Nach fast 22 Jahren verließ ich die DDR mit sehr unterschiedlichen Gefühlen. Meine persönliche Bilanz konnte sich durchaus sehen lassen. Ich hatte studiert, promoviert, hatte mich habilitiert, einen Lehrstuhl erhalten und ein Institut mit 40 Mitarbeitern aufgebaut, das anfing, sich auch international einen Namen zu machen. Meine zahlreichen Publikationen hatten in Fachkreisen – auch international – Anerkennung gefunden. Ich war Schiedsrichter in internationalen Wirtschaftsstreitigkeiten und Mitglied internationaler Organisationen wie der Internationalen Vereinigung für gewerblichen Rechtsschutz gewesen. Meine Kinder hatten, mit Ausnahme des jüngsten Sohnes, der noch zur Schule ging, einen Beruf erlernt und einen Arbeitsplatz gefunden. Meine Frau und der jüngste Sohn würden in Kürze nachkommen, daran gab es keinen Zweifel, und dies geschah auch. Ich hatte viele Freunde, aber auch Gegner gefunden.

Ganz anders waren meine Erfahrungen, Bilanzen und Perspektiven im Hinblick auf das politische und ökonomische System der DDR. Es mag ja stimmen, daß nie mehr als 30 Prozent der Bevölkerung das DDR-Regime unterstützten, wie der sowjetische Diplomat Valentin Falin behauptet.[90] Doch dies ändert nichts daran, daß Hunderttausende an die vorgegebenen Ideale einer neuen Gesellschaft glaubten und ihre Talente und Fähigkeiten für dieses Ziel einsetzten. Noch heute bekennen sich Schauspieler wie Katharina Thalbach oder die Schriftstellerin Christa Wolf dazu. Auch bestand immer wieder die Chance, durch eine entsprechende Politik eine ausreichende Mehrheit zu gewinnen. Doch diese Chance wurde ebenso oft immer wieder vertan. Vor der Geschichte haben die SED-Führer, vor allem unter Honecker, versagt und sich weder als willens noch als fähig zu einer revolutionären Tat erwiesen und damit all jene, die bereit gewesen waren, den auch von ihnen – jedenfalls in Worten – bejahten Idealen zu folgen, enttäuscht und verraten. Sieben Jahre nach meiner Ausreise gab es mit der Politik des neuen sowjetischen Generalsekretärs Gorbatschow noch einmal eine Chance, das Steuer herumzureißen.[91] Sie wurde erneut vertan.[92]

Wolfgang Seiffert
1944 als Matrose
auf Sylt

Meldung des „Neuen Deutschlands“ vom 7. Juni 1955 über die Verurteilung Angenforts und Seifferts

NEUES DEUTSCHLAND

ORGAN DES ZENTRALKOMITEES DER SOZIALISTISCHEN EINHEITSPARTEI DEUTSCHLANDS

Berliner Ausgabe „Vorwärts“

10. (66.) Jahrgang / Nr. 130 / Einzelpreis 15 Pf

Helden des deutschen Freiheitskampfes

Jupp Angenfort — Wolfgang Seiffert

Empörung in ganz Deutschland

Die F[illegible]erung in Ost und West: Heraus mit Jupp Angenfort und Wolfgang Seiffert aus Ade[illegible]ers Kerkern! / Jugend setzt den Kampf im Geiste der verurteilten Patrioten fort

Berlin/D[illegible]sseldorf (Eig. Ber./ADN). Der Karlsruher Urteilsspruch [illegible]n Jupp Angenfort und Wolfgang Seiffert, dieses politische [illegible]urteil zur Vergewaltigung aller patriotischen Kräfte in [illegible]stdeutschland, hat die deutsche Öffentlichkeit alarmiert. [illegible]dlich erhält die Redaktion des „Neuen Deutschland“ Mitte[illegible]g über Protestbriefe aus den Reihen der Bevölkerung der [illegible]mit der Forderung: Freiheit für die verurteilten Patrioten! [illegible]chreiben aus den Bezirksredaktionen berichten von der Empörur[illegible]er den Arbeitern und besonders unter den jungen Menschen de[illegible]publik über dieses Verbrechen. In Westdeutschland haben Betriebsgruppen der KPD erste Protestschritte eingeleitet. Die Arbeiter und Angestellten verschiedener Betriebe wandten sich direkt an Jupp Angenfort.

Ein Beispiel dafür, daß die Jugend Westdeutschlands ihren Kampf für die friedliche deutsche Wiedervereinigung im Geiste der beiden verurteilten Patrioten fortsetzt, gaben 300 Vertreter der Jugend Nordrhein-Westfalens auf einer Konferenz in Herne. (Einzelheiten über diese Tagung siehe Seite 2.) Der Zentralrat der FDJ hat die gesamte deutsche Jugend aufgerufen, gegen das Verbrechen von Karlsruhe zu protestieren.

In einem [illegible]reiben an den Bundesgerichts[illegible] in Karlsruhe protestieren d[illegible] Mitglieder der KPD-Betriebsg[illegible]ppen von Daimler-Benz und der [illegible]torenwerke Mannheim AG g[illegible] das Schandurteil im Prozeß g[illegible] Jupp Angenfort und Wolfgang Se[illegible]t. „Wir sehen darin den Versuch, [illegible] friedliebenden Kräfte Wes[illegible]schlands einzuschüchtern u[illegible] friedliche Wiedervereinigung [illegible]eutschlands unmöglich zu m[illegible]n“, heißt es in dem Schreib[illegible] [illegible]ie Arbeiter [illegible] aus Suhl übermittelte der Redaktion folgende persönliche Stellungnahme: „Über das Terrorurteil gegen die Sprecher der westdeutschen Jugend, Jupp Angenfort und Wolfgang Seiffert, bin ich tief empört. Alle meine Kräfte will ich einsetzen und durch meine Arbeit dazu beitragen, daß alle Jugendlichen in Deutschland erkennen, wohin die Politik Adenauers und seiner Helfer führt. Durch den Briefverkehr mit zwei westdeutschen Freunden werde ich ihnen in ihrem schweren Kampf helfen.“

So mutig wie Jupp Angenfort und Wolfgang Seiffert kämpfen!

Berlin (ADN/Eig. Ber.). Der Zentralrat der FDJ hat die Jugend ganz Deutschlands aufgerufen, sich dem Protest seiner 3,5 Millionen Mitglieder gegen das Verbrechen von Karlsruhe anzuschließen und [illegible] dern mutig den Kampf für das einheitliche, friedliebende, demokratische und unabhängige Deutschland weiterführen.“

„An die Mitglieder der Freien Deutschen Jugend richten wir den Ruf, so mutig und entschlossen wie Jupp Angenfort und Wolfgang Seiffert für die Interessen des deutschen Volkes und der deutschen Jugend zu kämpfen und alle Maßnahmen zu unterstützen, die der Stärkung und Festigung des ersten [illegible]

Begrüßung vor dem Kino Babylon durch Karl Namokel, 1. Sekretär der FDJ der DDR, März 1956

Internationales Sommerlager, Müritz, 1956; Wolfgang Seiffert (rechts außen), Werner Lamberz (6. von rechts), rechts von Lamberz: Inge Lange (FDJ-Funktionärin; später Abgeordnete der Volkskammer der DDR), Lena Bogomolowa (Komsomol Moskau), eine Dolmetscherin, links von Lamberz: N. A. Michailow (Vorsitzender des Komsomol)

Wolfgang Seiffert mit seiner Frau vor dem „Haus am Döllnsee“ beim Pilzeputzen, 1957

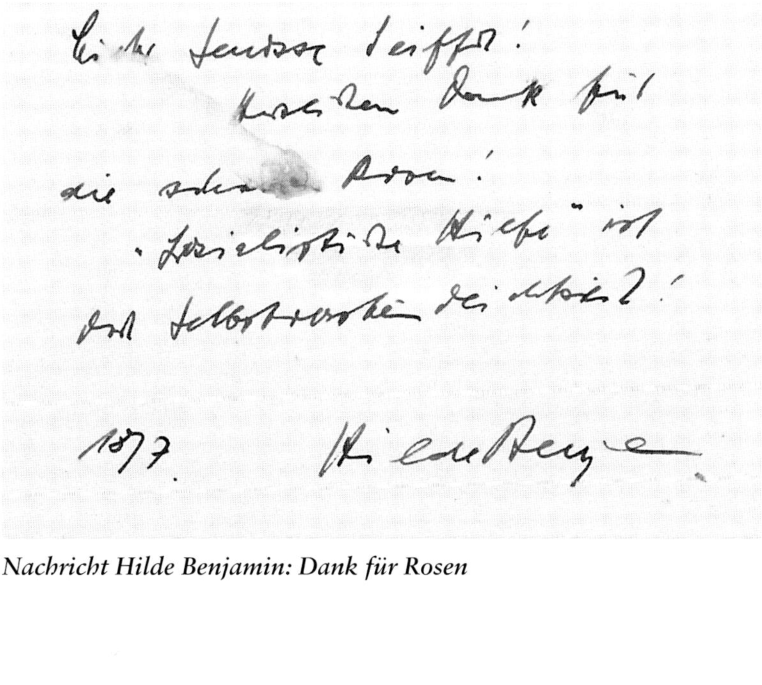

Liebe Genossin Seiffert!
Herzlichen Dank für
die schönen Rosen!
„Sozialistische Hilfe“ ist
doch selbstverständlich!

1977. Hilde Benjamin

Nachricht Hilde Benjamin: Dank für Rosen

Urlaub mit der Familie am Döllnsee (Bild rechts und Mitte)

VEB Kali- und Steinsalzbergwerg Deutschland, Schachtanlage Teutschenthal, 1956: Begrüßung nach der Flucht

VEB HAUS- UND GRUNDBESITZ
Rat der Stadt Leipzig
(Bei Antwort angeben)

beantw. 31.7.56

An
Wolfgang Seiffert
Freie Deutsche Jugend Zentralrat

Berlin

Fernruf: 534 51
Bankkonto:
Deutsch
Postscheckkon

5.7.1956

LEIPZIG N
Springerstraße 17

Ihr Zeichen | Ihre Nachricht vom | Hausruf | Unsere Zeichen

Kinderferienlager
„Wolfgang Seiffert"
Lübschütz
des VEB Haus- und Grundbesitz Leipzig

Lieber Wolfgang!

Auch in diesem Jahr haben wir wieder unser Ferienlager
Lübschützer Teichen, welches Deinen Namen trägt, am 2.
mit der ersten Belegung eröffnet. Durch die aktive, fr
Arbeit unserer Eltern ist unser Ferienlager in diesem
bedeutend schöner und gemütlicher geworden. Wenn auch
Wetter es mit uns noch nicht so gut gemeint hat, so hab
in den ersten Tagen unserer Ferien schon schöne Stunden
wir waren in der schöngelegenen Gegend spazieren und k
schon einmal baden gehen.
Lieber Wolfgang, wie Dir bekannt ist, trägt unser Ferie
Namen. Wir bitten Dich deshalb, uns von Dir ein schönes
schicken, welches wir in unserem Ferienlager anbringen können.
In der Hoffnung, daß Du unseren kleinen Wunsch erfüllst, grüßen
wir Mädels und Jungens Dich recht herzlichst aus unserem Ferienlager an den Lübschützer Teichen.

In Freundschaft

Helga Grötzebauch Gruppenrat
Rudolf Müller Gruppenrat
Barbara Fahr Gruppenrat
Steffi Weinhold Gruppenrat
Wolfgang Zein Gruppenrat

Jugendherbergen und andere Einrichtungen in der DDR auf den Namen „Wolfgang Seiffert"

Gründung der Fa. Sogemar N. V. 1976 in Antwerpen: Freitag – Direktor Deutsche Seereederei, Neunkirchen (damals Generaldirektor DSR, früher Chef der Volksmarine), Dr. Hirsch – Limex, Dr. Wagner – Vertreter der DDR bei Sogemar N. V., unbekannt, Minister Haan (v. r. n. l.)

Treffen führender Juristen der RGW-Länder in Leipzig, 2.–6. April 1974; Professor Dr. O. Kunz – Prag, Prof. Dr. Stalev – Sofia, eine technische Mitarbeiterin, Dr. Klaus Meihnert – Abteilung RGW des Ministerrates der DDR, später Leiter der Rechtsabteilung des Ministerrates der DDR, Prof. Dr. E. T. Usenkov – Moskau, Dr. A. Henselmann – DDR, Prof. Dr. Sujaren – Ulan-Bator, eine Dolmetscherin, Prof. Harmaty – Budapest, Prof. Dr. Seiffert – damals ohne Bart, Prof. Dr. de Fiumel – Warschau, Prof. Dr. Bianchi – Preßburg, Dr. Rüster – DDR (v. l. n. r.)

DER VORSITZENDE DES STAATSRATES
DER
DEUTSCHEN DEMOKRATISCHEN REPUBLIK
VERLEIHT

Prof. Dr. sc.

WOLFGANG SEIFFERT

DEN

VATERLÄNDISCHEN VERDIENSTORDEN
IN BRONZE

IN ANERKENNUNG BESONDERER
VERDIENSTE BEIM AUFBAU UND BEI DER
ENTWICKLUNG DER SOZIALISTISCHEN
GESELLSCHAFTSORDNUNG UND DER STÄRKUNG
DER DEUTSCHEN DEMOKRATISCHEN REPUBLIK

BERLIN, DEN 7. OKTOBER 1977

Verleihungsurkunde des „Vaterländischen Verdienstordens in Bronze" der DDR an Prof. Dr. Wolfgang Seiffert, 7. Oktober 1977

Verleihung des „Vaterländischen Verdienstordens"; im Bild mit Horst Sindermann, von 1976–1989 Präsident der Volkskammer der DDR

Zentrum für russisch-deutsche Zusammenarbeit beim Institut für Staat und Recht der Russischen Akademie der Wissenschaften in Moskau: Hier lehrte Seiffert von 1994–2001.

Helmut Schmidt (links) und Erich Honecker bei einem Sparziergang im Park des Gästehauses des Staatsrates am Döllnsee, 11. Dezember 1982

„Frankfurter Forum '87": Bukovsky, Pelikan, Voslensky, Seiffert (v. l. n. r.)

Vorträge bei der Bundeswehr (1983)

Arbeitskreis ehemaliger DDR-Akademiker, in der Mitte: Prof. Loeser (Tagung 1982)

Wissenschaftliches Symposium „Die Verfassungsfrage in den Transformationsstaaten" (Kiel 1994); v. r. n. l.: Prof. Meissner (3. von rechts), Botschafter Dr. Bleck, Prof. Wolfrum, Prof. Schmidt-Jortzig, Prof. Kim (Südkorea)

Russische Studenten von Professor Seiffert bei Prüfungen, Dezember 1997

HAMBURG

Die Bundesrepublik Deutschland einschließlich der Millionenstadt Hamburg hatte ich in den letzten Jahren durch verschiedene Besuche aus Anlaß von wissenschaftlichen Veranstaltungen und bei Verhandlungen mit kommerziellen Partnern der DDR schon oft wiedergesehen. Doch ist es etwas anderes, sich nun wieder in diesem Teil Deutschlands niederzulassen, Wohnung zu nehmen, hier zu arbeiten und mit der eigenen Familie hier zu leben. Aus vielerlei Gründen nahmen wir die erste und auch die zweite Wohnung in Hamburg, obwohl mein Arbeitsplatz nun in Kiel lag. Schließlich blieben wir dann ständig in Hamburg. Nach Kiel war es mit der Bahn nicht sehr weit, und unsere Kinder fanden bald in Hamburg ihren jeweiligen Arbeitsplatz.

Schon nach wenigen Monaten lud mich Konrad Zweigert in sein Haus, ein reetgedecktes, umgebautes Bauernhaus, nach Holm bei Wedel in Schleswig-Holstein ein. Hier wohnten noch sechs der neun Kinder des bekannten Direktors des Hamburger Max-Planck-Instituts für Ausländisches und Internationales Privatrecht mit den Eltern. Die Bauern im Dorf unkten: „Der Professor hat aus Pferdeställen Kinderzimmer gemacht."

Die Eltern pflegten hier vor allem ihre künstlerischen Interessen: Ehefrau Irmgard malte und modellierte, und der Hausherr setzte sich gern an die Hausorgel. Von mir wollte Zweigert vor allem wissen, was mir an diesem Teil Deutschlands besonders auffiele. Mit der Antwort war ich schnell bei der Hand, denn eben darüber hatte ich schon nachgedacht: „Erstens ist das Land demokratischer als 1956, als ich es in Richtung DDR verließ. Politische Äußerungen, für die man damals Gefahr lief, einen Prozeß an den Hals zu bekommen, reizen heute niemanden mehr auch nur zum Widerspruch. Gleichzeitig scheint mir aber alles viel kapitalistischer zu sein als damals. Jeder denkt hier in der Kategorie ‚Was kostet das?'. Sie haben mir zum Beispiel gerade von Ihrem letzten Urlaub erzählt. Dabei haben Sie mehrmals erwähnt, daß das finanziell sehr günstig war, jedenfalls günstiger als im Vorjahr!"

Kein Kollege in der DDR hätte bei seinem Urlaubsbericht auch nur erwähnt, was er dafür bezahlt hatte. Bei einem Urlaub war einfach wichtig, ob er interessant bzw. erholsam gewesen war, ob man gute Bekannte getroffen hatte oder ähnliches. Und damit hatte es sich dann auch.

Konrad Zweigert war einer jener Richter am Bundesverfassungsgericht gewesen, das 1956 die KPD verboten hatte. Mir erläuterte er mehrmals, warum dies damals „notwendig“ gewesen war. Gleichzeitig betonte er, das Verbot würde bei einer Wiedervereinigung, auf die er fest hoffe, natürlich wieder aufgehoben.

Als einige Zeit später auch unser jüngster Sohn Matthias nach Hamburg kam und hier in die Schule ging, fragte ich ihn, was hier in der Schule im Vergleich zur DDR anders sei. Die Antwort kam, ohne daß er zögerte: „Da gibt es zwei Unterschiede: Erstens, was wir hier in der Klasse an Unterrichtsstoff haben, hatten wir in der DDR schon im Jahr davor. Zweitens: Hier im Unterricht gibt es keinerlei Politik.“

Was unser Sohn Matthias an politischer Abstinenz in der Schule erfuhr, spürte ich bald auf einer „höheren Ebene“. Nachdem ich in Kiel mit meinen Vorlesungen an der Universität begonnen hatte, wollte ich mich ganz auf meine wissenschaftliche Arbeit konzentrieren. Insbesondere glaubte ich, daß es unnötig sei, sich für das Ziel der Wiedergewinnung der deutschen Einheit zu engagieren. Dies stand ja in der Präambel des Grundgesetzes, auf das Beamte wie Soldaten vereidigt wurden; das war das übergeordnete Ziel aller Politik. Weshalb also sollte ich hier aktiv werden?

Doch dann kam eine Einladung der Katholischen Akademie in Schwerte. Man wolle in einer Tagung über die Zukunft Berlins diskutieren, und ich sei besonders willkommen, weil ich doch nun Jahre in der DDR verbracht hätte. Mit diesem Erlebnis änderte sich alles.

Referent war ein Vertreter des Gesamtdeutschen Ministeriums (Dr. Karl-Heinrich Mahnke), und ich traute meinen Augen und Ohren nicht, als dieser meinte, West-Berlin würde bald an die DDR fallen und ganz Berlin so zur Hauptstadt der DDR werden. Als Grund nannte er, daß die Aufrechterhaltung West-Berlins auf Dauer nicht zu finanzieren sei. Ich konnte nicht an mich halten und bat darum, er solle doch noch einmal sagen, von welchem Ministerium er sei, vielleicht käme er ja vom Ministerium für Staatssicherheit der DDR? Der Eklat war da.

Ich wies die Thesen des Herrn aus Bonn zurück und hielt dagegen, daß die Deutschen eine Nation seien, ein Selbstbestimmungsrecht hätten und, wenn wir nur wollten, wir alle noch die Wiedervereinigung erleben würden.[93] Der Herr gehörte übrigens als Völkerrechtler zur westdeutschen Verhandlungsdelegation, die den Grundlagenvertrag mit der DDR ausgehandelt hatte.

Das Erlebnis hatte mich tief betroffen gemacht, und ich spürte, wie anational in diesem Lande bis in die Spitzen der politischen Elite hinein gedacht wurde. Von da an wurde mein Engagement für die deutsche Einheit neben meiner wissenschaftlichen Arbeit an der Kieler Universität zu einem untrennbaren Bestandteil meiner Tätigkeit. Es war nicht zuletzt dieses Engagement, das mich bald in der deutschen Öffentlichkeit bekannt gemacht hat und mir viele Einladungen zu Vorträgen, Diskussionen und Interviews einbrachte. Die Voraussetzungen für dieses Bekanntwerden hatte vor allem das Hamburger Magazin „Der Spiegel“ geschaffen, der Anfang 1978 in drei Ausgaben über meinen Weg in die DDR und wieder zurück berichtet hatte.[94]

Zunächst brachten solche Diskussionen viele Enttäuschungen. Am tiefsten traf es mich, daß in der „linken Szene“ so gut wie kein Verständnis für die deutsche Frage vorhanden war. Zwar erhielt ich auch von der Universität Bremen, die damals als „linke Kaderschmiede“ galt, Einladungen zu Vorlesungen über die DDR, Osteuropa und zu dem dort nicht vertretenen Patent- und Urheberrecht. Doch Diskussionen mit dortigen Kollegen über die deutsche Einheit blieben fruchtlos. Selbst über die vergangenen Auseinandersetzungen über die Remilitarisierung in den 1950er Jahren wußten sie so gut wie nichts und wollten auch nichts wissen.

Anfang der 1980er Jahre begann sich die Situation zu ändern. Damals bestand noch das „Gesamtdeutsche Institut“, das sich der Aufklärung über die DDR widmete. Dessen Präsident, Detlef Kühn, vertrat stets offen das Ziel der deutschen Vereinigung. Nachdem ich ihn kennengelernt hatte, entwickelte sich bald eine Verbundenheit, nicht zuletzt aufgrund gemeinsamer Auffassungen, die wir hatten. Im Rahmen des Instituts hielt ich eine Vielzahl von Vorträgen und Seminaren.

Hinzu kam die Bekanntschaft mit anderen Gleichgesinnten. Es war Wolfgang Venohr, der die Idee hatte, einen Sammelband von neun profilierten Journalisten, Historikern und Wissenschaftlern zur Frage der deutschen Einheit herauszubringen. Zu ihnen gehörten unter anderem Professor Schweißfurth und Dr. Peter Brandt, ein Sohn des SPD-Vorsitzenden Willy Brandt. Das Buch unter dem provozierenden Titel „Die deutsche Einheit kommt bestimmt“[95] erregte Aufsehen, und der damalige Präsident des Bundestages, Richard von Weizsäcker, hielt es den Angeordneten als Mahnung vor Augen. Im Jahr darauf erhielt ich die überraschende Einladung, bei der Zentralen Feier der SPD zum 17. Juni im Rathaus Spandau in Berlin neben Willy Brandt ein Referat zu halten. Der SPD-Bundestagsabgeordnete Professor Gerhard Heimann fragte an: „Wäre es Ihnen möglich, [...] kritische Fragen zur deutsch-deutschen Dimension der Entspannungspolitik und des 17. Juni zu entwickeln?“ Warum sollte ich nicht? Ich hielt es aber für sinnvoll, mich mit Peter Brandt, dem mir schon bekannten Sohn Willy Brandts, zu beraten. Dieser war sofort dazu bereit und gab mir wertvolle Hinweise, die sich dann auch bezahlt machen sollten.

Der Saal im Spandauer Rathaus war überfüllt, wie es bei einer Rede des populären sozialdemokratischen Politikers nur normal war. Für mich war ein Platz in der ersten Reihe freigehalten worden, daneben sollte Willy Brandt sitzen, der aber erst mit Verspätung eintraf. Er begrüßte mich freundlich und erhielt von einem älteren Herrn eine Taschenuhr. Brandt erläuterte mir, daß es sich um die Uhr von August Bebel handelte: „Der alte Genosse ist der einzige Uhrmacher, der dieses Modell noch reparieren kann." Dann meinte er schnell: „Das Beste wird es sein, wenn Sie zuerst sprechen und dann ich." Ich erwiderte „Einverstanden. Auch wenn Sie so auf mich antworten können, aber ich nicht auf Sie", und ging zum Rednerpult. An der Wand hing ein Transparent mit der Aufschrift „Zeit zum Umdenken". Ich griff die Losung auf: „Bevor man umdenkt, muß man nachdenken. Ich hoffe, ich rege Sie mit meinen Worten zum Nachdenken an."

Als Brandt an mir vorbei zum Rednerpult ging, murmelte er: „Sie sind aber auch nicht ohne." Sohn Peter schrieb mir später: „Ich bin sehr froh, wie gut die Operation, deren Urheberschaft prompt mir angedichtet wurde, gelungen ist. Ich möchte Ihnen berichten, daß mein Vater Ihre Rede ebenfalls sehr positiv aufgenommen hat."

Schon ein paar Monate zuvor hatte der Deutschlandfunk zu einer Diskussion unter dem Thema „Die Nation – eine deutsche Frage?" eingeladen, und Bernhard Wördehoff begann die Runde mit der Eröffnung: „Die Diskussion über Nation und deutsche Frage ist neu aufgebrochen." Peter Bender, Sebastian Haffner, Andreas Hillgruber, Hermann Weber, Hans-Ulrich Wehler und ich diskutierten ziemlich kontrovers. Hermann Weber verstand das Problem vor allem als Folge des von Hitler begonnenen Kriegs, Haffner meinte, der deutsche Nationalismus sei 1945 zusammengebrochen. Hillgruber resümierte, daß die nationalen Kräfte extrem links und extrem rechts zu schwach seien, aber man sie durchaus ernstnehmen müsse, und die demokratischen Kräfte in der Mitte sich von der nationalen Aufgabe nicht zurückziehen dürften. Peter Bender gab vor allem zu bedenken, daß bei jeder (westdeutschen) Politik die DDR „immer außen vor" bleibe. Hans-Ulrich Wehler bekannte sich offen zur immerwährenden Eigenstaatlichkeit der Bundesrepublik, lehnte also eine Wiedervereinigung ab.[96] Ein Standpunkt, von dem er sich im übrigen nach der Wiedervereinigung ausdrücklich distanziert hat.

Das Jahr 1982 brachte noch ein weiteres interessantes Gespräch mit dem „Hambacher Disput", der von dem damaligen Ministerpräsidenten von Rheinland-Pfalz, Dr. Bernhard Vogel, sowie Dr. Guido Knopp eröffnet wurde. Wieder diskutierten wir, diesmal Klaus Harpprecht, Professor Menudier (Paris), Professor Dr. Hans Mommsen, Dr. Wolfgang Venohr und ich, über die „Nation Deutschland". Wieder waren die Standpunkte kontrovers und die Befürworter der Einheit, nämlich Venohr und ich, in der Minderheit. Niemand von den Teilnehmern hätte damals wohl geglaubt, daß jener Dr. Bernhard Vogel, der die Tagung eröffnete, kaum

15 Jahre später Ministerpräsident von Thüringen sein würde. Seine damaligen Worte jedenfalls deuteten eher auf Gegenteiliges hin.

Zu einem Eklat kam es bei einer öffentlichen Veranstaltung des Landeskuratoriums „Unteilbares Deutschland“ in Kiel. Als ich in meinem Referat die Memoiren eines bekannten sozialdemokratischen Politikers zitierte (ohne zunächst seinen Namen zu nennen), aus denen sich ergab, daß die SPD es Hitler in der Weimarer Republik mit ihrer Ablehnung des Nationalen leicht gemacht hatte, drohte die SPD, den Saal zu verlassen. Doch ich verwies darauf, daß ich nur den preußischen Ministerpräsidenten Otto Braun (SPD) zitiert hatte. Der Vertreter der evangelischen Kirche rettete die Situation, indem er nach einer Pause mitteilte, der Referent hätte nur darauf hinweisen wollen, wie leicht man Fehler machen könne, habe aber der SPD nicht Schützenhilfe für Hitler vorwerfen wollen.

Größere Wellen schlug der Streit um die „Anerkennung der Staatsangehörigkeit der DDR“.

Immer wieder war zu hören, und zwar von den unterschiedlichsten Politikern aller Parteien, man werde nicht darum herumkommen, die Staatsangehörigkeit der DDR auch durch die Bundesrepublik anzuerkennen. Aus Informationen, die ich in der Juristischen Fakultät der Kieler Universität erhalten hatte, ging hervor, daß die Regierung in Bonn kurz davor war, einen derartigen Schritt offiziell zu unternehmen, weil die Regierung der DDR immer wieder darauf drängte. Selbst der offizielle Vertreter der Bundesregierung in Ost-Berlin, nämlich Günther Gaus, hatte Honecker gegenüber schon angedeutet, die Anerkennung der Staatsangehörigkeit der DDR werde kommen, man müsse nur Geduld haben.

Mir war klar, was ein solcher Schritt bedeuten würde: Das letzte staatliche Band, das jeden Deutschen in der DDR noch mit den Deutschen in der Bundesrepublik verband, und das zumindest dann wirksam wurde, wenn der DDR-Bürger ins Rentenalter kam, wäre damit dahin gewesen. Sogenannte „Republikflüchtlinge“ müßte die Bundesrepublik dann zurückschicken. Bundesrepublik und DDR wären in der Folge zwei eigenständige Staaten mit jeweils eigener Staatsangehörigkeit. Ihre Vereinigung hinge allein von der Zustimmung der SED-Führung ab und wäre damit für lange Zeit ausgeschlossen. Die Frage „Anerkennung der Staatsangehörigkeit der DDR – Ja oder Nein?“ war also eine Schlüsselfrage der deutschen Einheit.

Entschlossen setzte ich mich hin und schrieb einen längeren Artikel, der dann unter der Schlagzeile „Deutsche“ und „DDR-Bürger“ im „Deutschland Archiv“[97] erschien. Darin erläuterte ich, daß man wohl eine Respektierung der DDR-Staatsangehörigkeit vornehmen könne und dies ja auch praktisch geschehe. Doch eine Anerkennung sei juristisch wie praktisch auszuschließen. Käme ein junger Mann aus Leipzig zu seiner Mutter nach

München zu Besuch und wolle danach in die DDR zurückreisen, so stünde ihm das natürlich frei. Er würde hier nicht zur Bundeswehr eingezogen und seine DDR-Staatsangehörigkeit respektiert. Bei einer Anerkennung der DDR-Staatsangehörigkeit müßten die bundesdeutschen Behörden, auch gegen dessen Willen, den jungen Mann in die DDR zurückschikken. Dies sei mit dem Grundgesetz nicht vereinbar. Man kann sich leicht ausmalen, was das für die spätere Fluchtwelle von DDR-Bürgern über Ungarn, Österreich und die ČSSR bedeutet hätte.

Das Echo dieses Artikels war erstaunlich. Professor Dr. Kewenig, der Direktor des Kieler Instituts für Internationales Recht, in dem ich damals arbeitete, berief eine Institutssitzung zum Thema der Staatsangehörigkeit ein. Ich durfte meine Thesen vortragen und fand Zustimmung. Professor Dr. Dellbrück bemerkte spitz, er habe schon nicht mehr geglaubt, daß man in „diese Richtung" diskutieren könnte. Professor Fiedler stimmte mir voll zu. Später erfuhr ich, daß Professor Dr. Ulrich Scheuner (Bonn, damals so etwas wie der „Doyen der Staatsrechtswissenschaft") eine Tagung vorbereitete, in der eine Anerkennung der Staatsangehörigkeit diskutiert und ein derartiger Schritt dann der Bundesregierung vorgeschlagen werden sollte (zu dieser Tagung, die dann unter ganz anderem Duktus stattfand, wurde ich von Professor Scheuner ausdrücklich eingeladen). Die DDR reagierte erst spät. Zunächst erschien in der SED-Zeitung „Neues Deutschland" ein weitgehend zustimmender Artikel aus der Feder des Vorsitzenden des Verfassungsausschusses der DDR-Volkskammer, Wolfgang Weichelt.[98] Schon wenige Tage später wurde er korrigiert. In der Berliner Tageszeitung „Die Welt" bewertete Professor Dr. Rupert Scholz (MdB) meine Thesen als legitimen Weg, um aus dem Dilemma herauszukommen. Das Wichtigste aber war, daß Bonn die Pläne zu einer Anerkennung der Staatsangehörigkeit aufgab. Professor Dr. Scheuner plädierte im „Europa-Archiv" dafür, daß man „mit dem Problem leben müsse, solange die Teilung anhalte"; er zitierte in seinem Artikel mehrmals meinen Beitrag.[99] Das Pikante an der Angelegenheit war, daß ich mich bei meinem Artikel auf ein Gutachten stützte, das ich noch in der DDR für das dortige Außenministerium angefertigt hatte und in dem ich zu dem Schluß gekommen war, die Regierung der Bundesrepublik könne eine solche Anerkennung auch dann nicht vornehmen, wenn die DKP den Bundeskanzler stellen würde, weil sie damit verfassungswidrig handeln würde. Die Vertreter der Bundesregierung haben dann meinen Artikel bei den Verhandlungen über ein Rechtshilfeabkommen der DDR-Seite überreicht.

Die DDR ließ so viel deutschlandpolitische Aktivität meinerseits nicht ruhen und erkannte mir kurzer Hand den Professorentitel ab.[100] Das Verdikt hatte wenig Wirkung. Einmal wiesen Kollegen aus verschiedenen juristischen Fakultäten der Bundesrepublik darauf hin, daß ein solcher Verwaltungsakt der DDR wegen des Verstoßes gegen den „ordre public"[101] in der Bundesrepublik keine Wirkung entfalten könnte. Zum anderen erreichte der Dekan der juristischen Fakultät der Kieler Universität, Professor Dr. Dr. Franz Jürgen Säcker, daß die Landesregierung Schleswig-Holstein mir den Titel „außerplanmäßiger Professor" verlieh. Die Wirkung dieses DDR-Verwaltungsakts wurde schließlich völlig irrelevant, als die DDR mehreren gemaßregelten Staats- und Rechtswissenschaftlern ihre akademischen Titel wieder zuerkannte und sich bei den Betroffenen „für ihre erlittene Unbill und unrechtmäßig ergangene Entscheidungen entschuldigte". Mit dieser Entscheidung wurde mir der Professorentitel rückwirkend wieder zuerkannt.[102] In der Sitzung der Juristischen Fakultät der Universität in Kiel erntete meine mündliche Anfrage danach, ob ich mich jetzt „Prof. Prof." nennen solle, lautes Gelächter.

Trotz mancher Erfolge meiner deutschlandpolitischen Aktivitäten erlebte ich immer wieder traurige Beispiele anationaler politischer Spiele. So kam es zum Krach mit dem SPD-Bundestagsabgeordneten Jürgen Schmude, der auch in der Evangelischen Kirche eine Rolle spielte. Er hatte öffentlich über eine Streichung oder doch wenigstens Änderung der Präambel des Grundgesetzes „nachgedacht", und ich widersprach ihm ebenso öffentlich und in einem Kommentar in dem Magazin „Die Bunte" vom 5. Juni 1985. Doch Schmude war nicht der einzige, der in dieser Zeit derartige Ansichten vertrat. Otto Schily, damals Bundestagsabgeordneter der Grünen, bezweifelte, ob es die beste Situation sei, wenn alle Deutschen unter einem staatlichen Dach versammelt würden.[103] Solche Äußerungen gab es damals viele. Jens Hacker hat sie nach der Wiedervereinigung in seinem Buch „Deutsche Irrtümer" zusammengetragen.[104]

Diese und andere deutschlandpolitischen Aktivitäten (ich schrieb zum Beispiel regelmäßig Kommentare zur Entwicklung in der DDR und der deutsch-deutschen Beziehungen, vorwiegend im „Spiegel") hinderten mich nicht daran, mich neben meiner Vorlesungstätigkeit weiter der wissenschaftlichen Forschung zu widmen, und zwar auf jenem Gebiet, mit dem ich schon in der DDR befaßt war, nämlich der „Funktion rechtlicher Regelung ökonomischer Integrationsprozesse" (hier im Rahmen des Rates für Gegenseitige Wirtschaftshilfe [RGW]). Der Direktor des Instituts für Internationales Recht, Professor Dr. Wilhelm A. Kewenig, hatte bei der Stiftung Volkswagenwerk die Finanzierung eines entsprechenden Forschungsprojektes erreicht und die Durchführung mir übertragen.

Schon im Januar 1982 konnte dann mein Buch „Das Rechtssystem des RGW" erscheinen und etwas später der Dokumentenband „Integration im RGW (Comecon) – Dokumente".[105] Die Publikation fand in Fachkreisen Anerkennung und wurde in Lehrbüchern zum Völkerrecht regelmäßig als Literatur angegeben. Das Interesse an der Thematik und die aufkommende Krise in der osteuropäischen Integrationsgemeinschaft veranlaßten mich schon 1983, eine weitere, diesmal politisch-ökonomische Arbeit mit dem Titel „Kann der Ostblock überleben? Der Comecon und die Krise des sozialistischen Wirtschaftssystems" vorzulegen.[106] Bei der Vorstellung des Buches in Bonn, zusammen mit Dr. Vogel vom Bundesinstitut für Ostwissenschaftliche Studien, Dr. von Eicke und anderen, war auch ein Vertreter des Moskauer Instituts für internationale Beziehungen anwesend. Er meinte trocken, der Ostblock werde schon überleben. Kurze Zeit danach wurde er Gebietschef von Kamtschatka und wehrte sich verzweifelt gegen Zugeständnisse der sowjetischen Führung an Japan.

Meine Publikationen zu den Integrationsprozessen in Osteuropa brachten mir auch eine Einladung in die USA. Die dortige „Slawische Gesellschaft" lud mich ein, auf ihrem Jahreskongreß in Portland/Oregon einen Vortrag zum Thema „Entscheidungsmechanismus im Comecon" zu halten. Das Thema war für mich natürlich kein Problem, und nachdem die Deutsche Forschungsgemeinschaft (DFG) die Finanzierung übernommen hatte, sagte ich zu. Amerika, genauer: die Vereinigten Staaten von Amerika (USA), das lockte mich doch sehr. Aus irgendeinem Grund ging es erst nach Seattle und dann von dort mit dem Bus nach Portland. In Seattle überraschten mich die vielen Holzhäuser in einer Stadt, die 1962 die Weltausstellung beherbergt hatte. Natürlich hatte die Stadt auch ihr modernes Zentrum.

Bei einer Dozentin der Universität lernte ich zum ersten Mal einen Computer kennen, es war immerhin 1984, und ich war begeistert. Er ersparte beim Manuskriptschreiben die sonst so unangenehmen und zeitraubenden Schreibarbeiten, wenn man etwas nachtragen oder eine Fußnote ergänzen wollte. Der Computer machte das mit dem entsprechenden Programm von selbst. In Deutschland wurden Computer und Laptops erst einige Jahre später zum alltäglichen Handwerkszeug. So wurde mir an einem praktischen Beispiel demonstriert, wie die USA den Europäern immer ein wenig voraus sind. Überhaupt merkte ich bei diesem und zwei weiteren USA-Besuchen, daß die USA doch sehr viel anders sind, als ich mir das vorgestellt hatte. Anders auch, als ich es in manchen Büchern über die USA gelesen hatte, und zwar in kritischen wie auch in wohlwollenden.

Zunächst aber ging es mit einem Bus des amerikanischen Busunternehmens „Greyhound" nach Portland. An der Grenze zwischen dem Staat Washington und Oregon hielt der Bus, und der Fahrer verkündete den Grenzwechsel, indem er darauf hinwies, das ab jetzt die Gesetze des Staates Oregon gelten würden und sich die Fahrgäste an dessen Gesetze und seine Anweisungen zu halten hätten.

In Portland gab es ein kleines Problem. Da hier die Konferenz der „Slawischen Gesellschaft“ der USA stattfand, hatte ich angenommen, ich könnte meinen Vortrag auf Russisch halten. Doch davon wollte man nichts wissen, sondern verlangte, daß der Vortrag auf Englisch gehalten würde. Glücklicherweise hatte ich auch eine Fassung in Englisch dabei. Meine englischen Schulkenntnisse reichten aber nicht für die anschließende Diskussion, und im Präsidium der Veranstaltung half mir eine Mitarbeiterin der Friedrich-Ebert-Stiftung. Doch im Publikum fand eine Dame die Übersetzung nicht so gut. Sie verwies darauf, daß die Übersetzerin zwar gut Englisch spräche, aber offenbar von der von mir behandelten Thematik keine Ahnung hätte. Sie bot sich an, Übersetzungsdienste zu leisten. Das alles sagte sie in bestem Deutsch. Ich konnte mir keine idealere Übersetzerin wünschen. Außerdem war mir die Zuhörerin schon zuvor aufgefallen. Sie war ohne Zweifel eine sehr hübsche Person, und irgendwie hatte ich das Gefühl, sie müsse auch eine interessante Persönlichkeit sein. Beim anschließenden Mittagessen stellte sich heraus, daß sie Suzan Heuman hieß und Dozentin an der New Yorker Columbia-Universität war. Sie hatte Slawistik, Geschichte, Politikwissenschaft und ein paar Semester Jura in Genf studiert und über den Comecon gearbeitet. Sie sprach auch gut Russisch. Auf meine Frage, woher sie so gut Deutsch könne, antwortete sie: „Meine Mutter ist eine deutsche Jüdin aus Breslau, mein Vater ein deutscher Jude aus Köln.“ Als sie hörte, daß ich selbst auch aus Breslau stammte, lud sie mich ein, sie in New York zu besuchen, wenn ich wieder einmal in den USA sei. Ich konnte zu diesem Zeitpunkt nicht ahnen, wie schnell das geschehen und welche Überraschung der Besuch bei Suzan Heumann bereithalten sollte …

Jedenfalls erhielt ich schon wenig später eine Einladung zum „Internationalen Schiedsrichterkongreß“ nach New York (im Hotel Waldorf Astoria). Meine jüngste Tochter begleitete mich, und vom Hotel riefen wir Suzan Heuman an. Sie lud uns zum in den USA üblichen Brunch in ihr Penthouse ein. Während sie das Essen bereitete, stöberte ich in ihrer Bibliothek und fand zu meinem Erstaunen das im Westen wenig bekannte Buch von Konrad Wolf „Ich war neunzehn“ in Deutsch aus einem Verlag der DDR. „Woher haben Sie dieses Buch?“ fragte ich Suzan Heuman. Sie lachte: „Sie werden es nicht glauben. Aber auf dem Stuhl, auf dem Sie sitzen, hat Konrad Wolf [er war Präsident der Akademie der Künste der DDR] gesessen. Er zeigte hier in den USA seinen Film ‚Ich war neunzehn‘, konnte nicht Englisch, und da ich Geld brauchte, habe ich für ihn übersetzt.“ Nachdem sie ihn unvermittelt auf Russisch angesprochen hatte (sie dachte: der war doch russischer Offizier), sei er richtig erschrocken gewesen.

Später hätte sie auch bei dem Treffen der „Drei“, die die Hauptpersonen in dem Buch „Troika" darstellten, übersetzt. So erfuhr ich eine Menge über jenes Buch, das später von dem Bruder Konrad Wolfs, nämlich Markus Wolf, herausgebracht wurde.[107] So konnte ich, als das Buch erschienen war, in meiner Rezension im „Spiegel" ziemlich genau auf die Fehler des Berichts von Markus Wolf hinweisen.[108] In der Taschenbuchausgabe „Die Troika", die 2000 erschien, hat Wolf dann meine Rezension in vollem Umfange abgedruckt.[109]

Schon 1986 folgte ich einer erneuten Einladung in die USA, und zwar zu Vorlesungen über das Wirtschaftsrecht der DDR am Center for European Studies der Harvard University in Cambridge. Direktor des Zentrums war Guido Goldman. Für mich war es die erste private Universität, die ich kennenlernte. Ich erfuhr, welch hohe Studiengebühren hier gezahlt wurden; aber auch, daß nicht allein der Geldbeutel des Vaters entscheiden würde, ob hier jemand studieren könne. Er müsse auch, so sagte man mir, eine Bürgschaft seines Schullehrers haben, daß er für das Studium geeignet sei. Für Begabte, die nicht in der Lage waren, die Studiengebühren aufzubringen, gab es zahlreiche Stiftungen, die das übernahmen. Natürlich konnte ich nicht nachprüfen, ob diese Rechnung immer aufging. In Seattle hatte mir der Sohn des dortigen Gouverneurs in einem ziemlich schäbigen Auto die Stadt gezeigt. Sein Vater war mit ihm unzufrieden, weil er mit dem Studium nicht vorankam. Er kürzte ihm den Unterhalt, und so mußte er sich als Quasi-Taxifahrer etwas dazu verdienen.

Das Leben auf dem Campus war sehr interessant, schon weil die Studenten und Doktoranden aus vielen Ländern der Welt kamen. Zu den Studenten gehörte auch ein Sohn von Helmut Kohl. „Das ist normal, aber auch politisch wichtig", meinte Goldman. Schließlich sei Deutschland ein wichtiger Verbündeter, und unter Helmut Kohl sei das Land bisher sehr stabil gewesen. Da sei es nicht schlecht, auch auf diese Weise die Verbindungen zu pflegen. Übrigens kenne er Bundeskanzler Kohl von seinen Verhandlungen über finanzielle Leistungen Deutschlands an Israel. Den Anfang hätte sein Vater, Nahum Goldmann, mit der Gründung des Staates Israel gemacht. „Die letzten Millionen mußte ich beschaffen. Aber das war bei Kohl nicht schwer."

Natürlich interessierte mich auch, was ein Professor an einer privaten Universität verdiente, welchen Verpflichtungen er nachkommen mußte und welche Rechte er hatte. Goldman nannte eine Summe, die mir nichts sagte, und ich fragte nach einem Vergleich. Goldman lachte: „Der Mann von der Müllabfuhr drüben in Boston hat das auch. Deshalb üben wir alle einen zweiten Beruf aus, nämlich als Berater in der Industrie oder in der Politik. Der eine Verdienst ist für die Rente im Alter, der andere für jetzt."

An einem Freitag rief mich Goldman im Hotel an: „Haben Sie Lust, an einem Herrenabend teilzunehmen? Es kommen nur Herren, keine Damen. Sprache ist Deutsch. Das verstehen wir alle am besten.“ Als ich zusagte, fragte er, ob ich etwas dagegen hätte, wenn er auch Herrn Niemann aus Leipzig einlüde. „Der wohnt im selben Hotel wie Sie. Biedenkopf hat ihn uns empfohlen, also haben wir ihn eingeladen.“ Der „Herr aus Leipzig“ war mir schon bekannt. Das erste Mal hatte ich ihn auf einer Tagung der Deutschen Gesellschaft für Osteuropakunde gesehen, hier in Cambridge kam er zu meiner Vorlesung, und ich trank mit ihm im „Deutschen Haus“ ein Radeberger Bier, das es hier gab. Was hätte ich dagegen haben sollen, daß auch er teilnahm? Pünktlich um 19 Uhr schickte Goldman seinen Wagen, und wir fuhren zu einem schmucken Holzhaus von Mister James A. Cooney, der damals Direktor an der John F. Kennedy School of Government war, die zur Harvard Universität gehörte. Hier wurden die höheren Beamten des Landes herangebildet. Cooney kochte für uns, außer Goldman waren noch der Politologe Andrei Markovits und ein weiterer Kollege anwesend, dessen Name mir entfallen ist. Obwohl ich nicht mehr genau weiß, was es zu essen gab, ist mir doch in Erinnerung geblieben, daß es vorzüglich schmeckte. Beim Wein begann unsere Unterhaltung, die immer interessanter wurde und Stunden dauerte. Die Mission des „Herrn aus Leipzig“ wurde schnell klar, denn er warb für eine Einladung Honeckers in die USA, und die DDR erhoffte sich davon wohl ihre endgültige völkerrechtliche Anerkennung. Goldmann demonstrierte zwar seine eigene politische Bedeutung, indem er darauf hinwies, daß er zu den zwanzig Personen des öffentlichen Lebens gehöre, die zu jedem Jahresanfang vom Präsidenten der USA eingeladen seien, um ihm zu sagen, was er im vergangenen Jahr gut oder falsch gemacht habe und was man von ihm im kommenden Jahr erwartete. Aber auf das Anliegen des „Herrn aus Leipzig“ ging er nicht ein. Auch meine Bemerkung, wichtiger als eine völkerrechtliche Anerkennung der DDR durch die USA sei eine Wiedervereinigung der beiden Staaten, fand nur eine kurze Antwort: „Irgendwann werden und müssen sich die Vier Mächte darüber einigen.“ Dann kam es plötzlich zu einem Disput darüber, ob es in Deutschland wieder einen neuen Antisemitismus gäbe. Anlaß war ein Wochen zuvor im „Spiegel“ erschienener Bericht über den Bürgermeister von Korschenbroich. Dieser hatte in einer Haushaltsdebatte der kleinen Stadt ausgerufen: „Wenn wir das machen wollen, müssen wir erst einen reichen Juden erschlagen.“[110]

Der Bericht hatte in Deutschland hohe Wellen geschlagen und war vielfach als Beispiel eines neuen Antisemitismus gewertet worden. Der „Herr aus Leipzig“ betonte, daß die DDR „frei von Antisemitismus“ sei. Ich gab ihm prinzipiell recht, fügte aber hinzu, daß man es auch nicht übertreiben dürfe, denn manche Darstellung in der DDR erwecke den Eindruck, als seien die DDR-Bürger vor 1945 außerhalb Deutschlands gewesen und erst mit der Roten Armee wieder einmarschiert, was ja wohl nur auf einige wenige Emigranten zuträfe.

Es war interessant zu hören, wie in diesem Kreis die Frage diskutiert wurde, ob es in Deutschland einen neuen Antisemitismus gäbe. Markovits, der erst kürzlich in Frankfurt/Main weilte, war überzeugt, daß es damit wieder begänne. Schon der Taxifahrer vom Flughafen zum Hotel habe sich antisemitischer Äußerungen nicht enthalten können.

Goldman widersprach heftig: „Antisemitismus ist eine politische Bewegung. Dafür habt Ihr in Deutschland [er wandte sich an mich] viel zu wenig Juden. Der Antisemitismus kommt von Euch [er blickte auf Markovits], der kommt aus Österreich.[111] Natürlich muß man solchen dummen Witzen wie dem des Bürgermeisters entschieden widersprechen; dazu bin ich schon als Präsidiumsmitglied des jüdischen Weltkongresses verpflichtet. Aber politischer Antisemitismus ist das noch nicht." Goldman beendete dann den Streit mit einer Reihe jüdischer Witze, von denen mir die meisten noch nicht bekannt waren.

Ihre Meinung über Osteuropa und insbesondere Rußland stützten die amerikanischen Gesprächspartner weitgehend auf Vorlesungen und Publikationen von Zbigniew Brzezinski und Wolfgang Leonhard; ersterer war bekanntlich Sicherheitsberater des US-amerikanischen Präsidenten, letzterer hielt eine Zeitlang Vorlesungen an der Universität von Yale. Ihre Meinungen über den Wert der Aussagen von Brzezinski und Leonhard gingen allerdings weit auseinander.

Im Jahr 1988 weilte ich für kurze Zeit wieder in den USA. Diesmal begleitete mich unser jüngster Sohn, und wir flogen zu einem Kongreß, der die Deutsche Frage zum Thema hatte, nach Philadelphia. Dort trafen wir uns mit Professor Löser, der wie ich aus Breslau stammte, 1938 nach England ging, später in den USA studierte und eine Zeitlang Professor in der DDR war. Mit ihm flogen wir von New York nach Los Angeles. Von dort reisten wir in einer fast zweistündigen Busfahrt nach Santa Monica. Hier wohnte seit vielen Jahren sein Bruder, der in der Werbebranche tätig war und eine schöne Wohnung an der Ocean Avenue hatte. Auch er war noch als Schüler aus Breslau entkommen und wollte nie wieder deutschen Boden betreten. Er lebte als Single, genoß das unbeschreiblich schöne Wetter in Kalifornien, fand es aber schon langweilig, daß fast immer die Sonne schien und es kaum regnete. Außer Los Angeles besuchten wir auch San Francisco, und später konnte ich in Washington noch an der Johns Hopkins University das Institut for Contemporary German Studies unter ihrem Direktor Robert Gerald Livingston kennenlernen, den ich vorher bereits auf Kongressen in Deutschland getroffen hatte. Eine weitere Einladung brachte uns nach Dallas sowie nach Albuquerque am Rio Grande (New Mexico). So konnte ich mir trotz der jeweils kurzen Zeit, die meine

Besuche in den USA andauerten, doch ein Bild über die USA machen, das realitätsnäher war als jenes, das ich bis dahin von diesem Land hatte.

Dieses große Land mit seinen vielen Millionen Menschen unterschiedlicher nationaler Herkunft, seinen riesigen Entfernungen und unterschiedlichsten Regionen, hier hat es viele Ähnlichkeiten mit Rußland, demonstriert auf seine Weise, was „Kapitalismus pur" bedeutet, nämlich eine uns Europäern unbekannte Freiheit, zu unternehmen, was man will, sich aufzuhalten, wo man will, aber auch ein riesiges Ausmaß an Unsicherheit, wenn man krank oder alt wird.

In einem Studentenrestaurant in Washington sprach mich ein Kellner in „bestem Bayrisch" an. Er war schon ein Jahr in den USA, zog von einer Stadt in die andere, arbeitete in einem Ort so lange, bis das Geld wieder für die Weiterreise reichte. „Das ist ein schönes, freies Leben", meinte er. „Du brauchst fast keine Papiere, bekommst Beschäftigung. Wenn Du keine Lust mehr hast, sagst Du einfach ‚Auf Wiedersehen'. Aber wenn Du zum Zahnarzt mußt, heißt es schon im Vorzimmer, es macht 50 Dollar. Wenn Du die nicht hast, bist Du auch nicht krank."

Auch politisch ist Amerika anders. Die Teilnahme an Parteien und an Wahlen ist gering, was wir bei den damaligen Wahlveranstaltungen zur Präsidentenwahl „George Bush versus Michael Dukatis" selbst beobachten konnten. Die politische Bildung des Durchschnittsamerikaners war schwach. Sie verstanden noch mit Erstaunen, daß es zum damaligen Zeitpunkt zwei deutsche Staaten gab. Als ich aber sagte, daß es auch zwei Berlins gibt, wollte mir dies keiner glauben. Einer meinte: „Sie meinen das Berlin in den USA?" (Eine Stadt dieses Namens gibt es in den USA tatsächlich.) Aber von der damals existierenden Spaltung der Stadt Berlin wußten sie nichts. Und doch reagiert die Mehrheit der US-Amerikaner immer dann politisch-emotional, wenn es darauf ankommt. Wenn amerikanische Bürger Opfer einer Flugzeugentführung werden, gibt es niemanden, der nicht für energische Maßnahmen eintritt. Als 1989 im Fernsehen gezeigt wurde, wie die DDR-Bürger die Berliner Mauer zu Fall brachten, hat es in den USA wohl kaum jemanden gegeben, der sich emotional nicht auf ihre Seite gestellt hatte.

Schon Jahre zuvor hatte mir John Kornblum, ein in Deutschland bekannter US-Diplomat, auf meine Frage, wie sich die USA verhalten würden, wenn die Möglichkeit der deutschen Wiedervereinigung käme, geantwortet: „Bei der amerikanischen Außenpolitik spielt irgendwann immer die Moral eine Rolle. Wenn eine solche Möglichkeit kommt, werden die USA nichts anderes tun können, als die Vereinigung zu unterstützen."

Unvergessen ist auch, wie die Bürger der USA auf den Vietnamkrieg reagierten. Ich traf bei meinen USA-Besuchen sowohl solche, die der Antikriegsbewegung angehört hatten und bis heute Schwierigkeiten haben (wenn sie zum Beispiel an einer Universität tätig werden wollten), als auch solche, die am Krieg teilgenommen oder Angehörige in Vietnam verloren hatten. Und ich sah in Washington die große Gedenktafel mit den Namen der in Vietnam gefallenen US-Soldaten.

Die USA, das ist sicher eine imperiale Macht, „die einzige verbliebene Weltmacht", wie man heute sagt. Es ist aber auch ein Land mit großen demokratischen Traditionen und kulturellen Leistungen, das der Welt viel geben kann.

Wieder einmal zeigte sich, daß man ein Land unvoreingenommen mit eigenen Augen und Ohren betrachten muß, um die Realitäten zu begreifen. Die Reisen in die USA fanden natürlich immer in meiner vorlesungsfreien Zeit statt.

Ansonsten schritt die Arbeit an der Kieler Universität voran. Inzwischen war ich voll in das Vorlesungsprogramm der Juristischen Fakultät integriert. Dank des Dekans Professor Dr. Dr. Säcker konnte ich auch die Vorlesungen zum Patent- und Urheberrecht an der Wirtschaftswissenschaftlichen Fakultät übernehmen. Immer mehr wurde ich am Institut für Ostrecht tätig. Mehrmals vertrat ich den Direktor, Professor Dr. Löber, weil dieser Gastprofessuren in den USA übernahm. An der Fakultät fühlte ich mich inzwischen zuhause. Das Institut für internationales Recht lud mich weiter zu seinen Veranstaltungen ein, ebenso das Institut für Politische Wissenschaften unter seinem Direktor Professor Dr. Kaltefleiter. Mein eigenes Zimmer hatte ich im Fakultätenblock, und das bot Gelegenheit zu regelmäßigen Teestunden mit Professor Dr. Hattenhauer, dem bekannten Rechtshistoriker[112], mit dem man mit Gewinn über die Fragen unserer Zeit wie über die der Vergangenheit diskutieren konnte. In Professor Säcker, der das Institut für Wirtschafts- und Handelsrecht leitete und ein entschlußfreudiger und zielstrebiger Dekan war, fand ich einen klugen Ratgeber mit viel Verständnis für die Belange des Instituts für Ostrecht. Oft nahm er mich mit seinem Auto mit nach Hamburg, wo er wie ich wohnte, und wir konnten so viele Fragen schon vorklären, die dann in der Fakultätssitzung um so schneller entschieden wurden. Ähnlich eng wurde die Beziehung zu Professor Dr. Wolfrum, als dieser von Göttingen nach Kiel kam, das Institut für Internationales Recht übernahm und später Prorektor für Forschung wurde.

Auch meine Aktivitäten auf deutschlandpolitischem Gebiet wurden nicht nur vielfältiger, sie wurden auch intensiver, und es entstanden Kontakte zu bekannten Wissenschaftlern und Politikern, die sich auf diesem Gebiet engagierten. Hier ist vor allem Professor Dr. Meissner zu nennen, der in dieser Hinsicht ein wirkliches Schwergewicht war. Seine profunden Kenntnisse Osteuropas, vor allem der Sowjetunion, wiesen ihn als herausragenden Osteuropaforscher aus, der nie die Chancen einer deutschen

Wiedervereinigung aus dem Auge verloren hat. Im Vorwort zu dem auf Deutsch und Russisch erschienenen Werk Meissners „Auf dem Wege zur Wiedervereinigung Deutschlands und zur Normalisierung der deutsch-russischen Beziehungen" weist der ehemalige Leiter der außen- und sicherheitspolitischen Abteilung im Bundeszkanzleramt, Horst Teltschik, darauf hin, daß der Wissenschaftler sowohl in der Zeit Adenauers, Kiesingers, Kohls als auch Brandts deutsche Ostpolitik aktiv oder beratend beeinflußt hätte.[113] Als Richard von Weizsäcker noch Präsident des Bundestages war, trafen wir im Aspen-Institut in Berlin zusammen. Dessen damaliger Direktor Shepard Stone hatte mich zu einer Diskussion über die Zukunft der Stadt Berlin eingeladen, und von Weizsäcker wollte hören, was ich dazu zu sagen hatte. Die hier entstandenen Kontakte rissen nicht mehr ab, und als von Weizsäcker Bundespräsident wurde, traf ich mit ihm regelmäßig im Palais Schaumburg zusammen. Er war an den Fragen der deutschen Einheit brennend interessiert. Zu seiner berühmten Rede zum 8. Mai 1945 im Jahre 1985 schrieb ich einen Kommentar über das Echo in der DDR.[114]

Vor seinem Staatsbesuch in der Sowjetunion hatte ich ein langes Gespräch mit dem Bundespräsidenten. Nach seiner Rückkehr informierte er mich über die Vorgänge um die Erklärung Gorbatschows, die Deutsche Frage werde die Geschichte entscheiden: „Wir werden sehen, was in 100 Jahren sein wird." Von Weizsäcker glaubte, Gorbatschows Worte seien positiver zu verstehen, als dies in den Medien widergespiegelt werde. Mir aber schien, daß das darauffolgende Gespräch mit dem sowjetischen Außenminister Gromyko, der das Gespräch mit den Worten „Wir können einen neuen Rapallo-Vertrag machen" eröffnet hatte, nicht konsequent genutzt worden war. „Wie hätte ich denn so etwas machen sollen?" meinte von Weizsäcker. Die Antwort des Stalinisten Gromyko kam schnell: Er überreichte von Weizsäcker eine Liste von sechs Kriegsverbrechern, die noch immer unbehelligt in der Bundesrepublik leben sollten. Immerhin bedankte sich von Weizsäcker schriftlich für meine Gedanken zur sowjetischen Deutschlandpolitik und sandte mir eine Wiedergabe seiner Ansprache beim ersten Abend im Kreml zu.[115] In Bonn erzählte er mir noch, daß Gorbatschow ihn zwanzig Minuten lang dahingehend examiniert hätte, welche Kompetenzen der deutsche Bundespräsident denn habe. Das Resümee Gorbatschows war eindeutig: „Ich sehe schon, ich muß doch mit Kohl sprechen."

Vor dem Besuch Honeckers in Bonn im September 1987 hatte ich ein weiteres Gespräch mit dem Bundespräsidenten. Diesmal ging es vor allem um die Grenzen, die bei dem Besuch nicht überschritten werden dürften, um die Wiedervereinigung nicht selbst zu blockieren. Außerdem stellte von Weizsäcker eine Liste von Personen zusammen, denen endlich die

Ausreise in die Bundesrepublik erlaubt werden sollte. Dies gab mir die Gelegenheit, die Ehefrau und den Sohn von Professor Harry Maier auf diese Liste zu setzen, der vor einiger Zeit in die Bundesrepublik gekommen war, dessen Ehefrau und Sohn aber von der DDR die Ausreise verwehrt worden war. Der Versuch war erfolgreich; Wochen nach dem Honecker-Besuch konnten sie in die Bundesrepublik ausreisen.

In der deutschlandpolitischen Diskussion traten allmählich auch neue Persönlichkeiten hervor. Einer von ihnen war Tilman Mayer, der mit seiner Dissertation „Prinzip Nation – Dimensionen der nationalen Frage am Beispiel Deutschlands“ an der Philosophischen Fakultät der Universität Würzburg Aufsehen erregte. Da er sich nicht nur theoretisch äußerte, sondern auch politisch in diese Richtung aktiv wurde, bekam er mancherlei Schwierigkeiten. Diese hielten an, bis er endlich eine Professur für Politische Wissenschaften an der Universität Bonn erhielt. Für alle jene, die für eine aktive Deutschlandpolitik eintraten, war er eine große intellektuelle und politische Bereicherung.

Ein anderer war General Günter Kießling. Dieser Vier-Sterne-General, damals der höchstrangige deutsche Soldat in der NATO, wurde Opfer einer Verleumdungskampagne. Als ich im Fernsehen davon hörte, daß der General von Verteidigungsminister Wörner vom Dienst suspendiert worden war, fragte mich mein Sohn Stefan, was ich davon hielte. Damals kannte ich den General nicht und vermutete nur, daß dahinter eine politische Kampagne stecken könnte. Es war der Vorwurf der Homosexualität, der mich stutzig machte. Damals hatte solcher Verdacht noch eine derart diskriminierende Wirkung, wie man es sich heute nicht mehr vorstellen kann. Zu meinem Sohn sagte ich daher: „Homosexuell wird man nicht als General, sondern als Leutnant. Wird man aber als Leutnant homosexuell, wird man kein General.“ Meine Schlußfolgerung: Hier stimmte etwas nicht. Kießling wies denn auch alle Beschuldigungen zurück, erzwang seine Rehabilitierung und wurde mit großem Zapfenstreich vom Bundesverteidigungsminister aus seinem Amt verabschiedet. Danach trat er bei vielen Veranstaltungen, teilweise mit mir zusammen, für eine aktive Politik zur Wiedererlangung der deutschen Einheit ein. Dabei befaßte er sich verständlicherweise vor allem mit den sicherheitspolitischen Aspekten einer europäischen Friedensordnung, die auf der Wiedervereinigung beruhte.[116]

Natürlich versuchte ich, von ihm zu erfahren, was die Hintergründe der Kampagne gegen ihn gewesen waren. Doch Kießling verhielt sich auch hier wie ein preußischer Offizier, als er darauf hinwies: „Darüber habe ich genauso zu schweigen, wie der Minister verpflichtet war, meine Rehabilitation herbeizuführen.“ Immerhin aber hat er in seinen Vorträgen und Veröffentlichungen angedeutet, daß er den bekannten „NATO-

Doppelbeschluß" über die Stationierung von Mittelstreckenraketen in Westeuropa für bedenklich hielt, weil deren Reichweite deutsche Städte wie Dresden und Leipzig einschloß. Auch die Bereitschaft der Medien, dem Streben nach der deutschen Einheit Raum zu geben, war gewachsen. Der „Spiegel" unter seinem Herausgeber Rudolf Augstein und seinem Osteuropa-Redakteur Fritjof Meyer ließ die Verfechter einer aktiven und offensiven Wiedervereinigungspolitik zu Wort kommen. Das Blatt druckte schon 1981 meine These, die deutsche Nation bleibe „auch in dieser Zeit eine historisch gewachsene, Staaten und Systeme übergreifende, überdauernde und überlebende Schicksalsgemeinschaft". Dem Meinungspluralismus verpflichtet, ließ es den Publizisten Peter Bender darauf antworten: Entspannung bedinge Gleichgewicht, „doch das Gleichgewicht verlangt die weitere Teilung Deutschlands". An gleicher Stelle beharrte ich auf einer „offensiven Vertretung des Selbstbestimmungsrechts der Deutschen". Im nächsten Heft bemerkte Rudolf Augstein: „Die deutsche Frage fragt weiter."[117] Unvergessen auch die Kontroverse zwischen Böhme (damals Chefredakteur des „Spiegels") und „Spiegel"-Herausgeber Augstein, als die Wiedervereinigung schon vor der Tür stand. Böhme sagte: „Ich möchte nicht wiedervereinigt werden." Augstein erwiderte: „… anders als er, will ich wiedervereinigt oder neu vereinigt werden …"[118]

Raum gab den Vertretern einer offensiven Wiedervereinigungspolitik auch die „Frankfurter Allgemeine Zeitung" unter ihrem Herausgeber Reißmüller und dem Redakteur Karl Feldmeyer. Das Fernsehen widmete sich immer wieder der Problematik der Deutschen Frage, insbesondere die Redaktion Zeitgeschichte im ZDF mit Guido Knopp und Ekkehard Kuhn.[119]

In der „Frankfurter Allgemeinen Zeitung" konnte ich einen ganzseitigen Artikel mit meinen Auffassungen einer aktiven Wiedervereinigungspolitik veröffentlichen.[120] Daraufhin schrieb mir Ralf-Peter Märtin vom Piper Verlag in München: „In der Tat scheint es so, daß das Nachdenken über die Frage, was denn aus den beiden Deutschlands einmal werden könnte, größere und größere Kreise zieht. Wenn ich es recht sehe, hat es eigentlich mit dem 20jährigen Jubiläum des Mauerbaus begonnen, und heute ist das Thema Wiedervereinigung selbst in linken Kreisen nicht mehr obsolet […] Vielleicht sollten Sie einmal überlegen, ob es Sie nicht reizen würde, Ihre Gedanken in ausführlicherer Form dem Medium des Buches anzuvertrauen […]." Bei einem darauf folgenden Gespräch mit dem Verleger Klaus Piper in München kam es dann zu einem Vertragsabschluß, und 1985 erschien mein Buch „Das ganze Deutschland – Perspektiven der Wiedervereinigung". In ihm setzte ich mich mit den damals gängigen Klischees der Argumente der Gegner einer Wiedervereinigung auseinander, analysierte die Positionen der Vier Mächte und kam zu dem

Schluß, daß bei entsprechender deutscher Politik eine Wiedervereinigung innerhalb der nächsten zehn Jahre auf friedlichem Wege erreichbar sei.[121]

Zum raschen Abschluß des Manuskriptes trug die sorgfältige und einfühlsame Betreuung durch den Verleger selbst und meines Lektors wesentlich bei. In einem Nachruf auf den großen Verleger Klaus Piper schrieb Hanns-Josef Ortheil: „Als Autor fühlte man sich zu ihm hingezogen, wie zu einem älteren Freund, dem es nur um die Sache, nie aber um sich selbst ging."[122] Genauso war es. Als Klaus Piper meine ersten drei Kapitel gelesen und mit handschriftlichen Verbesserungen bis zu Stilfragen versehen hatte, sagte er offen: „Ich hatte nicht gedacht, daß Sie so gezielt auf die Vereinigung lossteuern. Aber Sie sind der Autor. Wir haben Ihnen versprochen, das Buch zu bringen, und nun bringen wir es auch."

Das Buch wurde ein Erfolg, stand einige Wochen auf der Bestseller-Liste des „Spiegels" und brachte mir aus allen Fraktionen des Bundestages, einschließlich der Grünen, Einladungen zur Diskussion. Rainer Barzel (CDU) regte einen Gedankenaustausch in Bonn an. Graf Lambsdorff (FDP) empfing mich mehrmals zu Gesprächen über die Deutschlandpolitik im Bundeshaus in Bonn. Außenminister Genscher meldete sich wegen einer Erklärung Gorbatschows zu den Beziehungen der Sowjetunion zur EU und empfing mich in seinem Privathaus in Bad Godesberg zu einem längeren Gespräch. Willy Brandt bedankte sich für das Buch. Richard von Weizsäcker bemerkte bei der Übergabe des Buches: „Bei einer zweiten Auflage sollten Sie die Karte auf dem Buchumschlag noch größer machen, damit man sieht, daß auch ein so vereinigtes Deutschland immer noch kleiner ist als Frankreich."

Nicht immer führten solche Einladungen und Gespräche zum gewünschten Ergebnis.

Genscher blieb bis vor den direkten Verhandlungen der Großmächte über den „Vier-Mächte-Vertrag" in Fragen der deutschen Einheit eher zurückhaltend und schien nach der Methode „Immer daran denken, nie davon reden" zu handeln. In Bad Godesberg kündigte er an, es würde eine Beratergruppe zu den Ost-West-Beziehungen gebildet, in die ich berufen werden sollte. Die Gruppe kam nie zustande. Viele Jahre später weilte ich in Polen und erhielt eine Einladung der Schlesischen Universität in Kattowitz zur Verleihung der Ehrendoktorwürde an Hans-Dietrich Genscher. Genscher begrüßte mich freudig und erzählte, daß er gerade an seinen „Memoiren" arbeitete und ich darin vorkommen würde. Ich war skeptisch, und als das Buch erschien, war von meiner Person, wie erwartet, nichts darin zu finden.[123] Mit den „Memoiren" der Politiker ist das überhaupt so eine Sache. Natürlich schildert darin jeder seine subjektive Sicht der Dinge. Doch sieht man sie mit Blick auf ihre Haltung zur Wiedervereinigung durch, so schreiben jene, die sie noch miterlebten, warum sie immer dafür waren. Fast klingt es so, als sei die erreichte staatliche Einheit Deutschlands das Ergebnis eben ihrer Politik. Am ehrlichsten ist da noch Franz Josef Strauß, dessen „Memoiren" vor der Wiedervereinigung erschienen, und der sie nicht mehr miterleben durfte.[124] Bemerkungen wie „Wegen der damit verbundenen Gefahr lebensgefährlicher, kriegerischer Verwicklungen konnten und können Volkserhebungen in den Staaten des Warschauer Paktes nicht unterstützt werden" (S. 476) oder „Wer mit Honecker umzugehen versteht, den kann man mit Diffamierungen nicht so leicht in die rechtsradikale Ecke drängen" (ebenda), wären bei einem Erscheinen der Strauß-Biographie nach der Wiedervereinigung wohl unterblieben. Bei Genscher, Schmidt und von Weizsäcker sucht man sie denn auch vergebens.

Statt in die angekündigte Beratergruppe wurde ich von Genscher zur Botschafterkonferenz nach Schloß Gymnich eingeladen, auf der „Aktuelle Fragen der Ost-West-Beziehungen" diskutiert werden sollten. An ihr nahm auch Günter Gaus teil, der zu mir ein distanziertes Verhältnis hatte. Jedenfalls meinte er bei solchen Gelegenheiten regelmäßig, ich würde immer der „anderen Seite" helfen.

Was er mit „der anderen Seite" meinte, war zumindest offen; ich ging davon aus, daß er jene politischen Kräfte meinte, die am Ziel der Wiedervereinigung festhielten, während er die DDR unbedingt erhalten wollte. Auf einer Tagung der Evangelischen Akademie in Loccum forderte er mich auf, meine Meinung zu seinem gerade erschienenen Buch über die DDR zu sagen. Ich wollte dies so öffentlich nicht tun und lehnte ab. Als er dennoch darauf bestand, sagte ich: „Als Sie Chefredakteur vom ‚Spiegel' waren, haben Sie nicht gewußt, wo die DDR liegt. Nachdem Sie dort sechs Jahre lang der Ständige Vertreter Bonns waren, wissen Sie nicht, wo Sie gewesen sind."

Graf Lambsdorff empfing mich in seinem Bonner Arbeitszimmer, wenige Tage, nachdem ich in den Medien wieder einmal deutlich gesagt hatte, die Zeit sei reif für eine aktive Wiedervereinigungspolitik. Graf Lambsdorff stimmte mir zu: „In der deutschlandpolitischen Analyse sind wir uns mal wieder einig. Aber ich kann jetzt keine ähnliche öffentliche Erklärung abgeben. Sehen Sie", er schob einen Brief über den Tisch, „gerade habe ich von Honecker eine Einladung erhalten. Wenn ich jetzt eine Erklärung für die Wiedervereinigung abgebe, brauche ich erst gar nicht nach Ost-Berlin zu fahren. Dann bin ich dort persona non grata." Dabei ging es mir gerade nicht um so eine Lappalie wie eine öffentliche Erklärung für die Wiedervereinigung; solche papiernen Erklärungen gab es genug; das stand überdies ohnehin noch immer in der Präambel des Grundgesetzes. Was ich wollte, war, daß die Parteien des Bundestages endlich etwas Praktisches unternahmen, um diesem Verfassungsziel näherzukommen. Statt dessen sorgte sich der FDP-Vorsitzende um das Wohlwollen des SED-Chefs.

Auch in anderer Hinsicht wurde ich mißverstanden. Da wir bei unseren Diskussionen über mögliche Wege zur Wiedervereinigung natürlich auch darüber diskutieren mußten, wie dann die europäische Sicherheitsstruktur aussehen sollte, und oftmals von der Auflösung von Warschauer Pakt und NATO die Rede war, bezeichneten uns manche schlicht als „Neutralisten". Alexander Gallus hat in seinem Buch „Die Neutralisten: Verfechter eines vereinten Deutschland zwischen Ost und West; 1945–1990" alle Protagonisten von Augstein bis Venohr, und damit schlichtweg alle, die für eine offensive Wiedervereinigungspolitik eintraten, als „Neutralisten" bezeichnet. Bei mir fällt ihm dies besonders schwer, weil er, wie er zugibt, in keiner meiner Veröffentlichungen auch nur das Wort „Neutralität" gefunden hatte. Aber was soll's? Auch ich soll ein „Neutralist" gewesen sein, auch wenn ich das selbst nie gesagt habe.[125]

Mein Sohn Thomas, der damals in Hamburg arbeitete, lud mich eines Tages zu einer Gartenparty im Hause eines Hamburger Unternehmers, an der auch ein mir unbekannter Wissenschaftler von der Akademie der Wissenschaften der DDR teilnahm. Als er meinen Namen hörte, erzählte er, daß mein Buch „Das ganze Deutschland – Perspektiven der Wiedervereinigung" in der Akademie heimlich von Hand zu Hand gehe. Der anwesende Chefredakteur der „Hamburger Morgenpost" wunderte sich: „Was haben Sie da geschrieben? Das ist doch Unsinn. Niemand will das, und das wird auch nicht kommen." Mit Mühe und zum Erstaunen der Journalisten versuchte ich zu erklären, warum es durchaus im Interesse der Sowjetunion liege, daß es zur Wiedervereinigung komme, sie also möglich sei. Der damalige Chefredakteur war Wolfgang Clement. Später wurde er Ministerpräsident von NRW und schließlich unter Schröder Bundeswirtschaftsminister.

Dabei war ich mir über die Zwiespältigkeit nationaler Politik durchaus im klaren.[126] Bei einer Diskussionsveranstaltung in Süddeutschland, an der Professor Daschitschew teilnahm, gab es viele Fragen zu NATO und Warschauer Pakt, und Daschitschew fragte mich in der Pause: „Was machen wir im Falle der Wiedervereinigung mit der NATO?" Ich schob ihm einen Zettel auf das Präsidium: „Über seine Mitgliedschaft in militärischen Bündnissen wird das vereinigte Deutschland selbst entscheiden." So ist es denn ja auch gekommen.[127]

In diese Zeit fällt auch die Gründung des „Arbeitskreises ehemaliger DDR-Akademiker", der auf Initiative von Franz Löser, der inzwischen in Köln wohnte, und mir ins Leben gerufen worden war. Er befaßte sich nicht nur mit der Entwicklung in der DDR, sondern bekannte sich natürlich ebenfalls zum Ziel der deutschen Wiedervereinigung.

Zum 40. Jahrestag des Grundgesetzes gelang es, dank der Initiative des Bundestagsabgeordneten Dr. Dieter Haack (SPD) und der anderen Herausgeber (Hans-Günter Hoppe, Eduard Lintner und mir) einen Sammelband mit dem Titel „Das Wiedervereinigungsgebot des Grundgesetzes" herauszubringen.[128] Die besondere Bedeutung dieses Buches bestand darin, daß angesichts zunehmender Äußerungen prominenter Politiker (wie zum Beispiel Jürgen Schmude [SPD] oder Otto Schily [Die Grünen]), man solle die Präambel des Grundgesetzes doch ändern, neu interpretieren oder überhaupt streichen, sich offizielle Vertreter aller Bundestagsparteien von Helmut Kohl (CDU) über Wolfgang Mischnick (FDP), Hans-Jochen Vogel (SPD), Theo Waigel (CSU), Bundespräsident Richard von Weizsäcker, Bundestagspräsidentin Rita Süssmuth, Vertreter von Kirchen, Wirtschaft und Gewerkschaften, Institutionen wie das Gesamtdeutsche Institut (Detlef Kühn), Wissenschaftler (Wilfried Fiedler, Gesine Schwan, Theodor Schweißfurth, Eberhard Schulz) bis hin zum Bundesverfassungsrichter a. D. Geiger gemeinsam zum Wiedervereinigungsgebot bekannten.

Wenn ich heute noch einmal überschaue, bruchstückhaft, weil hier natürlich keine umfassende Geschichte der deutschlandpolitischen Entwicklung jener Jahre geschrieben werden kann, wie vielfältig die Aktivitäten für eine offensive Deutschlandpolitik damals gewesen waren, so kann ich mich nur noch einmal mehr darüber wundern, wie wenig die DDR-Führung diese neue Entwicklung in der Bundesrepublik, und zwar trotz ihrer umfangreichen geheimdienstlichen Quellen, begriffen hatte. Befangen in ihrer eigenen Ideologie und auf bloße persönliche Machterhaltung bedacht, registrierten sie die Bildung unseres Arbeitskreises umgehend als „subversives, gegen die DDR gerichtetes Instrument"[129]. Die neue Qualität der Deutschen Frage, wie sie sich in der Bundesrepublik entwickelte, wurde hingegen ignoriert.

Nur aus solchen Gründen geriet ich nun stärker in das Blickfeld der „Stasi" der DDR. Vom Innenministerium Schleswig-Holsteins wurde ich davon in Kenntnis gesetzt, daß der Geheimdienst der DDR bemüht sei, meine Telefonate abzuhören. Aufschlußreich war auch, daß sich noch ganz andere für mich zu interessieren begannen. Eines Tages erschien bei mir eine Kriminalhauptkommissarin Bungardt Meiritz vom Innenministerium des Landes Schleswig-Holstein und teilte mir mit, man habe in einer „illegalen Wohnung" der „Roten Armee Fraktion" (RAF) Unterlagen gefunden, aus denen hervorginge, daß ich auf der Liste der „auszuschaltenden Personen" der RAF stünde. Ich fragte daraufhin, was ich nun tun sollte? Die Hauptkommissarin riet mir, alle meine Gewohnheiten zu ändern. Wie aber hätte ich das bewerkstelligen sollen? An der Vorlesungstafel der Fakultät stand mein Name mit meiner Zimmernummer, und aus dem Vorlesungsplan war für jedermann ersichtlich, wann ich wo Vorlesungen abhielt. Ich nahm die Mitteilung also zur Kenntnis und änderte nichts. Wochen später hielt ich in einem kleinen Ort bei Kiel einen Vortrag. Die Polizei erhielt eine Bombendrohung. Der Saal wurde geräumt. Sonst passierte nichts.

Eine „Begegnung der dritten Art“ hatte ich in Mannheim. Im dortigen Schloß fand ein Kongreß zum Thema „Marxismus – Die Gescheiterte Philosophie Unserer Epoche?“ statt.[130]

Mir wurde das Thema „Karl Marx und die DDR“ übertragen, und ich beendete mein mündliches Referat etwas salopp mit den Worten: „Hätte Karl Marx in der DDR gelebt, er wäre der erste Republikflüchtige geworden.“

In der ersten Reihe erhob sich ein älterer Herr und kam auf mich mit den Worten zu: „Meine Anwesenheit wird Sie nicht erfreuen.“ Ich hatte keine Ahnung, um wen es sich handelte. Doch der Herr fuhr fort: „Mein Name ist Günther Willms. Ich bin einer der drei Richter, der Sie 1955 verurteilt hat.“ Ich fing an, zu begreifen, war aber sprachlos. Bei einer späteren Veranstaltung traf ich ihn wieder. Er schenkte mir sein Buch „Geträumte Republik“ und schrieb hinein: „Wolfgang Seiffert zu vielseitiger Erinnerung.“[131] Meine jüngste Tochter fand es geschmacklos, daß ich so ein Geschenk angenommen hatte. Vielleicht hatte sie recht.

Der Machtantritt Gorbatschows in Moskau bewirkte bei mir neue Überlegungen. Wenn Gorbatschow die sogenannte „Breschnew-Doktrin“ für beendet erklärte und statt dessen das Recht jeder Nation bekräftigte, den Weg ihrer sozialen Entwicklung selbst zu bestimmen, so war die Konsequenz, daß die DDR ihre einzige Bestandsgarantie, nämlich die durch die Sowjetunion, verlor. In zwei Büchern analysierte ich die neuentstandene Situation.[132] Schon beim Schreiben wurde mir klar, daß die Zeit herannahte, in der man sich nicht mehr aufs Schreiben allein beschränken konnte, sondern selbst etwas Praktisches für das angestrebte Ziel unternehmen sollte.

In einem Artikel vom 26. August 1989 forderte ich dazu auf, die Wiedervereinigung wieder auf die Tagesordnung der Politik zu setzen.[133] Am Ende des Beitrags stellte ich Erwägungen darüber an, ob man nicht eine neue Partei gründen sollte, die sich diesem Ziel in beiden deutschen Staaten widme. In der Tat gab es damals in Deutschland keine Partei, die sich entschlossen und geschlossen diesem Ziel gewidmet hätte. Dennoch ging mein Appell vor allem an die Parteien des Bundestages, sich nicht länger dieser Aufgabe zu verschließen. Doch es gab auch manche Stimmen, die eine solche Parteigründung in Briefen an die Zeitung oder mich direkt unterstützten. In Bonn erklärte sich Ekkehard Kuhn vom ZDF bei einem Mittagessen in einem chinesischen Restaurant nahe des Bahnhofs spontan zur Mitarbeit in einer solchen Partei bereit. Doch dann ergab sich die Chance für ein ganz anderes Projekt, das mir viel sinnvoller und realistischer erschien.

Der Unternehmer Dr. Ing. Peter Daublebsky hatte mein Buch „Die Deutschen und Gorbatschow" gelesen und lud mich zu einem Gespräch nach Frankfurt/Main ein. Als erstes zeigte er mir Fotografien von seinem schönen Landhaus im österreichischen Lungau und lud mich ein, dort Urlaub zu machen. Dann steuerte er aber gleich auf den Kern seines Anliegens zu: „Was Sie da geschrieben haben, ist gut, aber jetzt müssen wir das auch machen!" Der Mann hatte recht. Die Zeit war reif zum Handeln.

Bei Dr. Daublebsky in Rodenbach in Hessen traf sich regelmäßig ein politisch interessierter Kreis von Persönlichkeiten aus der Wirtschaft, aus Finanzorganisationen, der Autoindustrie, Chemie und Metallindustrie. Sie alle meinten, es müsse in punkto Wiedervereinigung etwas geschehen, und dachten dabei, man müsse den Schlüssel zur Lösung des Problems dort holen, wo er, wie es immer wieder hieß, liege, nämlich in Moskau. Da konnte ich nur zustimmen. Von mir erwartete man, daß ich dahingehend Ratschläge erteilen könne, wie man das im einzelnen anstellte und wie man sich an wen in Rußland wenden könne. Dabei dachte man vor allem an Gorbatschow selbst. Nach langen und mehrfachen Diskussionen verfaßten Dr. Daublebsky und ich ein Memorandum mit dem Titel „Historischer Ausgleich zwischen Rußland und Deutschland", das allgemeine Zustimmung fand. In unserem Memorandum unterbreiteten wir unter anderem den Vorschlag, daß die Bundesrepublik Deutschland der Sowjetunion innerhalb von sechs Jahren 500 Milliarden D-Mark in Form von Waren, Dienstleistungen und Kapitalinvestitionen zu deren Modernisierung bereitstellt. Als Vermittler unseres Anliegens fanden wir in Professor Dr. Daschitschew eine hervorragend geeignete Persönlichkeit. Er selbst war einer der wenigen, der auf sowjetischer Seite für die Überwindung der deutschen Teilung eintrat und das Thema sogar gegen den Widerstand von Valentin Falin von der internationalen Abteilung des ZK der Kommunistischen Partei auf die Tagung des Konsultativrates des sowjetischen Außenministeriums gesetzt hatte, deren Vorsitzender er war.[134] Er übermittelte unsere Vorschläge über seinen Institutsdirektor Professor Oleg Bogomolow direkt an Gorbatschow. Dieser war sich nicht sicher, wie er reagieren sollte, und gab das Schriftstück Valentin Falin zur Stellungnahme. Von ihm kam kalte Ablehnung: „Verrat am Sozialismus" schrieb er an den Rand. Dennoch wurde unser Vorschlag nicht einfach abgelehnt. Wir erhielten eine Einladung nach Moskau, und auf sowjetischer Seite wurde eine Beratung mit Vertretern der Plankommission, des Außenministeriums und anderer staatlicher Behörden mit uns vorbereitet. Doch zu dieser Zusammenkunft kam es nicht. Gorbatschow bedankte sich zwar bei uns, ließ aber erklären, daß die Zeit für einen solchen Schritt in der Sowjetunion noch nicht reif sei.[135]

Aber auch auf deutscher Seite gab es „Pannen“. Einer der Teilnehmer im Diskussionskreis bei Dr. Daublebsky warf eines Tage die Frage auf, ob wir derartige Initiativen einleiten könnten, ohne Bundeskanzler Helmut Kohl zu informieren. Doch wenn wir unsere Initiative davon abhängig gemacht hätten, daß Kohl ihr zustimme, wäre wohl alles bald wieder in den alten Bahnen tatenloser Deutschlandpolitik gelandet. Von Kohl stammte schließlich der Satz „Die Wiedervereinigung steht nicht auf der Tagesordnung der Weltpolitik“, was mich zu der Replik „Dann müssen wir sie eben draufsetzen“ veranlaßt hatte. Doch sicher war Kohl über unsere Absicht aus unserem eigenen Kreis informiert worden, ebenso wie der Vorstandsvorsitzende der Deutschen Bank, Alfred Herrhausen, von dem wir unerwartete Unterstützung erfuhren. In einem Interview mit dem „Spiegel“ erklärte Herrhausen angesichts der Situation in DDR und Sowjetunion: „Wenn ich Politiker wäre, würde ich jetzt die Wiedervereinigung herbeiführen.“[136] Wenige Tage nach dem Interview wurde Herrhausen von der RAF ermordet.[137] Bis heute ist nicht geklärt, ob möglicherweise die „Stasi“ hinter dem Mordanschlag gesteckt haben könnte. Gegen einen der Verdächtigen wurden die Ermittlungen 2003 eingestellt.[138] Vieles spricht jedoch dafür, daß die Stasi nicht unbeteiligt war. Ideologisch schrillten in Ostberlin sicher die Alarmglocken, als der Chef der Deutschen Bank erklärte, man solle jetzt zur Wiedervereinigung schreiten. Kontakt der Stasi zur RAF gab es ohnehin. Daschitschew hat den Vorgang um die Initiative Dr. Daublebskys einmal als „Episode“ in den Bemühungen um die Wiedervereinigung bezeichnet.[139] Doch das stimmt nur insoweit, als Gorbatschow damals die sich bietende Gelegenheit verpaßte. In Wirklichkeit war sie mehr. Hätte Gorbatschow sie ergriffen, so wäre die Sowjetunion sicher in einer vorteilhafteren Position in bezug auf die Wiederherstellung der deutschen Einheit gewesen, als sie dies dann war, als die Flüchtlingsströme aus der DDR und die Demonstrationen dort die Wiedervereinigung von unten erzwangen.[140]

Das Jahr 1989 brachte beruflich einen neuen Höhepunkt. Professor Dr. Löber wurde emeritiert und auf Vorschlag der Juristischen Fakultät ernannte mich das Land Schleswig-Holstein zum Leiter des Instituts für Ostrecht.[141] Nach nur etwas über zehn Jahren an der Kieler Universität war ich nun, wie zuvor in der DDR, Leiter eines rechtswissenschaftlichen Instituts. Dort war das Institut für Ausländisches Recht und Rechtsvergleichung sowohl auf Westeuropa als auch auf Osteuropa ausgerichtet gewesen. Das „Institut für osteuropäisches Recht“, dem ich nun vorstand, befaßte sich hingegen vorwiegend mit den osteuropäischen Nachbarn Deutschlands.

Bei dieser Aufgabe kamen mir meine Erfahrungen, Kenntnisse und Verbindungen aus meiner DDR-Zeit zugute. Als Gastprofessoren holte ich die russischen Professoren Boguslawskij, einen ausgewiesenen Fachmann auf dem Gebiet des Internationalen Privatrechts, den Verfassungsrechtler Professor Tumanow (später Präsident des russischen Verfassungsgerichts) und den Wirtschaftsrechtler Professor Laptjew, der gleichzeitig Akademie-Mitglied war, nach Kiel. Das erste internationale wissenschaftliche Symposium zu Beginn der politischen Wende widmeten wir den neuen Problemen des Wirtschafts- und Gesellschaftsrechts Osteuropas.[142] Ihm folgten bald weitere. An ihnen nahmen zahlreiche Wissenschaftler aus den osteuropäischen Ländern teil.

Im Jahre 1989 spitzten sich die politischen Entwicklungen in Osteuropa und in der Sowjetunion selbst weiter zu. Es wurde immer offensichtlicher, daß die Lösung der Deutschen Frage unmittelbare Aktualität erlangen würde. Ich beschleunigte meine Arbeit an einem Buch zum Selbstbestimmungsrecht der Deutschen, das dann erst erschien, als diese schon vollzogen war.[143] Das gab mir die Möglichkeit, den tatsächlichen Verlauf der Vereinigung in diese Betrachtung miteinzubeziehen. Die wichtigsten Thesen hatte ich schon zuvor in vielen Veröffentlichungen dargelegt. Der Völkerrechtler Professor Dr. Kimminich, der sich selbst in vielen Untersuchungen mit der Problematik des Selbstbestimmungsrechtes befaßt hatte, würdigte die Arbeit in einer Rezension im „Archiv des Völkerrechts“[144] und bezeichnete den ersten Teil des Buches sogar als eine „methodologische Meisterleistung“.

Dem Nichtjuristen mögen diese Rechtsfragen als „bloßer Formelkram“ unwichtig erscheinen. Diese Haltung ließ sich nur allzu oft bei deutschen Journalisten, aber auch bei manchen Historikern und Politologen beobachten. Doch ein grundlegendes Problem ist auch politisch nicht wirklich geregelt, solange es nicht rechtlich geregelt ist. Die Qualität der rechtlichen Regelung selbst aber kann darüber entscheiden, ob eine dauerhafte Lösung des Problems erreicht wurde oder ob offen oder unklar gebliebene Fragen schon den Keim neuer Konflikte in sich tragen. Infolgedessen kam ich zu dem Schluß: „Keine Regelung in Europa hat mehr die Chance, sich dauerhaft durchzusetzen, die diesem Prinzip [des Selbstbestimmungsrechts] widerspricht.“[145]

Der 2+4-Vertrag, mit dem die äußeren Bedingungen der deutschen Wiedervereinigung geregelt wurden, warf eben in bezug auf das Selbstbestimmungsrecht der Deutschen zahlreiche Fragen hinsichtlich der Legitimation der deutschen Verhandlungspartner und ihrer Kompetenz auf, auch Grenzregelungen gegenüber den Partnern im Osten als endgültige Regelungen zu treffen.[146] Eckhard Klein hatte seinerzeit in seiner Schrift „Die territoriale Reichweite des Wiedervereinigungsgebotes“[147] stets die

Position vertreten, daß sich diese Reichweite auf das Gebiet Deutschlands in den Grenzen von 1937 erstreckte. Überraschend meinte er dann 1990, der gesamtdeutsche Souverän sei an das Wiedervereinigungsgebot nicht gebunden. Das Wiedervereinigungsgebot stünde dann einem Übergang früherer deutscher Gebiete an einen anderen Staat nicht entgegen.[148]

Nach dem Erscheinen meines Buches zum Selbstbestimmungsrecht wurde mir ein „Vermerk“ aus dem Auswärtigen Amt zugespielt, aus dem hervorgeht, daß der Beitrag Kleins aus einem Gutachten hervorgegangen war, das dieser Anfang 1990 für Kohl und Schäuble angefertigt hatte und das zunächst in der „Neuen Juristischen Wochenschrift“ (NJW) vom 25. April 1990 erschienen war. Das Beispiel unterstreicht, daß auch die bei der Wiedervereinigung aktiv handelnden Politiker nicht umhin kamen, sich mit den komplizierten Rechtsfragen dieses Prozesses auseinanderzusetzen. Es zeigt aber auch, daß sogar Rechtswissenschaftler ihre Positionen zuweilen dem Druck politischer Gegebenheiten „anpassen“.

Dabei muß man durchaus in Rechnung stellen, daß nicht nur Politiker, sondern auch Rechtswissenschaftler noch Anfang 1990 im Prozeß der Vereinigung Deutschlands eine Entwicklung sahen, „die niemand voraussehen konnte“.[149] Solche Aussagen bemäntelten aber nur das eigene Versagen, die Entwicklungen richtig zu analysieren. Denn zu allen Zeiten gab es, wie wir gesehen haben, Politiker, Wissenschaftler und Publizisten, die die sich entwickelnden Realitäten beim Namen genannt haben.

Während sich die Entwicklungen in Osteuropa (Ungarn, Polen, ČSSR) und schließlich auch in der Sowjetunion zuspitzten und sich grundlegende Umwälzungen der dortigen wirtschaftlichen und politischen Systeme abzeichneten, spiegelte sich die Rückwirkung auf die DDR in zunehmenden Flüchtlingsströmen über Ungarn und die ČSSR und in größer werdenden Demonstrationen in der DDR selbst wider, ohne daß sich dies bei der politischen Elite der Bundesrepublik damals adäquat niedergeschlagen hätte. Erst am 16. November 1989, also eine Woche nach dem Fall der Mauer, setzte Bundeskanzler Kohl auf die staatliche Einheit.[150]

Die Entwicklung warf auch in unserem Kieler Institut ihre Schatten voraus. Schon 1988 erhielt ich von dem Ehemann einer Mitarbeiterin meines früheren Instituts in der DDR die Mitteilung, er sei bei einem dienstlichen Aufenthalt in der Bundesrepublik geblieben und arbeitete jetzt am Klinikum in Aachen (er war Mediziner). Auch seine Frau betriebe die Ausreise aus der DDR. Sie hoffte, nach ihrer Übersiedelung in unserem Institut in Kiel Arbeit zu finden. Seine Frau, Dr. Monika Stargardt, war eine ausgezeichnete Zivilrechtlerin und auch auf dem Gebiet des Internationalen Privatrechts zuhause. Da wir damals noch eine freie Stelle hatten (so etwas gab es damals noch), sagte ich eine Beschäftigung zu. Sie erhielt ihre Ausreisegenehmigung, eine Ironie der Geschichte, am

9. November 1989, also an jenem Tag, an dem die Mauer geöffnet wurde. Sie blieb nicht lange am Institut und wurde nach der Wiedervereinigung Mitarbeiterin bei Professor Papier in der Kommission, die sich mit den DDR-Parteien befaßte. Schon kurz darauf konnte ich für die wieder freigewordene Stelle Dr. Stefanie Solotych gewinnen. Auch sie hatte in meinem früheren Institut in der DDR gearbeitet. Dadurch, daß sie in der UdSSR Jura studiert hatte, beherrschte sie die russische Sprache gut und war ein Gewinn für das Institut. Vier Jahre später ging sie nach München und wurde dort schließlich Leiterin des Instituts für Ostrecht.

Nicht lange nach dem Fall der Mauer trat Honecker zurück, und sein Nachfolger wurde Egon Krenz. In Kiel sprach ich über die jüngsten Entwicklungen in der DDR auf einer Veranstaltung der Hermann-Ehlers-Akademie, die gut besucht war. In der Diskussion wurde ich gefragt, ob Krenz nun eine kurzfristige oder eine langfristige Lösung sei. Meine Antwort „Krenz ist überhaupt keine Lösung“ löste Beifall aus. Für mich war klar: Jetzt kann es nicht um Reformen in der DDR gehen, jetzt kann es nur noch um die Wiedervereinigung gehen. Schon in meinem Artikel vom 26. August 1989 in der „Frankfurter Allgemeinen Zeitung“ hatte ich darauf verwiesen, daß jetzt alle Modelle einer Konföderation oder ähnlicher Zwischenlösungen obsolet seien, und daß jetzt nur die Vereinigung auf dem Wege des Beitritts der DDR zum Geltungsbereich des Grundgesetzes auf der Tagesordnung stünde. Eine Position übrigens, die dann auch die Staatsrechtslehrertagung im April 1990 einnahm.

Dennoch spukten solche „Zwischenlösungen“ noch immer herum. Der Schriftsteller Günter Grass zum Beispiel, der gegen die Wiedervereinigung war, vertrat in einem Interview mit dem „Spiegel“ die Auffassung, man solle sich auf eine „Konföderation nach dem Muster der Schweiz“ beschränken. Daraufhin schrieb ich dem „Spiegel“-Herausgeber Rudolf Augstein, dies lenke vom jetzt möglichen Ziel der Vereinigung nicht nur ab, es sei auch deshalb falsch, weil die Schweiz keine „Konföderation“, sondern seit ihrer Verfassung von 1874 ein „demokratischer Bundesstaat“ mit 26 Kantonen sei. Tage danach erhielt ich aus dem Büro Augstein die Antwort, man habe meinen Brief Herrn Grass mitgeteilt, und dieser habe die betreffende Passage in seiner Buchfassung abgeändert.

Weniger Erfolg hatte ich mit dem Versuch, wenigstens etwas von meinem früheren Institut in der DDR zu retten. Am Abend vor den ersten gesamtdeutschen Wahlen war ich bei Dr. Wild, dem stellvertretenden Chefredakteur des „Spiegels“, in seinem Haus an der Elbchaussee eingeladen. Unter den Gästen war auch Professor Dr. Mestmäcker, der damals das Max-Planck-Institut für Privatrecht in Hamburg leitete. Bei dem interessanten Gespräch mit ihm kam ich auch darauf zu sprechen, daß es in der DDR doch eine Reihe qualifizierter Rechtswissenschaftler gäbe, die ein

Gewinn wären, wenn man sie in einer geeigneten Weise weiterbeschäftigte, zum Beispiel im Rahmen der Max-Planck-Gesellschaft. Ich stieß aber auf eisige Ablehnung: „Sie, Herr Seiffert, sind ein Phänomen, das haben wir geschluckt. Aber all die anderen, davon kommt niemand zu uns, so lange ich in der Max-Planck-Gesellschaft noch etwas zu sagen habe. Die mußten doch da nicht mitmachen." Ich fing an zu begreifen, welche Probleme da mit dem vereinigten Deutschland auf uns zukämen.

Bald zeigte sich dies bei der sogenannten „Evaluation" von DDR-Wissenschaftlern.

Wie weit hier die Meinungen oftmals auseinandergingen und wie dauerhaft die Narben sind, die hier häufig entstanden, zeigt unter anderem das Beispiel Professor Bernhard Graefrath. Der Völkerrechtler hatte einen Lehrstuhl an der Humboldt-Universität (später an der Akademie der Wissenschaften der DDR) und vertrat jahrelang die DDR in der International Law Commission der UNO. Zu gleicher Zeit vertrat dort Professor Tomuschat (damals Universität Bonn) die Bundesrepublik. In der DDR wurde Graefrath schon einmal mit der Begründung „abgewickelt", er hätte den „revisionistischen Weg Jugoslawiens" unter Tito propagiert, weil er die dortige Selbstverwaltung sowie die Freiheit der Meinungsäußerung als beispielhaft dargestellt und eine „parteifeindliche Gruppierung" mit Klenner und Uwe-Jens Heuer[151] gebildet habe. Damals gelang es ihm aber, in die Wissenschaft zurückzukehren. Nach der Wiedervereinigung wurde Graefrath „evaluiert", obwohl sich westdeutsche Professoren wie Bernhard (Max-Planck-Institut für Völkerrecht in Heidelberg) für ihn einsetzten, während Tomuschat den Lehrstuhl an der Humboldt-Universität übernahm. Graefrath lebt heute verbittert als Rentner an der Ostseeküste.

Der „Fall Graefrath" ist ein Beispiel von vielen, das zeigt, wie insensibel und undifferenziert der Beitritt der DDR zum Geltungsbereich des Grundgesetzes in der Praxis vollzogen worden ist, und wo die Ursachen dafür liegen, daß bis heute die „innere Einheit" nicht erreicht werden konnte. Der Hauptgrund hierfür liegt sicher darin, daß in der Bundesrepublik die politischen Eliten und staatlichen Institutionen auf die Wiedervereinigung nicht vorbereitet waren und die wenigen Einrichtungen, die qualifiziert gewesen wären, die nun entstehenden Probleme sachkundig zu lösen, wie das Gesamtdeutsche Institut oder das Kuratorium Unteilbares Deutschland, übereilt aufgelöst wurden. Aber natürlich hatten auch die politische Elite und die staatlichen Organe der DDR wenig Autorität, hier wirksam mitzuwirken, nachdem sie sich schon Jahre zuvor mit der Streichung des Wiedervereinigungszieles aus der Verfassung der DDR aus diesem Prozeß selbst ausgeklinkt hatten.

Die staatliche Einheit kam bekanntlich relativ schnell: Nachdem die

Wahlen in der DDR im März 1990 den Sieg der „Allianz für Deutschland“ (CDU, DSU und DA) erbrachte, beschloß die Volkskammer der DDR schon am 23. August 1990, dem Geltungsbereich des Grundgesetzes mit Wirkung zum 3. Oktober 1990 beizutreten. Es folgten die Unterzeichnung des Einigungsvertrages (31. August 1990) und des 2+4-Vertrags (12. September 1990). Mit dem 3. Oktober 1990 (heute der „Tag der Einheit“) ist das wiedervereinigte Deutschland ein freier, souveräner Staat.

Bis heute ist das historische Ereignis der Wiederherstellung der staatlichen Einheit in allen seinen Facetten bei weitem noch nicht allseitig und zutreffend erfaßt, und es wird wohl noch geraume Zeit dauern, bis eine allen Ansprüchen gerecht werdende Würdigung dieses Ereignisses vorliegt. Vielleicht braucht es dazu auch noch etwas Abstand von den Ereignissen. Aber solch eine Analyse und Historisierung ist unerläßlich und wird daher auch kommen.

Schon heute läßt sich sagen, daß sich wieder einmal gezeigt hat, daß es Entwicklungen gibt, auf die man zwar Einfluß ausüben, die man aber auf Dauer nicht verhindern kann, weil sie unvermeidlich sind. Die Wiedervereinigung war ein solches unvermeidliches Ereignis. Das gleiche gilt für die Wahl Berlins als Hauptstadt des wiedervereinigten Deutschlands. Die damalige unsägliche Diskussion darüber, ob Berlin oder Bonn die Hauptstadt wird, erschien mir immer als unbegreiflicher Streit kleinkarierter Politiker um etwas, was historisch und politisch unvermeidlich feststand, daß nämlich die Hauptstadt eines wiedervereinigten Deutschlands nur Berlin heißen konnte.

Unter den gegebenen Umständen konnte die deutsche Vereinigung nicht das Ergebnis einer gesamtdeutschen nationalen Bewegung oder einer zielstrebigen operativen Wiedervereinigungspolitik sein. Sie war vor allem das Resultat bzw. die Rückwirkung der Umwälzungen in Osteuropa und der Sowjetunion auf die DDR, in der die Öffnung der ungarischen Grenze nach Österreich den Fluchtbewegungen wie den Bürgerrechtsbewegungen ungeheuren Auftrieb gab und den zivilen Ungehorsam zur Massenbewegung steigerte.[152] Zwar erst in ihrer letzten Phase, aber unüberhörbar steigerten sich die Rufe der Demonstranten in der DDR von „Wir sind das Volk!“ zu „Wir sind ein Volk!“. So kam die Wiedererlangung der deutschen Einheit nicht „von oben“, sondern letztlich „von unten“, und zwar durch die Deutschen in der DDR.

Daß damit der Untergang der DDR verbunden war, läßt noch einmal die Frage aufkommen, was die DDR eigentlich war, nämlich nur eine Episode, eine Fußnote deutscher Geschichte oder letztlich doch mehr? Von ihrer Beantwortung hängt es nicht zuletzt auch ab, ob die innere Einheit der Deutschen erreicht werden kann, wofür eigentlich alle Parteien plädieren.

Vielleicht bedarf es auch dazu noch einiger Zeit der Distanz. Doch schon heute kann gesagt werden: Die DDR war sicher nicht die „freundliche Karikatur“, die Publizisten wie Theo Sommer von ihr malten[153], und entsprach auch nicht dem, was SED-Funktionäre in dem Buch „Erfolgreiche Jahre“ in ihr sehen wollten[154]: Sie war aber auch nicht einfach der „Unrechtsstaat“, den viele in der DDR im Prozeß der Vereinigung erblickten.[155] Befreit man das Bild der DDR von allen solchen Beschönigungsversuchen, einseitigen Blickwinkeln, ideologischen Überspanntheiten und stalinistischen Verzerrungen, dann war die DDR, und das ist es, was von ihr auf Dauer bleibt, der 40 Jahre währende Versuch, es in Deutschland auf allen Gebieten grundlegend „anders zu machen“. Anders als in der Vergangenheit, aber auch anders als in der westdeutschen Bundesrepublik.

Gewiß: Dieser Versuch ist gescheitert, weil den in der DDR lebenden Menschen nicht der Beweis erbracht werden konnte, daß sie materiell besser lebten als ihre Brüder und Schwestern im anderen Teil Deutschlands. Aber immerhin hat das „andere Deutschland“ vierzig Jahre existiert und in vieler Hinsicht auch funktioniert. Sein Gesundheitssystem war gut, sein Bildungssystem effektiv, sein Sportsystem international anerkannt, die Frauen waren in der Praxis tatsächlich gleichberechtigt, das Sozialsystem sicherte Arbeit und Versorgung im Alter. Allerdings: Die Aufgabe des von Ulbricht gewollten „Neuen ökonomischen Systems“ unter Honecker, bei gleichzeitiger Proklamation der „Einheit von Wirtschafts- und Sozialpolitik“, entzog solcher Politik die finanziellen Voraussetzungen, führte die DDR immer tiefer in eine Schuldenkrise und schließlich in die wirtschaftliche Katastrophe.[156]

In jüngster Zeit erleben wir, wie im Fernsehen immer mehr Journalisten aus der DDR-Zeit gute Plätze einnehmen (zum Beispiel als Moderatoren/-innen wie Maybrit Illner); dies erklärt sich ganz einfach: Sie sind nämlich besser ausgebildet als ihre westdeutschen Kollegen. Hätte man Industriemanagern, Offizieren und Wissenschaftlern aus der DDR ähnliche Chancen gegeben, würden auch sie führende Stellungen einnehmen.

Helmut Schmidt hat recht, wenn er in dieser „Beiseiteschiebung“ früherer „DDR-Kader” eine der Ursachen für die anhaltende wirtschaftliche Misere der neuen Bundesländer sieht.

Natürlich vergleichen viele, die in der DDR aufgewachsen sind, ihre Situation unter diesen Gesichtspunkten mit der Entwicklung auf den gleichen Gebieten im heutigen, wiedervereinigten Deutschland und verstehen nicht, wie zum Beispiel die kleinere und ärmere DDR das kostenlose Gesundheitssystem lange Zeit garantieren konnte, während im größeren und reicheren vereinigten Deutschland die Belastungen der einzelnen Bürger im Gesundheitssystem immer mehr zunehmen und die Arbeitslosigkeit scheinbar unaufhaltsam steigt. Das Gegenargument, dafür lebten alle Deutschen jetzt in Freiheit, greift da wenig. Manche antworten da auch: „Gewiß, wir wollten die Freiheit. Aber was haben wir bekommen? Den Rechtsstaat.“ Darin spiegelt sich natürlich auch viel Unverständnis für den Rechtsstaat.

Doch was im Bewußtsein der ehemaligen DDR-Bürger bleibt, ist die Erfahrung: „Es geht auch anders.“ Und solche ehemaligen DDR-Bürger leben nicht nur in den neuen Bundesländern, sondern Dank der anhaltenden „Ausreisewelle“ aus dem früheren DDR-Territorium überall in Deutschland.

Das Bewußtsein, daß es „auch anders geht“, war sicher auch ein Stimulus bei jenen „Wessis“, die nach dem 3. Oktober 1990 in den neuen Bundesländern Transformationprozesse in der Wirtschaft und Evaluationen an den Universitäten und Hochschulen durchführten. Nur in umgekehrter Richtung: Sie trieb der Ärger, daß man dort bisher „alles anders“ gemacht hatte, und manchen auch die persönliche Überlegung, was ihnen wohl passiert wäre, wenn die „andere Seite“ gewonnen hätte. Das mußte nicht gleich zu einer Art „Siegermentalität“ führen, doch zum Verständnis für Geschichte und Mentalität der DDR trug es sicher nicht bei. Auf der anderen Seite aber festigte es die ideologisch schon vorbereitete Überzeugung: In der kapitalistischen Gesellschaft herrscht das Ellbogenprinzip, und jeder denkt nur an sich.

Um so wichtiger erscheint es heute, klar herauszustellen, daß die DDR letztlich an ihren systemimmanenten Mängeln gescheitert ist. Doch mußte sie auch scheitern? War ihr Untergang ebenso unvermeidlich wie die Wiedervereinigung? Darüber läßt sich sicher trefflich streiten. Doch mir scheint, daß es eine solche „Gesetzmäßigkeit“ nicht gegeben hat. Wie schon an anderer Stelle gesagt, war die Aufgabe des Konzepts des „Neuen ökonomischen Systems“ durch die SED-Führung der eine irreparable Fehler und die Aufgabe des Zieles der Wiedervereinigung die andere grundlegende Fehlentscheidung, die beide zusammen den Untergang der DDR bedingten. Das aber heißt auch: Die DDR hatte auch die Chance, so leistungsfähig zu werden, daß sie sich in den Prozeß der Wiederherstellung des deutschen Gesamtstaates als politisch respektable Größe hätte einbringen können. Für den Inhalt des Wiedervereinigungsprozesses hätte dies sicher weitreichende Folgen gehabt. So kann man als historische Erfahrung für die Geschichte der DDR vielleicht die einfache Formel prägen: „Es geht auch anders, aber nicht so!“

Die 40 Jahre DDR sind also wohl doch mehr als nur eine Episode in der deutschen Geschichte, die man vernachlässigen kann. Hattenhauer hält es sogar für möglich, daß zum Beispiel die Bildung eines „Rates der ostdeutschen Länder“ als Verfassungsorgan, wofür die PDS zeitweilig eintrat, zur erneuten Spaltung führen könnte.[157]

Bei der Diskussion über eine „Sonderwirtschaftszone Ost“ haben solche Überlegungen sicher keine Rolle gespielt. Sie zeigen aber, von welch staatstragender Bedeutung die wirkliche Herstellung der inneren Einheit in Deutschland ist. Dies gilt es auch zu berücksichtigen, wenn man nach den Ursachen forscht, warum im vereinigten Deutschland so manche Politiker und Wirtschaftsmanager eine erstaunliche Arroganz der Macht verkörpern. Sie glauben, bewußt oder unbewußt, mit dem Untergang der DDR und der kommunistischen Systeme in Osteuropa sei ein alternatives Infragestellen des westlichen Systems für immer obsolet. Doch dies könnte sich als ein zwar verständlicher, aber großer Irrtum erweisen. Die Geschichte zeigt, daß es immer auch Alternativen gibt. Selbst Politiker, die erklären, zu ihrer Politik gäbe es keine Alternative – wie oft müssen wir das hören –, haben sich noch immer selbst getäuscht.

Diese Überlegungen zwingen auch dazu, zum Anteil jener politischen Kräfte an der Wiedervereinigung einige Anmerkungen zu machen, die über 40 Jahre lang unverdrossen für die Wiederherstellung der staatlichen Einheit Deutschlands eingetreten sind. Ein Autor wie Alexander Gallus, der alle diese unterschiedlichen Personen und Gruppierungen unberechtigt unter dem Stichwort „Neutralisten“ zusammenfaßte, meint, sie seien „gescheitert“[158]. Diese Schlußfolgerung ist denn doch zu billig. In Wirklichkeit haben sie einen kaum zu überschätzenden Anteil daran, daß es 1990 zur Wiedervereinigung gekommen ist. Sie haben erreicht, daß es keine Streichung oder Abschwächung des Wiedervereinigungsgebotes des Grundgesetzes gegeben hat. Sie haben verhindert, daß die gesamtdeutsche Staatsangehörigkeit beseitigt wurde. Schon allein diese beiden Faktoren waren für die Wiedervereinigung von ausschlaggebender Bedeutung. Vor allem aber haben sie einen unübersehbaren Beitrag zur Bewahrung des Bewußtseins von der gemeinsamen Nation geleistet, das sich dann in den Monaten von November 1989 bis zum Oktober 1990 in besonderer Weise bewährte.

Nach der Vereinigung konnte ich noch fast weitere fünf Jahre das Institut für Ostrecht in Kiel leiten. Als es schwierig wurde, Nachwuchs zu finden, erreichte ich zusammen mit dem Dekan Professor Dr. Säcker einen Kompromiß: Der Moskauer Professor Dr. Boguslawskij übernahm für drei Jahre die Leitung des Institutes. Danach hatte sich Dr. Trunk in München habilitiert und konnte auf den Lehrstuhl für Ostrecht und Bürgerliches Recht berufen werden. Anfang Herbst 1994 feierte ich meine Verabschiedung zusammen mit den Mitarbeitern des Instituts im Sommerhaus von Dr. Daublebsky in Lessach (Österreich). Was nun? Sollte ich mich nun wirklich „zur Ruhe setzen“? Mein Sinn stand nicht danach. Und es kam dann auch anders.

Moskau

Über seinen zweimonatigen Aufenthalt in Moskau vom 6. Dezember 1926 bis Ende Januar 1927 notierte Walter Benjamin: „Für die Bauweise der Stadt sind die vielen ein- und zweistöckigen Häuser charakteristisch.“[159] Als 1957 die „Weltfestspiele der Jugend und Studenten“ in Moskau stattfanden, verfügte die Stadt bereits über sieben der acht von Stalin geplanten Hochhäuser. Das 1957 eröffnete Hotel „Ukraina“ am Kutusow-Prospekt gehört zu den besten Arbeiten im Stil des „Stalin-Klassizismus“ und ist heute nicht nur ein Hotel, sondern auch ein Architekturdenkmal. Zusammen mit einem Teil der Teilnehmer an dem Jugendfestival aus der Deutschen Bundesrepublik 1957 in Moskau gehörte ich damals zu den ersten Gästen dieses pompösen Hotels. Eine andere Gruppe, mit dem Verleger Ernst Rowohlt an der Spitze, wohnte in einem anderen der als „Sieben Schwestern“ bezeichneten Hochhäuser im Zuckerbäckerstil, nämlich im Hotel „Leningradskaja“ am Ploschad Komsomola. In seinem prachtvollen Foyer habe ich mehrmals gefrühstückt. Es ist schon ein phantastisches Erlebnis, in der 30 Meter hohen Halle eines 28geschossigen Gebäudes ein Ei zu pellen. Der größte Teil der Festivalteilnehmer wohnte in neugebauten, einfachen Touristenhotels im Stadtteil Ostankino.

Heute nennt man die unter Stalin errichteten Hochhäuser „Stalins Kathedralen“. Wolkenkratzer sollten es eigentlich nach dem Willen ihrer Erbauer nicht werden, vielmehr sollten sie im Gegensatz zum Wildwuchs kapitalistischer Städte die neue sowjetische Lebensform versinnbildlichen und waren mit einer großzügigen Stadtplanung verbunden, die durch breite Straßen und geschlossene hohe Wohnblocks gekennzeichnet war. Die Hochhäuser wurden in vertikaler Linie zu den Gebäuden des alten Moskaus gebaut. Zieht man eine unsichtbare Linie zwischen den jeweils gegenüberliegenden Hochhäusern, so überschneiden sich die Linien an einem Punkt, an dem eigentlich der „Palast der Sowjets“ – die achte „Kathedrale“ – entstehen sollte. Sie sollte mit einer Höhe von 420 Metern den Eiffelturm von Paris und das Empire-State-Building in New York überragen. Doch der Plan wurde verworfen. So blieb es bei den „Sieben Schwestern“, über deren Schönheit oder Häßlichkeit auch heute noch kräftig gestritten wird.

Unabhängig von solchem Streit aber gehören sie bis heute zum eindrucksvollen Gesicht der Stadt. Die größte der „Sieben Schwestern“ ist die Lomonossow-Universität auf den Sperlingsbergen (in der Sowjetzeit hießen sie „Lenin-Berge“). Neben den schon erwähnten Hotels „Ukraina“ und „Leningradskaja“ sind hier das Außenministerium am Smolensker Platz, das Verkehrsministerium am Roten Tor und die Wohnhäuser am Platz des Aufstandes sowie am Kotelnitscheskaja-Kai zu nennen.

Weniger bekannt sind die Wohnblocks, die in Stadtteilen wie Sokol in den Jahren 1948 und 1949 von deutschen Kriegsgefangenen gebaut wurden. Noch heute ist jeder Mieter erfreut, wenn er hier seine Wohnung gefunden hat.

Doch die Zeit hat auch das Bild der Stadt verändert. Nach der politischen Wende Anfang der 1990er Jahre entstanden neue, moderne und immer höhere Häuser unter dem Moskauer Bürgermeister Jurij Luschkow, was Jürgen Mettke zu dem Einwurf veranlaßte, „Moskau wird zur Weltstadt der Postmoderne“[160].

Schon immer hatten wir die Beziehungen unseres Kieler Instituts für osteuropäisches Recht zum Moskauer Institut für Staat und Recht gepflegt. Das Institut hat eine lange Tradition und war zu allen Zeiten das führende rechtswissenschaftliche Forschungsinstitut, seine Entwicklung spiegelt aber auch die Höhen und Tiefen marxistischer Rechtswissenschaft wider. Gehörten in den 1920er und 1930er Jahren zu seinen profilierten Wissenschaftlern jene, die den Versuch unternahmen, eine marxistische Rechtswissenschaft zu begründen – zu nennen wären hier Jewgej Bronislawowitsch Paschukanis[161] oder Peteris Stutschka[162] –, so wurden sie und viele andere in der Stalinzeit Opfer der Diffamierungskampagne eines gewissen Andrej W. Wyschinski[163]. Stutschka starb 1932, Paschukanis wurde zum Tode verurteilt.[164] Zwanzig Jahre später, auf dem XX. Parteitag der Kommunistischen Partei der Sowjetunion, wurden sie post mortem rehabilitiert.

Der zu lebenslanger Haft verurteilte Mitstreiter Paschukanis, Leonhard Ginzburg, kehrte in das Institut zurück und befaßte sich in der Folge mit Fragen des Arbeitsrechts. In der Bibliothek des Instituts fand ich Anfang der 1990er Jahre das bis dahin unter Verschluß aufbewahrte Exemplar des Buches von Paschukanis zum Völkerrecht. Er hatte es mit der Hand für eine Neuausgabe korrigiert. Jede Seite trug einen Paginierstempel der sowjetischen Generalstaatsanwaltschaft. Offenbar hatte das Exemplar als „Beweis“ im Prozeß gegen Paschukanis gedient. Nach seiner Rehabilitierung hatte die Staatsanwaltschaft das Buch dem Institut „zurückerstattet“.

Nach dem Zweiten Weltkrieg hatte das Institut eine privilegierte Stellung als Institut der sowjetischen Akademie der Wissenschaften. Über 400 Professoren und wissenschaftliche Mitarbeiter widmeten sich fast ausschließlich der Forschungsarbeit. Alle wichtigen Unionsrepubliken, wie zum Beispiel die Ukraine oder Weißrußland, folgten diesem Beispiel, und so stößt man bis heute in diesen inzwischen unabhängig gewordenen Staaten auf „Akademie-Institute für Staat und Recht".

Der Untergang der Sowjetunion 1991 stellte das Institut vor neue Probleme, nicht zuletzt deshalb, weil mit dem Wegfall der Sowjetunion auch der Finanzier der sowjetischen Akademie entfallen war. Die Akademie unterstellte sich zwar der Jurisdiktion der Russischen Föderation des Boris N. Jelzin, doch die Mittel, die nun auf diese Weise von der Russischen Föderation kamen, waren zu gering, um in der bisherigen Weise weiterbestehen zu können. Doch wie immer in solchen Fällen in Rußland fand sich eine Lösung. 1992 gründete der Direktor des Instituts, Akademiemitglied Professor Dr. Topornin, beim Institut eine Akademische Rechtsuniversität, die 1994 ihren Betrieb aufnahm. Hier hielten nun die wichtigsten Professoren des Instituts Vorlesungen und garantierten eine volljuristische Ausbildung. Allerdings mußten die Studenten nun erhebliche Studiengebühren zahlen. Da sich bald viele Studenten meldeten, konnte das Institut mit Hilfe der Studiengebühren seine Tätigkeit fortsetzen. Diese Methode der weitgehenden „Eigenfinanzierung" wurde auch von anderen Einrichtungen, wie dem Moskauer Internationalen Institut für internationale Beziehungen (MGIMO), der juristischen Fakultät der Lomonossow-Universität und anderen Institutionen, betrieben.

Seinem Ruf als rechtswissenschaftliche Forschungsstätte schadete diese unter kommerziellen Gesichtspunkten betriebene Lehrtätigkeit nicht. Viele ausländische Rechtswissenschaftler nahmen Kontakte zu dem Institut auf, und manche freuten sich über die ihnen verliehene Ehrendoktorwürde, wie zum Beispiel Professor Dr. Roman Herzog, Professor Dr. Dr. Säkker, Professor Dr. Wolfrum oder andere Rechtsgelehrte aus Deutschland. Anfang 1994 informierte mich Professor Topornin von seiner Absicht, am Institut ein Zentrum für deutsches Recht schaffen zu wollen. Mir leuchtete der Plan Topornins zur Schaffung eines derartigen Zentrums sehr ein, hatte sich doch Rußland zu allen Zeiten zum europäischen Rechtskreis zugehörig bekannt, und unter dem Aspekt des Übergangs zur Marktwirtschaft und zum Rechtsstaat konnte es nur nützlich sein, sich mit dem deutschen Recht näher zu befassen. Gemeinsam verfaßten wir bei mehreren Treffen in Moskau „Thesen" über die Aufgaben des Zentrums, dessen Statut und die Anordnung des Institutsdirektors zur Bildung des Zentrums. In Deutschland unterstützten Professor Rupert Scholz (MdB), die Stiftung für internationale rechtliche Zusammenarbeit, das Kieler Institut für Osteuropäisches Recht und in Rußland das Justizministerium die Gründung des Zentrums. Als Topornin erfuhr, daß ich aus Altersgründen meine Tätigkeit in Kiel beenden würde, schlug er mir vor, nach Moskau zu kommen und als „Generalsekretär“ des Zentrums zu wirken. Die Aufgabe reizte mich, und ich nahm an. So begann für mich eine neue Tätigkeit, die fast zehn Jahre andauern sollte.

Schon 1994 konnten wir mit dem ersten Lehrgang für deutsches Recht beginnen, das wir bald auf das europäische (EU-)Recht erweiterten. Professor Topornin brachte für seine Funktion als Vorsitzender des Zentrums hervorragende Voraussetzungen mit, sprach er doch sehr gut Deutsch. Überdies hielt er schon seit Jahren Vorlesungen zum Europäischen Recht und hatte hierzu auch ein Lehrbuch verfaßt.[165]

Natürlich konnten wir das gesamte Gebiet des deutschen und europäischen Rechts nicht allein abdecken, sondern bedurften der Mitwirkung anderer deutscher Kollegen. Glücklicherweise gelang es uns, hervorragende Fachkollegen zu gewinnen; unter ihnen Professor Dr. Dr. Säcker aus Berlin, Professor Dr. Wolfrum aus Heidelberg, Professor Dr. Paschke aus Hamburg und Professor Dr. Dr. Krawietz aus Münster.

An den Vorlesungen nahmen regelmäßig zwischen 40–60 russische Studenten teil. Natürlich wirkten sich die hohen Studiengebühren (zwischen 4.000–7.000 US-Dollar je Semester) auf die soziale Zusammensetzung der Teilnehmer aus. Über die Hälfte stammte aus Familien der „neuen Russen“, die sich die Finanzierung des Jurastudiums ihrer Kinder leisten konnten. Ein anderer Teil verdiente sich das Geld durch Arbeit als Kanzleigehilfe, Dolmetscher oder Übersetzer oder auch auf andere Weise. Einige wenige erhielten ein staatliches oder privates Stipendium. Die unterschiedliche Zusammensetzung der Kursteilnehmer zeigte sich manchmal auch an der unterschiedlichen Teilnehmerzahl. Für wegen Arbeit abwesende Teilnehmer schrieben andere die Vorlesungen mit oder nahmen sie mit einem Mikrophon auf. Mehrmals mußte ich darauf hinweisen, daß dies urheberrechtlich immer nur mit Einverständnis des Vorlesenden erlaubt ist. Oftmals nahmen an den Vorlesungen auch Praktiker aus dem russischen Justizwesen (wie zum Beispiel Richter), in Einzelfällen (wie zum Beispiel beim Patent- und Urheberrecht) auch Studenten anderer Hochschulen wie der Lomonossow-Universität teil.

Insgesamt waren die teilnehmenden Studenten regelmäßig hochinteressiert, sehr diszipliniert, fleißig und ziel- und karrierebewußt. Alle absolvierten ihr Studium in der festgelegten Zeit von vier Jahren. Sicher lag dies auch an den Kosten des Studiums. Manchmal führte dies auch zu Haltungen, die so wohl an einer deutschen Universität nicht denkbar wären. Als ein deutscher Kollege etwa 20 Minuten seiner Vorlesungszeit „hinter sich gebracht“ hatte, meldete sich eine russische Studentin: „Ich bitte um Verzeihung, aber Sie sprechen jetzt schon 20 Minuten, nur zu dem angekündigten Thema haben Sie noch nichts gesagt. Das können wir uns nicht leisten.“ Mit letzterem meinte sie wohl die Studiengebühren, die

die Studenten zu zahlen hatten. Der Kollege war natürlich verblüfft, denn von den Gebühren wußte er nichts. Der Kritik der Studentin aber mußte ich recht geben.

Manche Studenten überraschten die deutschen Professoren auch mit ihren guten Kenntnissen deutschen Rechts. In einer Vorlesung zum Umweltrecht meldete sich ein Student mit der Bemerkung zu Wort, daß eine bestimmte Frage vom deutschen Verfassungsgericht doch bereits anders entschieden worden sei. Der Kollege war angenehm überrascht: „So etwas erwarte ich regelmäßig nur im Rigorosum." (sprich: in der Doktorandenprüfung)

Natürlich gab es auch Teilnehmer mit weniger guten Ergebnissen. Doch alle bemühten sich, zum Abschluß des „Intensivkurses zum deutschen und europäischen Recht", wie wir unsere Lehrveranstaltungen schließlich nannten, ein gutes Zertifikat zu erhalten, das wir am Schluß jedes Kurses an die Teilnehmer ausgaben. Bei schlechten Leistungen beschränkte sich das Zertifikat auf die Feststellung „Teilgenommen". Später erfuhr ich durch einen Zufall, daß unsere Zertifikate (wenn sie denn gut waren) oft den Bewerbungsunterlagen der Absolventen beigefügt wurden. Der Leiter einer internationalen Rechtsanwaltskanzlei in Moskau erzählte mir, er habe gerade wieder einen Absolventen eingestellt, der an einem unserer Kurse das Prädikat „Erfolgreich teilgenommen" erhalten hatte.

Von der sowjetischen Vergangenheit ihres Landes hatten die meisten russischen Studenten nur eine oberflächliche Ahnung. Vor den Parlamentswahlen 1996 unterhielt ich mich mehrmals mit Studenten unseres Kurses darüber und fragte sie, was sie von der sowjetischen Vergangenheit wüßten. „Eigentlich wenig. Meist nur das, was die Eltern uns erzählen." Diese aber waren selbst überwiegend in das System integriert und beschränkten sich daher etwa auf Feststellungen wie die, daß es damals keine Reisepässe und daher auch keine Reisefreiheit gegeben habe. Ihre Begründung, warum sie die Kommunisten nicht wählen würden, erschöpfte sich bei den Studenten denn auch regelmäßig in der Aussage: „Weil wir dann wieder nicht reisen könnten." Die nun gegebene Reisefreiheit sahen sie als eine Errungenschaft der politischen Wende an, die sie nicht mehr missen wollten.

Unsere Intensivkurse zum deutschen Recht hatten einen großen Mangel, sie mußten nämlich in russischer Sprache gehalten werden, da nur ganz wenige Studenten über Kenntnisse der deutschen Sprache verfügten. Unterricht in fremden Sprachen gab es am Institut nicht, sondern die Studenten waren darauf angewiesen, was sie an Kenntnissen fremder Sprachen aus ihrer Schulzeit mitbrachten. Ohnehin war ich immer der Auffassung, Vorlesungen über eine bestimmte Rechtsordnung sollten immer in der Sprache gehalten werden, in der ihre Gesetze geschrieben sind.

Zudem sprachen von den deutschen Professoren nur wenige Russisch. Da eine Simultananlage fehlte (vor allem das Geld für ihre Anschaffung), war es ein großes Glück, daß Jelena Gretschischnikowa die Übersetzung der Vorlesungen übernahm. Sie stammte aus Omsk (Sibirien) und hatte dort Jura studiert (zusammen mit dem Rußlanddeutschen German Gref, der heute russischer Wirtschaftsminister ist). Nach ihrer Promotion im russischen Arbeitsrecht erhielt sie ein Habilitationsstipendium in Kiel und absolvierte noch ein Jurastudium für Ausländer an der Kieler Universität. Mit Kenntnissen des russischen und deutschen Rechts sowie deutsch- und russischsprechend, war sie eine ausgezeichnete Dolmetscherin. Später machte sie sich einen Namen durch die Übersetzung einer Monographie von Professor Haimo Schack[166].

Das Statut des Zentrums sah vor, daß dessen Tätigkeit durch ein „Kuratorium" unterstützt und kontrolliert wird. In relativ kurzer Zeit gelang es, anerkannte Persönlichkeiten aus Rußland und Deutschland für diese Tätigkeit zu gewinnen. Aus Rußland wurden die Vizepräsidentin des Russischen Verfassungsgerichts, Professor Tamara Morschakowa, der Präsident des Obersten Arbitragegerichts, Professor Jakowlew, der Bürgermeister von St. Petersburg, Professor Sobtschak, der Präsident des russischen Verfassungsgerichts, Professor Tumanow, und der Generaldirektor des russischen Energiekonzerns Gazprom, Wjachirew Rem, sowie natürlich der Präsident des Zentrums, Professor Topornin, Mitglieder des Kuratoriums. Von deutscher Seite war es unter anderem Professor Dr. Roman Herzog, Präsident des Bundesverfassungsgerichts; als er später zum Bundespräsidenten gewählt wurde, ließ er sein Amt ruhen, und ihm folgte Professor Jutta Limbach nach. Weitere deutsche Kuratoriumsmitglieder waren der Vorstandsvorsitzende von Ruhrgas, Dr. Klaus Liesen, Jens Neumann vom Vorstand der „Volkswagen AG", die Professoren Dr. Säcker, Rupert Scholz und Rüdiger Wolfrum sowie Professor Wilfried Bergmann von der Deutschen Stiftung für internationale rechtliche Zusammenarbeit. Die Bildung dieses Kuratoriums war ein großer Erfolg, und das Kuratorium tagte jährlich abwechselnd in Moskau und Berlin und gab wertvolle Hinweise für die Arbeit des Zentrums. Aus dem Kuratorium kam auch die Anregung, wir sollten nicht nur Vorlesungen zum deutschen Recht halten, sondern uns auch um die Entwicklung der neuen Rechtsordnung in Rußland kümmern. Mit Professor Dr. Säcker verfaßten wir ein Gutachten zum neuen Russischen Zivilgesetzbuch, das dann 1994/1995 in Kraft trat und an dem verschiedene deutsche Juristen und Institutionen mitwirkten.[167]

Schon zuvor hatten wir uns im Kieler Ostrechtsinstitut mit der Entwicklung der neuen russischen Rechtsordnung befaßt, wovon die Veröffentlichungen in der „Schriftenreihe zum osteuropäischen Recht" zeugen.[168]

Der Direktor des Instituts, Professor Topornin, schloß auf der Suche nach Sponsoren des Instituts einen Forschungsvertrag mit Anatoli Tschubais, dem Leiter des Vereinigten Energiesystems Rußland. Das Institut sollte helfen, Vorschläge für das russische Energierecht auszuarbeiten. Bei mehreren Besprechungen im modernen Verwaltungsgebäude dieses am Rande Moskaus gelegenen Konzerns zeigten Tschubais und sein Team profilierte Vorstellungen von der künftigen Gestalt des russischen Energiesystems, stellten aber auch viele Fragen an den anwesenden deutschen Energierechtler, Professor Säcker. Topornin wollte einen hochqualifizierten Wissenschaftler mit der Leitung der Forschungsgruppe betrauen und machte Akademiemitglied Laptjew einen entsprechenden Vorschlag. Doch der lehnte ab: „Für einen Mann wie Tschubais arbeite ich nicht." Laptjew konnte es mit seiner politischen Auffassung nicht vereinbaren, für einen Mann zu arbeiten, den er für einen „US-hörigen Oligarchen" hielt.

1995 erweiterte sich meine Tätigkeit in Moskau: Ich wurde zum Schiedsrichter am Internationalen kommerziellen Schiedsgericht bei der Kammer für Handel und Industrie der Russischen Föderation gewählt. Das Schiedsgericht gab es schon lange, aber bisher standen auf der Schiedsrichterliste nur Staatsangehörige Rußlands. Die politische Wende brachte auch hier eine Änderung. Von 1995 an konnten auch Ausländer auf die Schiedsrichterliste gesetzt werden.

Diese Tätigkeit verschaffte mir neue Erfahrungen in der internationalen Wirtschaftsrechtspraxis. Das Schiedsgericht entschied nämlich in erster und letzter Instanz über Streitigkeiten zwischen russischen und ausländischen Unternehmen. Seine Entscheidungen sind in Rußland und in ausländischen Staaten unter bestimmten Voraussetzungen vollstreckbar. Aufschlußreich war, wie kenntnisreich bezüglich ausländischer oder internationaler Rechtsfragen die Vertreter russischer Unternehmen in den Prozessen auftraten. Eine junge Juristin aus Sibirien zum Beispiel, die ihr Unternehmen vertrat, war sich von vornherein darüber im klaren, daß auf ihren Streitfall das UN-Kaufrecht zur Anwendung kommen müsse (dessen Text sie auch gut kannte), während der Vertreter der deutschen Gegenpartei sich nicht sicher war. Ich ertappte mich dabei, daß ich schon – wie die meisten Moskauer Juristen – der Meinung war, derart gebildete Juristen könnten nur aus Moskau kommen. Doch die Praxis zeigte, sie gab und gibt es auch in Sibirien.

Natürlich machten meine Erfahrungen in der Schiedsgerichtsbarkeit meine Vorlesungen im Zentrum praxisnäher. Kamen wir so mit dem Zentrum gut voran, so hatten wir jedoch mit unserer Hoffnung, die Vereinigung hervorragender Persönlichkeiten aus Rußland und Deutschland im Kuratorium des Zentrums würde uns auch Sponsoren für die Finanzierung des Zentrums erschließen, kein Glück. Selbst ein Antrag Topornins beim

Akademischen Austauschdienst (DAAD) in Bonn, der von den deutschen Professoren Säcker und Wolfrum befürwortet wurde, die Kosten meiner Tätigkeit in Moskau zu übernehmen, wurde abgelehnt. Hintergrund dieser Entscheidung war sicher meine frühere Tätigkeit in der DDR, aber auch die Befürchtung, ich könnte mit dem Zentrum für andere in Moskau tätige Institutionen eine unerwünschte Konkurrenz werden. Ich wollte dies nicht glauben und fragte in Bonn beim DAAD nach. Zwar wurde mir versichert, die Ablehnung sei nicht wegen meiner Person erfolgt, aber bei der negativen Entscheidung blieb es.

Topornin und ich hielten dennoch daran fest, das Zentrum fortzuführen. Finanziell belastete das vor allem mich, denn das Moskauer Institut konnte mir keinerlei finanzielle Unterstützung gewähren. Unsere Beharrlichkeit hatte Jahre später insofern Erfolg, als nun erst der DAAD und dann ein Zusammenschluß von Stiftungen wenigstens einen Teil meiner Aufenthaltskosten in Moskau übernahmen. Schließlich wurden die Intensivkurse überhaupt vom DAAD gefördert.

In der Zwischenzeit war ich zu dem Schluß gekommen, ich müßte es eben machen, wie die schlecht bezahlten russischen Professoren auch, nämlich eine „Nebentätigkeit" finden. Die russischen Kollegen waren regelmäßig als Berater, Gutachter oder überhaupt in Rechtsanwaltskanzleien tätig. Auf diese Weise verdienten sie manchmal ein Mehrfaches ihres Gehaltes im Institut hinzu. Ihr Gehalt aber war gering und lag zwischen 2000 und 3000 Rubel. Einige wenige machten ihre Arbeit in einer Kanzlei zur Haupttätigkeit und ihre Tätigkeit im Institut zur Nebentätigkeit.

Mir daran ein Beispiel nehmend, verfaßte ich für einige Unternehmen Gutachten, bis mir die deutschen Gesellschafter einer russischen „Genossenschaft mit beschränkter Haftung" mit Sitz in Moskau das Angebot machten, in dieser Gesellschaft den Vorsitz im Vorstand zu übernehmen.

Die Rechtsform und die Struktur dieser Gesellschaft waren etwas verwirrend. Die GmbH, so wie sie in Deutschland bekannt ist, gab es damals im russischen Recht noch nicht; auch hatten viele Elemente US-amerikanischen Rechts Eingang in die Satzung der Gesellschaft gefunden, weil auch ein Amerikaner zu den Gesellschaftern gehörte, für den ich der „chairman of the board" war. Entscheidungen der Gesellschaft waren auch dadurch erschwert, daß 50 Prozent der Geschäftsanteile von deutschen Gesellschaftern, die anderen 50 Prozent von russischen bzw. US-Gesellschaftern gehalten wurden.

Abwechselnd stellten die deutschen Anteilseigner immer eine Zeitlang den Vorsitzenden, während die anderen 50 Prozent den Generaldirektor benannten. Außerdem gab es immer einen russischen Bürger als stellvertretenden Generaldirektor. So wurde ich von deutscher Seite zum Vorsitzenden vorgeschlagen, und die russisch-amerikanische Seite stimmte dem zu. Mir brachte das viele neue Erfahrungen in der Praxis eines russischen Unternehmens (denn trotz der Internationalität der Gesellschafter handelte es sich um ein russisches Unternehmen, sprich: um eine juristische Person russischen Rechts). Allmählich wurde ich mit den Formen des Umgangs eines russischen Unternehmens mit den staatlichen Behörden, den Steuerbehörden, dem Sicherheitsdienst und den Beschäftigten vertraut.

Zu den Gründern des Unternehmens gehörte auf russisch-amerikanischer Seite auch der bekannte Augenarzt Professor Dr. Svatislav Fjodorow. Der von der russisch-amerikanischen Seite benannte Generaldirektor war der Meinung, mit den 400 Beschäftigten des Unternehmens könne man nur klar kommen, wenn man sie hart anfaßte, ihnen möglichst wenig zahlte und sie auch entsprechend laut anspräche. Das sah ich alles ganz anders.

Schon am Anfang meiner Tätigkeit fiel mir auf, daß die Löhne und Gehälter des russischen Personals sehr niedrig und außerdem seit drei Jahren nicht mehr erhöht worden waren, obwohl die Lebenshaltungskosten erheblich gestiegen waren. Als ich daraufhin auf die Tagesordnung der nächsten Sitzung des Vorstandes die Frage der Erhöhung der Löhne für die russischen Beschäftigten setzte, stieß ich erwartungsgemäß mit dem Generaldirektor zusammen. Da die Buchhalterin mich jedoch unterstützte, mußte er nachgeben. Allerdings rächte er sich, indem er zwar für alle Beschäftigten die Gehälter erhöhte, aber die Buchhalterin davon ausnahm. Da sie einen Einzelvertrag mit dem Unternehmen hatte, konnte das dann doch noch vernünftig geregelt werden.

Mir selbst brachte die Tätigkeit als Vorstandsvorsitzender neben den genannten Erfahrungen das Verfügungsrecht über ein Auto des Unternehmens (mit Fahrer) und eine Dienstwohnung ein. Diese Nebentätigkeit dauerte vier Jahre, bis die deutschen Gesellschafter ihren Anteil an die russisch-amerikanischen Anteilseigner verkauften.

Nicht nur diese Nebentätigkeit, sondern mein politisches Interesse überhaupt ließen mich aufmerksam verfolgen, welche innenpolitischen Entwicklungen sich in Rußland vollzogen.

Besonders aufschlußreich war das Jahr 1998. Der damals 66jährige Präsident Jelzin gab zu Beginn des Jahres bekannt, daß er kein drittes Mal kandidieren werde. Das warf natürlich die Frage eines Nachfolgers für das Jahr 2000 auf.

Zunächst aber entließ er den Regierungschef Viktor Tschernomyrdin und das gesamte Kabinett (März 1998) und beauftragte den 35jährigen Sergej Kirijenko mit der Bildung einer neuen Regierung. Die Duma lehnte den entsprechenden Antrag Jelzins zweimal ab, und erst bei der dritten Wahl (am 24. April 1998) wurde Kirijenko gewählt.

Das war ein Freitag, und ich saß am Abend in dem mexikanischen

Restaurant in der Twerskaja, in dem meist junge Leute verkehrten, ab 20 Uhr eine Band spielte und bis dahin ein großer Fernsehapparat laut in den Saal dröhnte. Über ihn lief gegen 19 Uhr die Meldung, Kirijenko sei in dritter Wahl von der Duma zum Regierungschef gewählt worden. Bei den Anwesenden im Restaurant löste dies Beifall und Jubel aus. Überrascht fragte ich einige, warum sie diese Wahl erfreute. Alle Befragten sagten spontan: „Endlich kommt einmal ein Junger an die Spitze. Die alten Säkke kotzen uns an."

Die Veränderungen in der politischen Landschaft beeinträchtigten nicht das reiche Kulturleben der Stadt, schlugen sich aber teilweise auch hier nieder. Mit Lena Gretschischnikowa besuchte ich Konzerte im Tschajkowskij-Konservatorium in der Nikitskaja. Obwohl die Karten nicht gerade preiswert waren, waren die Vorstellungen meistens ausverkauft. Im großen Saal des Konservatoriums hingen an den Wänden die Gemälde großer klassischer Komponisten. Lena machte mich darauf aufmerksam, daß sich darunter auch Deutsche wie Brahms und Beethoven befanden. Sie fügte hinzu, die Gemälde der deutschen Komponisten hätten auch während des gesamten Krieges mit Deutschland hier gehangen. Im Bolschoj-Theater hörte ich „Boris Godunow", Tschajkowskijs „Schwanensee" oder „Figaros Hochzeit". Die Karten waren schwer zu bekommen, doch dank meiner zahlreichen Bekannten fand sich immer wieder ein Weg. Im Sovremenik-Theater spielten sie Stücke, die sich mit der stalinistischen Vergangenheit auseinandersetzten. Im Tschajkowskij-Konzertsaal erinnerte ein Orchester an den legendären Musiker Eddi Rosner. Im Kino zeigte man „Sibirskij Sirjulnik" („Der Barbier von Sibirien"), den neuen Film des russischen Regisseurs Nikita Michalkow. Die Premiere fand im Kongreßsaal des Kreml statt, die Karten kosteten zwischen 500 und 700 Dollar. Die gesamte Prominenz des Landes, Jelzin ebenso wie beispielsweise der „Oligarch" Boris Beresowskij, waren erschienen. Mir war das zu teuer, und ich sah mir den Film ein paar Tage später im Kino „Rossija" an, da kostete die Karte nämlich nur 70 Rubel. In diesem Film spielt der russische Schauspieler Nikita Michalkov Zar Alexander III. Als solcher reitet er höchstpersönlich in den Kreml, springt sportlich vom Pferd, trinkt auf die versammelten Kadetten, springt wieder aufs Pferd und reitet davon. Junge russische Kinobesucher sahen die Szene mit Begeisterung und meinten: „So einen Kerl bräuchten wir als Präsidenten." Sie hatten wohl das Kontrastbild des oft kranken, manchmal auch angetrunkenen Jelzin vor sich. Nachdem der Film in ganz Rußland angelaufen war, erklärte Michalkov in mehreren Interviews, er hätte mit dem Film zeigen wollen, daß Rußland auch funktionieren könne. Er selbst sei bereit, für das Amt des Präsidenten zu kandidieren. Daraus wurde aber dann nichts.

Auch wenn in Rußland schon lange das Fernsehen weit verbreitet ist, sind die Russen doch ein Lesevolk geblieben. Nirgendwo auf der Welt sieht man in den öffentlichen Verkehrsmitteln so viele Passagiere Bücher lesen wie in Rußland. Das Angebot in den Buchläden der Stadt war vielgestaltig. Da erschienen immer neue Biographien bekannter Politiker, wie Jelzin, Gorbatschow, Primakow oder Luschkow, aber auch verstorbener Politiker wie Stalin, Trotzki und Lenin. Zu finden waren auch äußerst kritische Bücher über die USA, aber auch über das eigene Land. Oft waren solche Bücher mit einem gewissen Mythos verbunden. Sergej Norka schrieb zum Beispiel den Roman „Das verfluchte Rußland" („Rus okajannaja") und erzielte schon mit der ersten Auflage einen Umsatz von mehr als 400.000 Exemplaren.

Neu war, daß in Moskau immer mehr Spielkasinos öffneten; inzwischen sollen es wohl 70 sein. Die Stadt will sie allmählich auf 46 begrenzen. Daneben entstanden allerlei Nightclubs, in denen die Neureichen auf ihre Art feierten. Überhaupt war es ein Charakteristikum der „neuen Russen", daß sie mit ihrem Reichtum protzten. Der Vertreter der Mercedes-Niederlassung in Moskau sagte mir, seine Firma habe in keiner Stadt der Welt soviele 600er-Wagen verkauft wie in Moskau.

Eine Zeitlang war auf großen Plakaten eine schöne Frau abgebildet und quer darüber stand „Ich liebe Dich" in russischer Handschrift. Auf meine Nachfrage, was das für eine eigenartige Werbung sei, antwortete man mir, es seien die Plakate eines reichen Mannes, der so um die schöne Frau werbe.

Die neue russische Regierung stellte im Juni 1998 ein Programm zur Überwindung der schweren Wirtschafts- und Finanzkrise vor, in die das Land geraten war. Im August wertete Kirijenko entgegen einem Versprechen gegenüber Jelzin den Rubel gegenüber dem Dollar de facto ab.

Am 18. August kam es dann zum „Rubel-Crash". Konnte man am Vormittag noch für einen Dollar nur 11 oder 18 Rubel erhalten, waren es am Nachmittag schon 18 oder 23, dann 27 Rubel, und der Verfall ging weiter.

An manchen Geldautomaten oder Wechselstuben wurden die Rubel überhaupt knapp. Stundenweise gab es überhaupt keine. Die ersten Banken schlossen. Zwei Tage später erschien in meinem Zimmer im Zentrum eine Mitarbeiterin mit verheulten Augen, und als ich sie fragte, was passiert sei, antwortete sie: „Mein Mann und ich hatten bei der Menatep-Bank ein Dollarkonto. Das ist einfach weg. Wir bekommen nichts zurück."

Die Menatep-Bank war ein starkes Finanzinstitut, das von Michail Chodorkowskij mit Geldern dunkler Herkunft gegründet worden war. Offensichtlich nutzte er die Gelegenheit, sich ein weiteres Mal zu bereichern.

Denn später wurde die Bank wieder geöffnet. Doch die Sparer erhielten ihr Geld nicht zurück. Ein Gesetz, das Sparer so wie in Deutschland gegen solche Situationen abgesichert hätte, gab es damals in Rußland nicht. Mein eigenes Konto bei der Moskau-Bank ging auf diese Weise auch verloren. Glücklicherweise hatte ich nur einen geringen Betrag darauf.

Der „Rubel-Crash“ zeigte sich auch auf andere Weise. Viele Angestellte, vor allem von Banken und kleinen Unternehmen, wurden entlassen.. Die arbeitslos gewordenen Angestellten versuchten, über die Runden zu kommen, indem sie verkauften, was sie sich angeschafft hatten. So konnte man noch wochenlang auf den Rückfenstern vieler Autos (VWs, Ladas oder Fords) lesen: „Zu verkaufen. Telefonnr.: ... “. Manchmal stand auch gleich der Preis dabei.

Mich beunruhigte die Situation, und ich fragte Topornin: „Wie soll das weitergehen?“

Er beruhigte mich: „Krisen haben wir in Rußland immer wieder erlebt. Wir sind jedesmal damit fertiggeworden. So wird es auch diesmal sein.“ In der Tat. Der „Rubel-Crash“ ging allmählich vorüber. Für die russische Industrie und Landwirtschaft hatte er sogar einige begrenzte positive Auswirkungen.

Importierte ausländische Lebensmittel, wie französisches Mineralwasser („Perrier“), deutsche Eier, dänischer Käse, die es immer in den Supermärkten gab, wurden nun teurer und weniger, und die Konsumenten griffen wieder zu den preiswerteren russischen Produkten (zum Mineralwasser„Narsan“, zu russischer Butter oder zu russischen Eiern).

In Kusminki, einem fast nur aus Plattenbauten bestehenden Stadtteil am Rande Moskaus, besuchte ich regelmäßig eine Familie, die mir aus DDR-Zeiten bekannt war. Die Frau des Hauses war in der DDR Russischlehrerin gewesen und hatte vor 25 Jahren nach Moskau geheiratet. Ihr Mann war Lehrer an einer Fachschule für Lokomotivführer; sie arbeitete als Übersetzerin in einem Moskauer Verlag. Da der Stadtteil damals noch keinen U-Bahn-Anschluß hatte, mußte man erst mit dem Trollej-Bus zur nächsten Metrostation fahren. So brauchte Ehemann Wladimir jeden Tag zwei Stunden bis zu seiner Fachhochschule in einem ganz anderen Stadtteil und die gleiche Zeit wieder zurück; bei der Ehefrau waren es immerhin auch fast eineinhalb Stunden.

In Kusminki wohnten sie mit ihren zwei Töchtern und der über 80 Jahre alten Großmutter väterlicherseits in einer Dreizimmerwohnung im zwölften Stock. Wie nach russischer Sitte üblich, hatte die „Babuschka“ das größte Zimmer für sich allein. Sie hatte die Kollektivierung der Landwirtschaft zu Beginn der 1930er Jahre noch miterlebt. „Meine Eltern hatten eine Kuh, zwei Ziegen und ein paar Hühner. Aber sie wurden als ‚Kulaken’ [Großbauern] eingestuft und enteignet.“ Auf meine Frage, ob sie es für möglich halte, daß in Rußland wieder eine privat betriebene Landwirtschaft entstehen könnte, antwortete sie pragmatisch: „Ich glaube nicht; die Leute haben ja zu arbeiten verlernt. Wenn wir am Wochenende zur Datscha fahren und fragen: ‚Wer kommt mit?' sind dies nur mein Sohn und ich."

Politisch unterstützte der Sohn Boris Jelzin. Als der Putsch gegen Gorbatschow stattfand (1993), war er dem Aufruf Jelzins gefolgt und hatte auf der Straße demonstriert. Danach hielt er sich vom politischen Geschehen fern und fuhr am Wochenende auf die Datscha.

Kusminki ist ein großer Stadtteil, in dem Hunderttausende von Arbeitern und kleinen Angestellten wohnten; Regierungsbeamte und Professoren fanden sich hier nicht. Als ich Topornin einmal sagte, ich fahre am Wochenende nach Kusminki, zog er die Augenbrauen hoch: „Wenn Du unbedingt willst."

Von allen Moskauern kannte ich am besten drei Kollegen, die ich schon in meiner DDR-Zeit kennengelernt hatte und die auch in jener Zeit mit mir Kontakt hielten, als ich von der DDR nach Kiel wechselte und dafür von der DDR-Führung, aber auch von einigen russischen Kollegen diskriminiert worden war. Diese „Troika" bestand aus den Professoren Boguslavskij, Laptjew und Tumanow.

Alle drei studierten während des Krieges nach ihrem Jurastudium an der Akademie für Außenhandel und erlernten dort die deutsche und die französische Sprache. Nur einer von ihnen, nämlich Wladimir Wiktorowitsch Laptjew, wurde auch Soldat. Bei einem der vielen Treffen in kleinem Kreis sagte er einmal mit Blick zu mir: „Wären wir uns während des Krieges an der Front begegnet, hätten wir aufeinander geschossen." Laptjew hatte recht. Mir war diese bittere Wahrheit lieber, als das manchmal, um nur ein Beispiel zu nennen, in den deutschen Medien kolportierte süßliche Gesäusel von Versöhnung zwischen ehemaligen britischen Piloten, die Dresden bombardiert hatten, und deutschen Jagdfliegern, die damals die britischen Bomber bekämpften.

Laptjew kam in der Nachkriegszeit in die Sowjetische Besatzungszone Deutschlands (SBZ) bzw. die DDR und wurde Justitiar der sowjetischen Aktiengesellschaft „Wismut". Als Stalin 1951 die Idee hatte, die sowjetischen Aktiengesellschaften in deutsches Eigentum zu überführen, wurde eine geeignete Person gesucht, die das entsprechende Dokument der DDR-Führung übergeben sollte. Die Wahl fiel auf Laptjew. Die diplomatischen Beziehungen der UdSSR zur DDR waren damals noch unterentwickelt; vieles lief über die Kanäle der sowjetischen Militäradministration.

Laptjew ging mit dem ihm übergebenen Dokument mit der Unterschrift Stalins zum Haus des DDR-Ministerrats in die Klosterstraße in Berlin und erklärte der Wache, daß er zu Ulbricht müsse. Dank seines guten Deutsch konnte er die erstaunte Wache dazu bewegen, ihn zum Büro des Ministerpräsidenten zu bringen. Ulbricht nahm das Dokument mit großem Erstaunen entgegen, ließ dann aber in den Medien über diese „Großzügigkeit" und „Freundschaft" Stalins gegenüber dem deutschen Volk ausführlich berichten.

Nach seiner Rückkehr nach Moskau arbeitete Laptjew im Institut für Staat und Recht und widmete sich den Rechtsfragen der Planwirtschaft. Er entwickelte die Theorie und Konzeption eines Wirtschaftsrechts, das traditionelle verwaltungsrechtliche und zivilrechtliche Regelungen in einem neuen Rechtszweig zusammenfaßte. Unter den gegebenen Verhältnissen der staatlichen Planwirtschaft war dies sicher die optimale juristische Regelung, um die mögliche Effektivität der Wirtschaft zu sichern. Dennoch stieß diese Konzeption auf den Widerstand der Anhänger der zivilrechtlichen Regelungsmethode, was sich bald zu einem scholastisch-dogmatischen Streit entwickelte, der seine Spuren bis in die Gegenwart hinterließ. In Theorie und Praxis der Sowjetzeit setzte sich aber die Konzeption Laptjews durch, der einen Lehrstuhl am Institut für Staat und Recht erhielt, seine Vorstellungen in vielen Fachbüchern im In- und Ausland darlegen und viele Schüler heranbilden konnte, die auch in anderen Republiken, wie zum Beispiel der Ukraine, diese Position verbreiteten. Schließlich wurde Laptjew zum Mitglied der Akademie der Wissenschaften gewählt; eine Auszeichnung, die nur wenigen Juristen zuteil wurde.

Auch beim Übergang zur Marktwirtschaft behielt Laptjew seine Position insofern bei, als er nun für ein eigenständiges „Unternehmensrecht" eintrat und im Auftrag des russischen Präsidenten den Entwurf eines „Gesetzes über das Unternehmensrecht" ausarbeitete. Die Problematik ist bis heute in Rußland nicht entschieden, während in der Ukraine sowohl ein Zivilgesetzbuch als auch ein „Wirtschaftsgesetzbuch" vorliegt.[169] Die Stärke Laptjews besteht auch darin, daß er ein ausgezeichneter Kenner des Zivilrechts westeuropäischer Staaten und der USA ist, in denen er viele Jahre als Gastprofessor gewirkt hat, und daher seinen Gegnern sachkundig entgegentreten kann. Bei der Jubiläumsveranstaltung des Instituts für Staat und Recht zu seinem 80. Geburtstag (am 28. April 2004) würdigten ihn nicht nur seine Anhänger aus Rußland und der Ukraine, sondern auch ausgesprochene Zivilrechtler wie der Petersburger Zivilrechtsprofessor Alexejew als einen Juristen, der die „Probleme der Privatisierung" besser als viele andere verstanden hätte. Den Streit „Wirtschaftsrecht oder Zivilrecht" hielt er für zweitrangig.

Politisch trat Laptjew frühzeitig der Kommunistischen Partei bei und blieb auch nach der politischen Wende – ohne Mitgliedschaft in der KP Schuganows – ein überzeugter Kommunist. Als er Mitte der 1980er Jahre zu Vorlesungen in Kiel und Hamburg weilte, machte ich ihn mit Professor Säcker bekannt. Bei einem angenehmen Gespräch in einem Hamburger Weinlokal brachte Säcker den Trinkspruch aus: „Ich trinke auf den Markt." Laptjew aber entgegnete in bestem Deutsch und in Kenntnis des feinen Unterschieds der Wörter „Markt" und „Marx": „Und ich trinke auf Marx."

Laptjew hielt den russischen Präsidenten Jelzin für einen unfähigen, dem Alkohol verfallenen Politiker, der dem Land viel Schaden zugefügt hätte.

Der gleichaltrige Mark Moiseevic Boguslavskij kam schon vor Laptjew ebenfalls zum Institut für Staat und Recht. Sein Fachgebiet wurde das Internationale Privatrecht und der gewerbliche Rechtsschutz. Letzteres verschaffte mir schon frühzeitig viele Kontakte zu ihm. Seine Veröffentlichungen in russischer, deutscher und französischer Sprache sind kaum zu übersehen. Im Laufe der Jahre wurde er ein weltweit anerkannter Wissenschaftler auf seinem Gebiet. Zu seinem 80. Geburtstag (am 8. Juni 2004) erschien in deutscher und russischer Sprache im Berliner Wissenschaftsverlag eine Festschrift: „Rußland im Kontext der internationalen Entwicklung: Internationales Privatrecht, Kulturgüterschutz, geistiges Eigentum, Rechtsvereinheitlichung".[170] Zu den 64 Autoren gehören Wissenschaftler aus vielen Ländern der Welt.

Sein Leben war unter Stalin nicht einfach: Sein Vater, ebenfalls ein bekannter Jurist, wurde wegen des Vorwurfs, ein „Anhänger des Zionismus'" zu sein (dafür reichte es eigenartigerweise aus, daß er 1912 in Heidelberg studiert hatte), verfolgt und verschwand auf immer im Archipel Gulag. Seine überragenden juristischen Fähigkeiten und seine Sprachkenntnisse halfen dem Sohn, dennoch ein anerkannter Rechtswissenschaftler zu werden. Daß er nach meinem Weggang aus der DDR und meiner nachfolgenden Diffamierung dort weiter zu mir Kontakt hielt, brachte ihm eine Parteistrafe ein.

Heute befaßt er sich mit dem internationalen Kulturgüterschutz und ist Mitglied entsprechender russischer und internationaler Kommissionen.

Der Jüngste der „Troika" und mit mir gleichaltrig ist Professor Dr. Wladimir Alexandrowitsch Tumanow. Auch er kam nach dem Besuch der Außenhandelsakademie zum Institut für Staat und Recht, wurde Leiter des Bereichs „Verfassungsrecht" und befaßte sich mit den Verfassungen Westeuropas sowie der Rechtsvergleichung.

In Deutschland erschien sein Buch „Bürgerliche Rechtsideologie".[171] In der politischen Wendezeit (Anfang der 1990er Jahre) trat er in die „Partei der Einheit" des Politikers Schachraj ein und wurde zum Abgeordneten der Duma gewählt. 1992 wirkte er als Experte im Prozeß gegen die Kommunistische Partei vor dem Verfassungsgericht mit. Außerdem war er einer der Autoren der neuen russischen Verfassung, die Ende 1993 in Kraft trat. Im Oktober 1994 wählte ihn die Duma zum Richter am Verfassungsgericht der Russischen Föderation, im Februar 1995 wurde er dessen Präsident. Als die Duma ihn zum Verfassungsrichter wählte, sagte ich ihm: „Du wirst Präsident des Gerichts werden, denn der jetzige, Sorkin, kann es wegen seiner Opposition gegen Jelzin nicht bleiben.“ Als er zum Präsidenten gewählt worden war, hängte Tumanow in sein Wohnzimmer eine Fotographie, die alle der 19 Verfassungsrichter im Ornat zeigte. Darunter plazierte er eine von einem Spaziergang mit mir in Hamburg-Övelgönne: „Du bist der einzige, der mir das vorausgesagt hat.“

Für seine Präsidentenzeit war charakteristisch, daß er sich bemühte, entgegen den damaligen Tendenzen des Zerfalls die Einheit Rußlands zu bewahren. Seine Kernaussage bei der Rechtsprechung des Verfassungsgerichts bestand darin, das Gericht habe nur Rechtsfragen zu entscheiden, die möglicherweise auch politische Auswirkungen hätten, aber selbst keine Politik zu betreiben. Bekannt ist auch seine Fähigkeit, die oftmals unterschiedlichen Auffassungen der Verfassungsrichter auszugleichen und auf einen gemeinsamen Nenner zu bringen.

Nach seiner Präsidentenzeit war er für einige Zeit als Richter am Europäischen Gerichtshof für Menschenrechte in Straßburg tätig. Bis jetzt ist er Vorsitzender der Kommission für die Gerichtsreform beim Präsidenten der Russischen Föderation.

Bei ihm und seiner Familie in Moskau war ich oft zu Gast. Wir hatten viele und immer interessante Gespräche über die innere und äußere Lage Rußlands. Mein Buch zum Selbstbestimmungsrecht[172] hielt er für interessant und für Deutschland wohl zutreffend. Er machte allerdings folgende Einschränkung: „Deine Theorie auf Rußland angewandt, wäre furchtbar. Sie bedeutete den Zerfall des Landes.“ Wieder einmal wurde mir bewußt, daß Nationalbewußtsein in Rußland immer Reichsbewußtsein ist. Hinzu kam, daß es in Rußland nicht wenige Tendenzen gegeben hat, die einen Zerfall der Einheit des Landes befürchten ließen. Tartastan hatte sich für „souverän“ und unabhängig erklärt; später konnte dies durch einen Vertrag zwischen der Russischen Föderation und Tartastan „reguliert“ werden. Im Falle Tschetscheniens gelang dies allerdings nicht. Auch in anderen Regionen gab es Forderungen nach mehr Selbstverwaltung. Als ich auf Einladung von Professor Schischkin, dem Dekan der Juristischen Fakultät, in Irkutsk weilte, konnte ich das selbst feststellen. Der damalige Bürgermeister der Stadt, Boris Goworin (heute Gouverneur des Gebietes), meinte, jetzt sei eine günstige Zeit, um mehr Selbstverwaltung zu erreichen. In der Stadt gäbe es 13.000 registrierte juristische Personen, aber nur etwa die Hälfte würden ihre Steuern an die Stadt zahlen. Das meiste ginge nach Moskau. Das sei nicht angemessen. Schischkin fügte hinzu: „Hier haben wir sehr wertvolle Bodenschätze, einschließlich Gold.

Wir stellen die Infrastruktur, auch die meisten Beschäftigten kommen von hier. Aber die Gewinne gehen nach Moskau."

Meine persönlichen Bekanntschaften blieben nicht auf Juristen beschränkt. Gute Kontakte gab es auch zu dem Wirtschaftswissenschaftler Professor Dr. Oleg Bogomolow; besonders eng wurden die Beziehungen zu Professor Dr. Wjatscheslaw Iwanowitsch Daschitschew, der als Politologe und Historiker unter Bogomolow im Akademieinstitut für Internationale ökonomische und politische Studien arbeitete. Mit ihm verband mich vor allem sein frühzeitiges und konsequentes Eintreten für die deutsche Wiedervereinigung.[173]

Überhaupt handelt es sich bei Daschitschew um einen couragierten Denker. Dazu trugen auch vielfältige und zum Teil erschütternde Lebenserfahrungen bei. Sein Vater, Generalmajor und Oberbefehlshaber der 51. Armee, wurde 1942 auf Befehl Stalins ohne Angabe von Gründen verhaftet und kehrte erst 1952 als völlig gebrochener Mann nach Moskau zurück. Daschitschew selbst erlebte das Ende des Zweiten Weltkrieges als junger Leutnant in der Nähe von Prag. In die Heimat zurückgekehrt, studierte er an der Moskauer Lomonossow-Universität Geschichte, Internationale Beziehungen und Germanistik. Nach seiner Promotion arbeitete er für verschiedene Militärzeitschriften und später im Forschungsamt des sowjetischen Generalstabes. In dieser Zeit schrieb er an seinem zweibändigen Werk über die „Strategie Deutschlands im Zweiten Weltkrieg", von der Marschall Schukow einmal sagte: „Wenn Ihr etwas über den Zweiten Weltkrieg wissen wollt, dann lest Daschitschew." Besonderes Augenmerk legte Daschitschew auf das Studium der Arbeiten des ehemaligen Chefs des deutschen Generalstabs, Ludwig Beck, nicht zuletzt wegen dessen Widerstands gegen Hitler. Beck wurde bekanntlich wegen seiner Rolle im Zusammenhang mit dem Attentat auf Hitler am 20. Juli 1944 erschossen, nachdem er vorher zweimal vergeblich versucht hatte, Selbstmord zu begehen. Mitte der 1960er Jahre wurde Daschitschew dadurch bekannt, daß er sich offen gegen die von Breschnew betriebene Restalinisierungspolitik und die damit einhergehenden Fälschungen der Geschichte des Zweiten Weltkrieges wandte. 1969 schied er als Oberst aus der Armee aus und fand bis heute seine wissenschaftliche Heimat in dem Akademieinstitut Bogomolows.

Unter dem sowjetischen Außenminister Schewardnadse war er Vorsitzender des wissenschaftlich-konsultativen Beirates des Ministeriums. Im Kapitel „Hamburg" dieses Buches habe ich sein konsequentes und risikoreiches Eintreten für die deutsche Wiedervereinigung geschildert.

Auf seiner Datscha vor den Toren Moskaus haben wir unzählige Diskussionen über die deutsch-russischen Beziehungen und die Entwicklung Rußlands nach der politischen Wende Anfang der 1990er Jahre geführt.

Dort konnte man auch die Auswirkungen des Übergangs zur Marktwirtschaft auf das russische Datschenwesen beobachten. Die Datschensiedlung in einem Waldstück, etwa 50 km von Moskau entfernt, gliedert sich heute ohne jede Grenzziehung praktisch in drei Teile, nämlich in alte Holzhäuser der Beschäftigten des Moskauer Bolschoj-Theaters, gut instand gehaltene Holzhäuser auf Grundstücken, die einst Stalin verdienten Generalen des Zweiten Weltkrieges geschenkt hatte, und schließlich Neubauten aus Ziegelsteinen, die man eigentlich wegen ihrer villenartigen Gestaltung nicht mehr „Datschen" nennen kann und die den „neuen Russen", sprich: den Neureichen, gehören. Wer dorthin keine persönlichen Beziehungen hat, erhält auch keinen Einblick. Denn diese Datschen sind von hohen Mauern umgeben und mit elektronischen Anlagen gegenüber anderen abgesichert.

Daschitschew hat Zugang zu den Datschen des Bolschoj-Theaters, denn seine Schwester ist mit einem Theaterkünstler verheiratet. Er selbst ist Erbe einer „Generalsdatscha", die sein Schwiegersohn Andrej glänzend ausgebaut hat, ohne damit den Charakter eines typischen russischen Landhauses zu zerstören.

Es liegt auf der Hand, daß meine zahlreichen Bekanntschaften, Gespräche und Diskussionen in Moskau mit Personen aus ganz verschiedenen Gesellschaftsschichten und politischen Lagern mein ohnehin großes Interesse an der Entwicklung Rußlands verstärkten, mir aber auch erlaubten, vieles genauer zu analysieren, als dies möglich gewesen wäre, hätten sich meine Kontakte nur auf Kollegen und Studenten beschränkt, die mir im Institut für Staat und Recht begegneten. Hinzu kam, daß ich jahrelang in einer Wohnung in einem großen Wohnkomplex in der Nähe des Armeetheaters in Moskau wohnte, in dem ich weit und breit der einzige Ausländer gewesen war. Auch hier unterhielt ich mich oft mit den russischen Mitbewohnern, die bald zu mir Vertrauen faßten und über alles mit mir offen sprachen, was sie gerade bewegte.

Ich fing an, mir Notizen zu machen, um die vielen Eindrücke, die auf mich einstürmten, nicht zu vergessen. Am 7. Juni 1998 notierte ich:

„Am frühen Morgen rief Wolodja Tumanow an: ‚Schläfst Du noch? Ich arbeite schon.' Er bereitet sich auf die nächste Sitzung des ‚Rates für die Gerichtsreform' vor, deren Vorsitzender er ist. Die Sache ist nicht so leicht, weil bei der Gestaltung des Gerichtssystems die Republiken und Gebiete viele Sonderwünsche haben. Nachdem ich selbst noch etwas an meinem Artikel ‚Die GmbH in der neuen russischen Rechtsordnung' gearbeitet hatte, zog es mich an die frische Luft. Ein herrlicher Sommer-Sonnentag mit 25 Grad! Es freut mich immer wieder, wie die Straßen schöner werden. Überall wird gebaut; neue, saubere Kioske entstehen; in einigen kann man recht preiswert speisen (Pelmeni für 6 Rubel). In der renovierten Kirche findet eine Messe statt. Heute ist nicht nur Sonntag, sondern nach russischem Kalender Pfingsten (troiza). In dem neuen Café „Kaprizi" – schon teurer – aß ich gut zu Mittag. Eine junge Frau mit ihrem etwa sechsjährigen Sohn betrat das Restaurant, studierte die Speisekarte, aber verließ es gleich wieder. Offenbar schreckten sie die Preise ab. Doch schon kurze Zeit später kam sie mit dem Jungen zurück, bestellte ihm eine große Schale Eis, sah ihm beim Essen zu, ohne etwas für sich selbst zu bestellen, bezahlte, und sie gingen davon.

Wieder in der Wohnung, telefonierte ich mit Daschitschew. Wir besprachen das nächste Treffen auf der Datscha. Sein Sohn Andrej, der sich beim letzten Saunieren stark erkältet hatte, fühlt sich noch immer schwach.

Abends fuhr ich zum Hotel ‚National' gegenüber dem Kreml, um mir neue Zeitungen aus Deutschland zu holen, die immer noch unverschämt teuer sind ..."

Am 20. Juni 1998 findet sich folgende Notiz:

„Um 9 Uhr holt mich Wladimir Laptjew ab mit Sohn Andrej und dessen Freundin Lena, eine sehr dünne, junge Frau. Über Barwich – hier verbringt Jelzin oft das Wochenende – geht es zur Uspenskoer Chaussee. In der Nähe hat Laptjew eine Datscha erworben. Andrej hat darauf ein schönes Holzhaus errichtet, es ist aber noch nicht fertig, so daß man dort nicht übernachten kann. Zunächst machten wir einen langen Spaziergang, denn Andrej mußte noch einmal in die Stadt zurück, er hatte die Schlüssel zur Datscha vergessen. Als er zurück war, grillte er für uns alle Schaschlik. Dazu gab es Bier, Marke ‚Löwenbräu'! In der Umgebung standen viele neue Häuser von ‚Neureichen' – meist sehr geschmacklos. Als ich ‚Mafia' sagte, meinte Andrej: ‚Die sind alle gleich: Banditen, gleich ob Politbüro, Jelzins Leute oder ‚neue Russen'. Für den Herbst sah er schwarz: ‚Die werden den Rubel abwerten, und dann gibt es eine neue Inflation'. Vater und Sohn waren sich einig: Die nächste Wahl wird General Lebed gewinnen, und dann haben wir eine Militärdiktatur.

Nach dem Essen schliefen wir vor dem Haus auf Feldbetten. Das war sehr angenehm, und ich schlief ziemlich lange. Gegen 20:30 Uhr fuhren wir nach Moskau zurück. Wir wurden von einem Auto mit Blaulicht überholt. Andrej meinte, das war [Juri Michailowitsch] Luschkow [Bürgermeister von Moskau]. Er fährt nur russische Autos und hat hier seine Datscha."

Die Zeit in Rußland unter Jelzin war in jeder Hinsicht eine Umbruchzeit oder auch eine Zeit des „wilden", ungezügelten Kapitalismus. Das begann schon mit der „Voucher-Privatisierung", die von Gaidar und Tschubais betrieben wurde. Damals erhielten alle russischen Staatsbürger einen Voucher[174] im Wert von 10.000 Rubel. Damit sollten sie Aktien von den privatisierten Staatsbetrieben erwerben können. Der damalige Moskauer

Bürgermeister Professor Popow, und mein Bekannter, Professor Bogomolow, kamen auf die Idee, die kommunalen Wohnungen der Stadt an die Mieter zum Kauf anzubieten. Auch die Voucher konnten dafür verwendet werden. Mein Bekannter Wladimir in Kusminki hatte mit seiner Familie gleich Voucher im Wert von 50.000 Rubel und hätte seine Wohnung kaufen können. Doch er wollte davon nichts wissen: „Jetzt ist die Miete gering. Als Eigentümer werde ich zwar überhaupt keine Miete zahlen. Aber Instandhaltung, Reparaturen und kommunale Dienstleistungen muß ich dann selbst bezahlen. Wer aber wird dann schon als Handwerker kommen?“ Der Vormieter der von mir bewohnten Wohnung – obwohl Kommunist – dachte da schon marktkonformer. Er kaufte die Wohnung, ließ sie gleich auf den Namen seiner Frau überschreiben und vermietete sie an mich gegen Dollar, während er mit seiner Familie in eine andere Stadt zog. Andere verkauften ihre Voucher an Händler, die an den U-Bahnhöfen Bargeld für die Voucher anboten, natürlich weit unter dem Nennwert. Auch diese Händler waren nur von anderen vorgeschickt, die die Voucher aufkauften, um Mehrheitsaktionäre in den privatisierten Unternehmen zu werden. Auf diese Weise wurden wenige, die schon auf andere trickreiche Weise große Unternehmen an sich gebracht hatten, noch schneller reich, und die Gesellschaft zerfiel in eine kleine Schicht von Millionären oder Milliardären und Millionen von Armen. Es entstanden jene großen privaten Konzerne, deren Eigentümer heute „Oligarchen“ genannt werden.[175]

In diesem Rahmen entstand auch eine Vielzahl privater Händler, sogenannte Kooperative und Kleinunternehmer. Massenhaft zeigten sich in den Hauseingängen der großen Moskauer Wohnstraßen fliegende Händler, die Zigaretten, Alkohol, Damenstrümpfe, Kleider, Teppiche und Souvenirs anboten. Nicht selten waren alle diese Angebote der Marktwirtschaft von Kriminalität begleitet. Entweder stammten die angebotenen Waren aus illegalen Geschäften oder kriminelle Banden versuchten, davon zu profitieren oder Schutzgelder zu erpressen. Eines Nachts gab es vor meinem Wohnhaus eine Schießerei. Die gerufene Miliz schleppte einen angeschossenen Mann weg, beruhigte aber, es sei nur eine Auseinandersetzung zwischen zwei kriminellen Banden gewesen.

Im Kutusow-Prospekt gab es ein Geschäft mit guten Molkereiprodukten. Als ich dort einkaufte, fuhr ein Jeep vor. Ein Mann sprang herunter, lief mit einer Kalschnikow in der Hand zu einem fliegenden Händler im Nachbarhaus, brüllte was von „Du hast nicht gezahlt!“, schoß den Mann nieder und fuhr mit dem Jeep davon.

Immer wieder wurden Bankdirektoren oder Manager auf offener Straße erschossen. Zur gleichen Zeit entstand die neue Verfassung Rußlands, und es wurden neue, auf die Marktwirtschaft hin ausgerichtete Gesetze angenommen.

Doch auch auf politischer Ebene herrschte eine „wilde Zeit“. Jelzin hatte den Staatsstreich gegen Gorbatschow im August 1991 zum Scheitern gebracht und 1993 mit seinem berühmten Dekret 1400 „Über die etappenweise Verfassungsreform“ sowie mit dem Einsatz der Armee die Rückverwandlung Rußlands in eine Sowjetmacht verhindert und den Weg für die neue Verfassung Rußlands frei gemacht. Zwar existierten nun die gewählten Verfassungsorgane, aber zwischen Parlament einerseits und Präsident und Regierung andererseits kam es immer wieder zu schweren Auseinandersetzungen, die die Handlungsfähigkeit des Staates lähmten.

Staatsangestellte und Beschäftigte in der Industrie erhielten oft monatelang weder Gehalt noch Lohn. Auf den Ausfallstraßen Moskaus begegnete man damals oft Fabrikarbeitern, die Metallgefäße, Töpfe und ganze Rollen von Blech zum Kauf anboten. Sie hatten statt ihres Lohnes Produkte ihres Unternehmens erhalten, die sie nun auf offener Straße in Geld zu verwandeln versuchten. Beschäftigte in der Landwirtschaft folgten ihrem Beispiel und boten Eier, Gurken und Obst an. An den U-Bahnhöfen der Stadt versuchten ältere Frauen, Zwiebeln und Mohrrüben zu verkaufen.

Nach der Rubelkrise entließ Jelzin den jungen Ministerpräsidenten Kirijenko und schlug Viktor Tschernomyrdin als Nachfolger vor. Doch er mußte sich dem Widerstand der Opposition beugen und ernannte in der Folge den vorherigen Außenminister Jewgenij Primakow zum neuen Regierungschef. Doch schon bei den Duma-Wahlen im Dezember 1999 erlitt die politische Bewegung „Vaterland – Ganz Rußland“ mit den Politikern Luschkow und Primakow mit knapp 12 Prozent der Stimmen eine Niederlage. Im Parlament einigten sich damals die Abgeordneten der „Einheit“, der „Volksdeputierten“ und der Kommunisten auf die Besetzung der wichtigsten Parlamentsposten. Hintergrund war die Absicht, Primakow von den wichtigsten Posten fernzuhalten. Boris Beresowskij – der damals noch großen politischen Einfluß ausübte – sah die Gefahr, daß Primakow die Privatisierung rückgängig machen könnte[176] und rechtfertigte damit das „widernatürliche Bündnis“.

Im August 1999 hatte Jelzin den jungen Petersburger Wladimir Putin zum Ministerpräsidenten ernannt und gleichzeitig erklärt, er werde ihn als seinen Nachfolger im Amt des Präsidenten vorschlagen. Als Jelzin dann am 31. Dezember 1999 seinen Rücktritt erklärte, wurde Putin kraft Verfassung zum „amtierenden Präsidenten der Russischen Föderation“. Bei den nun auf den 26. März 2000 vorgezogenen Präsidentenwahlen gewann Putin mit fast 53 Prozent der Stimmen.

Manfred Quiring, Moskauer Korrespondent der Zeitung „Die Welt“, urteilte damals: „Putin ist im Gegensatz zu Jelzin jung, wach, sportlich gestählt, nüchtern in allen Lebenslagen, entscheidungsfreudig und bereit,

Verantwortung zu ergreifen. Mit ihm, so die Hoffnung des russischen Wahlvolkes, werde das Land wieder zu alter Größe zurückfinden."[177] Dies spiegelte die Stimmung im Land wider. Doch es gab auch viele kritische Anmerkungen zur Wahl Putins, sowohl in den russischen Medien als auch bei ausländischen Korrespondenten. Die einen sahen in ihm den ehemaligen KGB-Oberst bzw. den Spion, der jahrelang in der DDR „funktionierte".[178] Andere sahen im Machtantritt Putins das Werk des Drahtziehers hinter den Kulissen, nämlich des Boris Abramowitsch Beresowskij.[179] Wieder andere vermuteten, Putin habe sein Amt als Stellvertretender Bürgermeister von St. Petersburg zur persönlichen Bereicherung genutzt. Doch Putin konnte solchen Beschuldigungen stets gerichtlich mit Erfolg entgegentreten.

Wie man solche unterschiedlichen Meinungen auch bewerten mochte, es blieb natürlich die Frage, wie es einem so jungen und im In- und Ausland relativ unbekannten Juristen aus St. Petersburg gelingen konnte, in so kurzer Zeit seit der Wahlniederlage seines Mentors und Förderers im Jahre 1996 (Putin war sein Wahlkampfleiter), des Bürgermeisters von St. Petersburg, Anatolij Aleksandrowitsch Sobtschak, nicht nur Ministerpräsident des Landes, sondern Präsident des größten Landes der Erde zu werden.

Bei mir kam hinzu, daß ich mit diesem jungen Mann in Petersburg zusammengetroffen war.

In den ersten Monaten des Jahres 1994 bat mich der Vertreter einer Schweizer Firma, die mit Genehmigung der Stadt St. Petersburg dort in ein Spielkasino investiert hatte, ihr juristischen Rat zu erteilen. Ich sollte mit Bürgermeister Sobtschak darüber sprechen, daß die Verfügung, das städtische Unternehmen „Neva-Chance" mit 51 Prozent der Aktien auch an der Schweizer Firma zu beteiligen, nicht akzeptabel sei. Außerdem hatte sich das städtische Antimonopolkomitee schon lange dahingehend geäußert, daß diese Verfügung gegen das Antimonopolgesetz verstoße. Ich fügte hinzu, daß die rückwirkende Anwendung dieser Bestimmung auf einen ausländischen Teilnehmer einer bereits bestehenden Betreibergesellschaft einer kalten Enteignung gleich käme.

Es kam darüber zu einem Gespräch mit Sobtschak in seinem Amtssitz im Smolny. Er wurde von einem weiteren Mitarbeiter der Stadtverwaltung unterstützt, der auch Deutsch sprach und mir am Schluß des Gespräches seine Visitenkarte schenkte, die ich aber damals nicht beachtete. Später, am 13. Juni 1996, kurz vor den Neuwahlen des Bürgermeisters (die jetzt als „Gouverneure" bezeichnet werden), wurde diese umstrittene Verfügung Nr. 643 mit der Unterschrift von W. W. Putin aufgehoben.

Im Juli 1998 ernannte Jelzin Wladimir Putin zum Direktor des inländischen Geheimdienstes FSB. Als ich in der russischen Tageszeitung

„Iswestija“ diese Nachricht las und daneben das Foto des jungen Mannes erblickte, dem ich in St. Petersburg begegnet war, suchte ich in dem Stoß von Visitenkarten, die sich im Laufe der Zeit bei mir angesammelt hatten. Ich wurde tatsächlich fündig und fand die Karte von „Putin Wladimir Wladimirowitsch“.

In St. Petersburg hatte Putin auf mich den Eindruck eines intelligenten, kompetenten Vertreters der Stadtverwaltung gemacht, der es verstand, die Interessen seiner Stadt wahrzunehmen. Auf den Gedanken, daß er der künftige Präsident Rußlands werden könnte, kam ich natürlich nicht, und auch Putin hatte sicher damals weder solche Ideen noch Hoffnungen. Wohl aber dachte ich schon damals: Im historischen Smolny, der 1917 Sitz der ersten Regierung unter Lenin war, mit dem Bürgermeister über die Lizenz zu einem Spielkasino am Newski-Prospekt zu verhandeln, verdient einen Vermerk in den Memoiren.

Auch mich überraschte es, den jungen Mann aus St. Petersburg nun an der Spitze des Landes zu sehen. Doch in meinem großen Bekanntenkreis in Moskau spürte ich, daß die meisten positiv über die Wahl Putins dachten und sie mit ihm die Hoffnung verbanden, er werde das Land „in Ordnung bringen“. Sie sahen in ihm einen von ihnen. Seine Vergangenheit als Offizier des sowjetischen Geheimdienstes störte dabei niemanden. Manche verbanden damit sogar die Überzeugung, es handle sich um einen Mann, der Auslandserfahrung habe und daher wohl manches nicht so stur sehe, wie die alten Parteifunktionäre. Außerdem verhalf ihm seine Nähe zu dem als Demokraten bekannten Sobtschak zu Ansehen. Das stand in krassem Gegensatz zu dem, was westliche Beobachter berichteten, und dieser Widerspruch reizte mich, der Sache auf den Grund zu gehen. Ich begann darüber nachzudenken, mehr über Putin zu lesen und verschiedene Unterlagen zu sammeln, obwohl es deren damals wenige gab.

Als dann ein deutscher Verlag mit dem Vorschlag an mich herantrat, ein Buch über Putin zu schreiben, sagte ich nach einigem Zögern zu. Doch ich wies auch darauf hin, daß es gut wäre, wenn mir dabei jemand hülfe, der Putin näher kenne. Der Verlag benannte mir daraufhin als Gesprächspartner Anatolij Sobtschak, der gerade sein Buch „Die Messer in meinem Rücken“[180] in deutscher Sprache veröffentlicht hatte und den ich schon aus St. Petersburg kannte. Wenige Tage nach dem Gespräch mit dem Verlag rief mich Sobtschak aus München an. Er sei bereit, meine Arbeit über Putin zu unterstützen, und plauderte fast eine Stunde lang gleich munter drauflos. Seine Hinweise halfen mir sehr, mir über die Person Putins klar zu werden.

Doch plötzlich unterbrach er das Gespräch: „Ich habe gleich zwei große Fehler gemacht – einmal sehe ich gerade an meinem Mobilfunk, daß das ganze teure Gespräch auf meine Kosten geht. Zum anderen darf man auch heute und hier nicht alles am Telefon sagen, was ich schon gesagt habe. " Er schlug vor, das Gespräch in Moskau fortzusetzen. Wir vereinbarten Termin und Ort eines Zusammentreffens in Moskau.

Zur Sicherheit gab er mir noch seine dortige Telefonnummer, seine Mobilfunknummer und die seiner Frau Ljudmila Narussowa. Das für Ende Februar 2000 in Moskau vereinbarte Treffen mit Sobtschak wurde auf tragische Weise vereitelt: Am 19. Februar starb Sobtschak in Kaliningrad, wie es offiziell hieß, „an Herzversagen". Seine Witwe erklärte mir am Telefon, das Obduktionsergebnis bliebe geheim. Wladimir Putin, damals „amtierender Präsident", bekannte sich bei der Beisetzung Sobtschaks am 24. Februar 2000 offen zu seinem Freund Sobtschak und sagte, Sobtschak sei nicht gestorben, sondern „umgekommen" (gibnut).

Mir blieb nichts anderes übrig, als das Buch nun ohne seine Hilfe zu Ende zu bringen.

Die Zeit, die mir der Verlag ließ, erlaubte es nicht, einen neuen „Helfer" zu suchen. Auch war es nicht sicher, ob jemand zu finden sein würde, der Putin so kannte wie Sobtschak und zur Mitarbeit bereit war. Dennoch gelang es, das Buch so fertigzustellen, das es schon im Juli 2000 unter dem Titel „Wladimir W. Putin – Wiedergeburt einer Weltmacht?" erscheinen konnte.[181]

Angesichts der Unbekanntheit des neuen Präsidenten lag es auf der Hand, daß ich der Frage „Wer ist, was will, was kann Putin?" nachging. Das Buch wurde ein Erfolg und stand mehrere Wochen auf der Bestsellerliste der „Literarischen Welt". Offenbar hatte der Verlag mit seiner Vermutung Recht, daß für das Thema eine Marktlücke bestand. Zum Erfolg trug aber auch bei, daß eine bekannte Internet-Versandbuchhandlung das Buch propagierte. In manchen Rezensionen wurde kritisiert, daß ich Putin und die Entwicklung in Rußland zu positiv bewertet hätte. Solchen Kritiken durchaus offen gegenübertretend, merkte ich bald, daß bei den Rezensenten oftmals ihre Verärgerung darüber eine Rolle spielte, daß sie selbst von Putin so gut wie nichts wußten und ihre ersten Einschätzungen, Putin sei nur eine „vorübergehende politische Figur", sich bald als Fehleinschätzung erwiesen.

Die Frage allerdings, wie Putin tatsächlich an die Spitze des Staates gekommen war, habe ich mit meinem Buch auch nicht gelöst. Zwar konnte ich analysieren, warum Putin in der Bevölkerung große Zustimmung fand. Aber wie in jedem Land hat jemand Putin als Kandidaten auswählen müssen, damit er überhaupt als solcher aufgestellt wurde. Die konkreten Fragen lauteten also: Wer war das, und was gab dafür den Ausschlag? Fest steht: Vorgeschlagen hat ihn Jelzin, und dieser erläuterte, man habe Putin aus einer Gruppe von 20 Kandidaten ausgewählt. Boris Beresowskij äußerte sich dahingehend, daß „einzig Putin Reformpolitik [macht] und gleichzeitig die nötige Willenskraft [besitzt]“[182].

Sobtschak erklärte gegenüber der „Frankfurter Allgemeinen Zeitung“, Jelzin sei außer von der Disziplin und der Geschicklichkeit Putins von dessen Haltung gegenüber Sobtschak während der staatsanwältlichen Ermittlungen gegen diesen beeindruckt gewesen. Putin habe sowohl öffentlich als auch gegenüber Jelzin immer betont, Sobtschak sei ein ehrlicher Mensch, der mit Schmutz beworfen werde. Durchaus möglich, daß Jelzin solche Loyalität Putins gegenüber seinem früheren Chef Sobtschak faszinierte und er davon ausging, Putin werde sich als sein Nachfolger auch gegenüber ihm gleichermaßen loyal verhalten. Wenn dem so war, hat Jelzin jedenfalls Recht behalten. Denn das erste, was Putin als gewählter Präsident durchsetzte, war eine Immunitätsgarantie für Jelzin. Fest steht auch, daß Putin nach der Wahlniederlage Sobtschaks in St. Petersburg das Angebot des Nachfolgers Jakowlew ablehnte, in dessen Dienste zu treten, auch wenn er dadurch arbeitslos wurde, und daß er sich dann um eine Stelle in der staatlichen Verwaltung nicht in St. Petersburg, sondern in Moskau bemühte. Dort traf er mit dem damals vielleicht wichtigsten Mann in der Präsidialverwaltung, nämlich mit Pawel Borodin zusammen und verhandelte mit ihm in einem Hotelrestaurant auf dem Gelände des Armee-Sportclubs ZSKA auch über seine Beschäftigung in der Präsidialverwaltung. Dieser verhalf ihm schon im August 1996 zu der Stelle des Stellvertretenden Leiters der Kanzlei des Präsidenten. Fest steht auch, daß der Kreis, zu dem Putin in seiner Petersburger Zeit gehörte, in Sobtschak einen Politiker mit Charisma und Visionen sah. Auch Putin dachte so. Sobtschak selbst äußerte in Interviews im Jahre 1996, daß er eigentlich auch selbst für das Amt des Präsidenten kandidieren könne, aber „in Rußland ist die Zeit noch nicht reif, daß ein Professor Präsident werden könnte“. Jedenfalls entwickelte sich in den Augen der Anhänger Jelzins Anatolij Sobtschak zu einem ernsthaften Konkurrenten.[183] Zieht man in Betracht, wer außer Putin noch zur Auswahl gestanden war (Jelzin sprach von 20 Kandidaten), und berücksichtigt man den Charakter des Boris Jelzin, so scheint mir für Jelzins Wahl die Loyalität Putins gegenüber seinen Vorgesetzten Sobtschak und Jelzin selbst das ausschlaggebende Kriterium gewesen zu sein. Denn bei allen anderen in Frage kommenden Kandidaten konnte er sich solcher Loyalität nicht sicher sein. Das erklärt denn auch, was Putin meinte, als er sagte: „Ich war einfach zu einer bestimmten Zeit dort, wo es Probleme gab, die es zu lösen galt.“[184] Das „Geheimnis“ oder das „Rätsel“ um die Auswahl Putins löst sich so – möglicherweise – auf einfache Weise.

Inzwischen sind in Rußland und in Deutschland viele Publikationen über Putin erschienen.[185] Ich fühle mich auch fünf Jahre nach dem Erscheinen meiner Arbeit in meiner Einschätzung bestätigt, daß mit Putin trotz seines Jurastudiums, seiner Zeit beim Geheimdienst und seiner Verwendung in anderen staatlichen Funktionen sowie seiner deutschen Sprachkenntnisse – sprich: seiner Bildung –, ein Mann aus dem Volke an die Spitze dieses Riesenreiches gekommen ist. Viele Russen sehen das bis heute ebenso. Seine erste Amtszeit zeigte Putin als einen klugen Menschen mit sicherem Urteil, der über Entschlußkraft und Durchsetzungsvermögen verfügt; er ist ein „Macher", aber kein Visionär, und es ist vielleicht gerade das, so die von mir in meinem Buch vertretene Auffassung, was Rußland in dieser Zeit brauchte.[186]

In seiner ersten Amtszeit hat Putin viel erreicht. Hier sind unter anderem eine Reform des Steuersystems und eine Gerichtsreform zu nennen. Die Gefahr des Zerfalls Rußlands wurde durch Wiederherstellung der vertikalen Strukturen des Staates gestoppt. Das Problem der hohen Auslandsverschuldung wurde praktisch gelöst. Die Gold- und Valutareserven erreichten mit 114 Milliarden US-Dollar einen Höchststand. Die Reallöhne der Bevölkerung stiegen und wurden regelmäßig gezahlt, die Renten erhöhten sich um 90 Prozent. Dank der hohen Devisenreserven ist auch bei einem Verfall des Erdölpreises nicht mit einer ökonomischen Krise zu rechnen. Das Bruttoinlandsprodukt stieg um 30 Prozent.[187]

Politisch blieb es allerdings bei einer Art Doppelherrschaft: Nach Meinung russischer Politologen standen sich in der ersten Amtszeit Putins zwei gesellschaftliche Kräftegruppierungen gegenüber. Einerseits jene, die Rußland als einen starken, unabhängigen, wirtschaftlich entwickelten und florierenden Staat sehen wollten und sich um Putin scharten, und andererseits jene, die sich mit dem Platz Rußlands als Rohstoffanhängsel der Industrieländer unter der Voraussetzung abfinden wollten, daß die Oberschicht der „neuen Reichen" ihre unredlich erworbenen Reichtümer unter dem Schutz des Westens behalten können.[188]

Doch natürlich blieb vieles noch offen bzw. viel zu tun. Putin selbst sprach davon, daß in seiner ersten Amtszeit nur „ein Aufmarschgebiet für die entscheidende wirtschaftliche Wende" geschaffen wurde. Zum strategischen Hauptziel seiner künftigen Politik erklärte er die Verbesserung der Lebensqualität der Bürger durch die Verdoppelung des Bruttosozialprodukts.[189]

Inzwischen ist Putin zum zweiten Mal, nämlich am 14. März 2004, mit 71,2 Prozent zum Präsidenten gewählt worden. Alle, Wähler wie Beobachter, sehen den Hauptgrund für seine Wiederwahl darin, daß er erfüllte, was sich die Mehrheit der Russen von ihm erhofft hatte, nämlich Stabilität, Ruhe und Ordnung in das Land zu bringen. Die Mehrheit der Russen sieht in Putin weiterhin „einen von uns".

Schon vor seiner zweiten Wahl hatte er den Kampf gegen die Oligarchen aufgenommen: Beresowskij und Gussinskij emigrierten ins Ausland, gegen Chodorkowkskij wurde ein Strafverfahren wegen Steuerhinterziehung und Betrug eingeleitet. Dieser Strafprozeß dient westlichen Medien immer wieder als Anlaß für Kritik an der Politik des russischen Präsidenten. Ebenso regelmäßig kommen sie immer wieder auf den Krieg in Tschetschenien zurück. Da ist dann vorwiegend von Menschenrechtsverletzungen die Rede. Doch wer in Moskau lebt, sieht das anders. Als 2003 vor dem Hotel „National" drei Terroristinnen ihre Bombe zündeten, fand auch eine Jurastudentin unserer Akademischen Rechtsuniversität den Tod. Für die Moskauer war es keine Frage, wer hier die Menschenrechte verletzt hatte.

Die Hauptkritik westlicher Medien und professioneller Beobachter aber kulminiert in dem Vorwurf, Putin habe ein „autoritäres System" errichtet. In der Tat hat Putin bereits in der ersten Amtszeit als russischer Präsident ein eigenes politisches System geschaffen. Dieses „System Putin" ist dadurch gekennzeichnet, daß er alle wichtigen Positionen im Staat und den gesetzgebenden Körperschaften mit Personen besetzt hat, von denen er aufgrund ihrer bisherigen Tätigkeit, vorwiegend im Geheimdienst und beim Militär, und/oder weil er sie aus dieser Zeit, vor allem in St. Petersburg kennt, überzeugt ist, daß sie treue Diener der Interessen Rußlands und gegen Korruption gefeit sind. Auch dürfte sie ein entsprechender Korpsgeist vereinen. Putin selbst vertrat schon in St. Petersburg die Auffassung, die ehemaligen KGB-Mitglieder hätten angesichts des Zerfalls des russischen Staates die Aufgabe, „Rußland zu retten". Dies alles verschafft dem russischen Präsidenten eine Fülle von Möglichkeiten, über das Land zu herrschen. Doch ob dies ausreicht, von einer „gelenkten Demokratie" oder gar von einem „autoritären System" bzw. einer „Diktatur" zu sprechen, erscheint mir so lange unbegründet, wie sich Putin an die geltende Verfassung von 1993 hält und die Prinzipien des Rechtsstaates einhält.

Es ist gerade Putin, der nicht müde wird, jeden seiner Schritte verfassungsrechtlich zu begründen und jeden Versuch, zum Beispiel seine eigene Amtszeit über 2008 hinaus zu verlängern, mit dem Hinweis abgelehnt hat, dies wäre eine Verfassungsänderung, doch die Verfassung aber dürfe man nicht ändern. Offenbar will Putin auf diese Weise die von ihm gerufenen „Kader" an die Verfassung binden. Dieses Beharren Putins auf der Verfassung erscheint mir geradezu als ein besonderes Merkmal des „Systems Putin": Er will die Instrumente des Rechtsstaates nutzen, um seine politischen Ziele durchzusetzen, nämlich das Land stabil zu halten und nach außen hin wieder stark zu machen.

Sicher könnte man einwenden, der so verstandene Rechtsstaat gleiche mehr dem Gesetzesstaat der aus Deutschland stammenden Katharina II. Doch unter Katharina II. gab es weder eine Verfassung mit so weitgehenden Menschenrechten, wie sie die heutige Verfassung Rußlands enthält, noch ein Verfassungsgericht, noch freie und direkte Wahlen zur Duma bzw. Präsidentenwahlen. Wer also an dem „System Putin" Kritik üben will, muß schon tiefer ansetzen. Hattenhauer widmet in seiner „Europäische(n) Rechtsgeschichte" dem Problem der „politischen Herrschaft mit den Mitteln des Rechts" ein ganzes Kapitel.[190]

In seiner zweiten Amtszeit schickt sich Putin an, sein System weiter ausbauen. Die innenpolitischen Hauptprobleme sind die Bekämpfung von Armut und Korruption sowie die Kriminalität. Noch immer leben große Teile der Bevölkerung unter oder an der Armutsgrenze, was Putin für eine Schande hält. In diesem Zusammenhang sagte Putin einmal: „Rußland ist zu arm, um sozialdemokratisch zu sein." Mein Freund Jörg Mettke vom Moskauer Büro des „Spiegels" übersetzte das etwas sehr frei mit: „Rußland ist zu arm, um sozial und demokratisch zu sein."

Außenpolitisch wird Putin daran festhalten, die GUS-Staaten wieder näher an Rußland zu bringen. Mit Weißrußland ist vielleicht schon in seiner zweiten Amtszeit eine neue staatliche Verbindung möglich. Im „Gas-Krieg" mit der Ukraine erreichte er zumindest einen neuen Fünfjahresvertrag, der Rußland Weltmarktpreise für seine Gaslieferungen sichert und deutlich macht, daß Rußland bei einer zu weit gehenden Orientierung der Ukraine am Westen nicht ohne Gegenmittel ist.

Gegenüber den westlichen Staaten wird Putin seinen pragmatischen Kurs fortsetzen, Konflikte durch Kompromisse möglichst zu vermeiden, wenn er auch die russischen Interessen stärker betonen wird.

Innenpolitisch sind die Anhänger des Neoliberalismus (Tschubais, Nemzow, Chakamada als Fraktion) aus dem Parlament verschwunden. Tschubais aber sprach davon, daß „wir eine Schlacht verloren [haben], aber nicht den Krieg" und gründete das „Komitee 2008", um bei den nächsten Präsidentenwahlen den „Putinismus" zu stürzen.

Auch russische Politologen gingen in ihren Analysen nach der Wahl 2004 davon aus, daß es in der russischen Gesellschaft nur zwei politische Machtzentren gibt, nämlich die Kräfte um Putin und die Kräfte um Tschubais. Doch die Chancen für ein Comeback Tschubais in die große Politik sind gering. Er ist sicher ein kluger und als Generaldirektor des Vereinigten Energiesystems Rußlands einflußreicher Mann. Er hat die Geschicke Rußlands zweimal entscheidend beeinflußt, nämlich einmal bei der Privatisierung Anfang der 1990er Jahre und zum anderen 1996, als Jelzin mit seiner Unterstützung aus fast aussichtsloser Position Wahlsieger bei den Präsidentenwahlen wurde. Gegen Putin aber hat er 2004 verloren. Vielleicht gelingt es ihm, 2008 mit einer neuen politischen Plattform in die Duma einzuziehen. Putin, der Tschubais schon aus St. Petersburg kennt, wäre es lieber, wenn sich die Neoliberalisten als kleine Fraktion (wie etwa die FDP in Deutschland) in der Duma befänden und nicht als unkontrollierte Bewegung außerhalb. Mehr aber dürfte Tschubais vorerst nicht gelingen.

Für Putin sind die Aussichten wesentlich günstiger. Sein „System" dürfte bis 2008 so gefestigt und ausgebaut sein, daß ein von ihm rechtzeitig benannter und publik gemachter Nachfolger alle Chancen haben dürfte, die Wahl zum Präsidenten zu gewinnen. Schon zu Beginn seiner zweiten Amtszeit teilte zum Beispiel der Oberste russische Militärstaatsanwalt mit, daß 7.300 Armeeangehörige, darunter 800 Offiziere, drei Generale und zwei Admirale wegen Straftaten verurteilt wurden.[191] Auch dort finden sich also „Ordnung, Disziplin, Rechtsstaatlichkeit".

War die erste Wahl Putins zum Präsidenten 2000 gewissermaßen das „Lehrstück" und die Wahl zum Präsidenten 2004 das „Gesellenstück", so wäre die Wahl des von ihm benannten Nachfolgers zum Präsidenten, ohne daß Putin selbst an der Wahl teilnimmt, zweifellos das „Meisterstück".

Schon kursieren Gerüchte, Putin würde danach Präsident eines kommenden Staates „Rußland – Weißrußland – Kasachstan" werden. Doch das sind bis jetzt noch Spekulationen. Fest steht, daß ein Politiker wie der dann 56jährige Putin auch nach den Präsidentenwahlen 2008 seine politische Rolle in Rußland haben wird.

Die westliche Rußlandpolitik ist nach wie vor auf die Etablierung der sogenannten „Zivilgesellschaft" in Rußland fixiert, ohne daß sie jemals definiert hätte, was sie genau darunter versteht. Meint sie damit die Übertragung jener „Bürgergesellschaft", wie sie vor etwa 200 Jahren in Westeuropa entstanden ist? Oder meint sie einfach die Übertragung der politischen Strukturen, wie sie heute in Westeuropa und den USA bestehen? Oder übernimmt sie diesen von Antonio Gramsci entwickelten Begriff, der inzwischen zu einem Modewort geworden ist? Solange nicht geklärt ist, was man wirklich will, ergeben Einrichtungen wie der „Petersburger Dialog" wenig Sinn. Vor allem ist es kein Dialog, wenn es nur um die Übernahme westlicher Vorstellungen geht und nicht um einen kulturellen Austausch mit den Vorstellungen der russischen Seite. In Rußland aber wird man an der „russischen Idee" festhalten, die zwar für westliche Ideen offen ist, aber schon deshalb ihre eigene Position beibehalten wird, weil die besondere Rolle des Staates, die in der Geographie und der Geschichte Rußlands begründet ist, ein Merkmal dieser „russischen Idee" ist.

Oftmals reagiere ich fast allergisch, wenn professionelle Beobachter und Journalisten voreingenommen über dieses Land in einer Art und Weise berichten, daß in Deutschland ein Rußlandbild entsteht, das mit der Wirklichkeit wenig gemeinsam hat. Am 26. Oktober 2002 berichtete zum

Beispiel die „Süddeutsche Zeitung“ in ihrem Aufmacher, Putin hätte den tschetschenischen Terroristen mit Massenvernichtungswaffen gedroht. In Wirklichkeit hatte er gesagt, wenn Terroristen mit Massenvernichtungswaffen drohten, würden sie eine „angemessene Antwort“ erhalten.[192] In einem Schreiben an mich „entschuldigte“ sich die „Süddeutsche Zeitung“ wie folgt: „Leider erlaubt es uns manchmal die Zeit nicht, sämtliche Zitate russischer Politiker, die uns die Agenturen anbieten, in russischen Zeitungen zu überprüfen.“

Noch offensichtlicher fand ich die voreingenommene Reaktion vieler deutscher Medien auf den Zusammenstoß eines Lufthansa-Frachtflugzeuges am 1. Juli 2002 über dem Bodensee mit einer russischen Passagiermaschine, die fast nur Kinder an Bord hatte. Sie wußten „sofort“, daß daran nur die russische Maschine schuld sein konnte. Der Tenor der Berichterstattung war: Entweder hat der Pilot nicht richtig Englisch verstanden oder der Maschine fehlte die neueste technische Ausrüstung. Nach einer gründlichen Untersuchung stellte sich heraus, daß keine dieser Meldungen zutraf, sondern die Verantwortung bei den Schweizer Fluglotsen lag.

Natürlich gibt es auch seriösere Berichterstatter. Ich denke zum Beispiel an die Fernsehreportagen von Gerd Ruge oder die Berichte des „Spiegel“-Redakteurs Fritjof Meyer. Als er seinen 70. Geburtstag feierte, widmeten ihm 16 Publizisten, Wissenschaftler und Politiker, davon 14 Russen von Gorbatschow über Daschitschew bis Tschernajew, eine Festschrift, und Gorbatschow nannte ihn einen Publizisten, „der bemüht ist, zu verstehen“.[193]

Natürlich hat ein wirklicher Kenner Rußlands und der Feinheiten der russischen Sprache wie Jörg R. Mettke recht, daß es das tatsächliche „Sein” im Innern des Landes ist, welches das Bewußtsein draußen, gemeint ist zum Beispiel das negative Rußlandbild in Deutschland, prägt.[194] Die gegenwärtige innere Entwicklung Rußlands zeigt in der Tat Tendenzen, die in Richtung Zentralisierung und Straffung der staatlichen Machtausübung gehen, nimmt man beispielsweise die Abschaffung der direkten Wahl der Gouverneure und die damit verbundene Verschiebung im System der Gewaltenteilung in den Blick. Doch läßt sich auch nicht leugnen, daß zuvor eine Art regionaler Feudalismus Platz gegriffen hatte, weil die Macht der Gouverneure mehr oder weniger uneingeschränkt war. Auch läßt sich ein politischer Hintergrund des Strafprozesses gegen den Oligarchen Chodorkowskij, der wegen Betrugs und Steuerhinterziehung zu acht Jahren Straflager verurteilt worden ist, nicht leugnen. Ebenso aber steht fest, daß im Gegensatz zu den Behauptungen westlicher Medien keine anderen als rechtsstaatliche Mittel gegen die sogenannten Oligarchen eingesetzt wurden.[195]

Inzwischen zeigen sich auch in der westlichen Literatur über Rußland allmählich Tendenzen zur Versachlichung und Objektivierung.[196] Der Hauptgrund dafür dürfte allerdings darin liegen, daß sich das „Regime Putin“ nun schon seit Jahren etabliert hat und keine wirkliche Alternative in Sicht ist.

Die im Westen das Rußlandbild prägende russische Opposition ist zahlenmäßig klein und ohne wirklichen Einfluß, und wenn sie an die Stelle des „Putin-Regimes” treten würde, würden zwar im Westen viele jubeln und neue illusionäre Hoffnungen hegen, aber für das Volk in Rußland wäre es fatal und für die deutsch-russischen Beziehungen wohl auch.

Mein Sohn Thomas meinte manchmal, ich dächte schon „wie ein Russe“. Aber das ist natürlich nicht der Fall, ich bin in jeder Hinsicht ein „verdammter Deutscher“ geblieben.

Nur meine vielen und sehr unterschiedlichen Aufenthalte in Rußland haben bei mir tiefes Verständnis für dieses Land und seine Menschen und die deutsch-russischen Beziehungen geweckt. Dabei geht es mir nicht um so billige Floskeln wie „Immer, wenn Rußland und Deutschland zusammengingen, war es für beide gut; wenn sie gegeneinander standen, war es für beide schlecht“, obwohl daran auch viel Wahres ist. Auch geht es nicht einfach darum, daß Rußland ein riesenhaftes Land mit einem noch längst nicht erschlossenen Markt für Deutschland ist. Es geht mir vor allem darum, daß Rußland ein Land mit einer ungeheuer großen Zahl von kreativen Menschen ist und in naher Zukunft wieder eine wirkliche Weltmacht sein wird. Gute Beziehungen zu Rußland zu pflegen, liegt also in deutschem Interesse.

Wer seine Memoiren schreibt, hofft immer, daß ihm noch viele Lebensjahre beschieden sein werden, und weiß doch, daß er die meisten Jahre seines Lebens schon hinter sich hat.

Überblicke ich meine bisherigen Lebensjahre, die ich hier in fünf Kapiteln darzustellen versuchte, so fällt mir ein Ausspruch des russischen Dichters Sergej Alexandrowitsch Jessenin ein: „Mein Leben? […] ich glaube, ich habe das alles nur geträumt.“[197] Jessenin, von dem man sagt, daß er der russischen Seele besonders prägnanten Ausdruck gab, starb 1925 im Alter von nur 30 Jahren in einem Hotel in Leningrad. Bis heute ist nicht geklärt, ob er sich das Leben nahm oder ermordet wurde. Ich gehe schon auf die Achtzig zu. Wie soll ich da nicht meinen, „ich glaube, ich habe das alles nur geträumt“?

Anmerkungen

1 Vgl. als Quelle zur Geschichte Breslaus Conrads, N.: Schlesien; in: Deutsche Geschichte im Osten Europas, Berlin 1994; zu den letzten Tagen von Breslau vgl. Peikert, P.: Festung Breslau in den Berichten eines Pfarrers, Berlin 1974.

2 Loeser, F.: Sag nie, du gehst den letzten Weg, Köln 1986.

3 SPD Hamburg: Lebenslauf Hans Ulrich Klose, Hamburg 2003.

4 Kuhn, E.: Schlesische Reise, Berlin 2000.

5 Neisschen, A. P.: Germanija, Moskau 1911 (russisch).

6 Czaja, H.: Unterwegs zum kleinsten Deutschland?, Frankfurt/Main 1996.

7 Frankfurter Allgemeine Zeitung, 20. September 1996, S. 10.

8 Meissner, B.: Auf dem Wege zur Wiedervereinigung Deutschlands [Auf dem Wege], Berlin 2000, S. 48.

9 Seiffert, W.: Die Verträge zwischen Deutschland und seinen östlichen Nachbarn, Köln 1994; ders.: Vertreibung – völkerrechtliche Bewertung, in: OST–WEST. Europäische Perspektiven, Heft 3/2003, S. 172–175.

10 Vgl. Seiffert, W.: Selbstbestimmungsrecht und deutsche Vereinigung, Baden-Baden 1992.

11 Prawda, 28. Dezember 1989 (russisch).

12 Davon steht in Strauß, F. J.: Die Erinnerungen, Berlin 1989, allerdings nichts.

13 So Strauß, F. J.: Erinnerungen, a. a. O., S. 159.

14 Modrow, H.: Unser Zeichen war die Sonne, Berlin 1996. Vgl. weiter: Kumpf, R.: Alarmtauchen im Krieg – Untertauchen im Kalten Krieg [Alarmtauchen], Bonn 2000; Herms, M.: Hinter den Linien [Linien], Berlin 2000; Knabe, H.: Der diskrete Charme der DDR, Berlin 2001; Weber, H.: Damals, als ich noch Wunderlich hieß [Damals], Berlin 2000.

15 Herms, M.: Linien, a. a. O..

16 Kumpf, R.: Alarmtauchen, a. a. O., S. 88.

17 Zitiert bei Weber, H.: Damals, a. a. O., S. 379.

18 Siehe: Herms, M.: Linien, a. a. O., S. 177.

19 Weber, H.: Damals, a. a. O., S. 379.

20 Ebenda.

21 Herms, M.: Linien, a. a. O.

22 Ebenda.

23 Herms, a. a. O., S. 89.

24 Vgl. zur Entwicklung Loth, W.: Die Teilung der Welt 1941–1955 [Teilung], München 1980; sowie Weber, H.: Geschichte der DDR, München 1984.

25 Vgl. Meissner, B.: Auf dem Wege, a. a. O.; vgl. weiter vor allem Meyer, F.: Das sowjetische Angebot zur Wiedervereinigung 1955, in: Blätter für deutsche und internationale Politik, 1966.

26 Herms, M.: Heinz Lippmann. Porträt eines Stellvertreters, Berlin 1996.

27 Nikolaus Horthy de Nagybánya (1868–1957) war von 1920–1944 Reichverweser Ungarns. Unter seiner Amtszeit trat

Ungarn 1941 auf deutscher Seite in den Zweiten Weltkrieg ein.

28 Manfred von Brauchitsch schildert dieses Treffen, wenn auch aus seiner Sicht etwas anders, in seinem Buch „Ohne Kampf kein Sieg“, Ost-Berlin 1964.

29 Vgl. Loth, W.: Teilung, a. a. O., S. 309 ff.

30 Angaben bei Herms, M.: Linien, a. a. O. , S. 222 ff.

31 Wagner, W.: Hochverrat und Staatsgefährdung [Hochverrat], Bd. I, Karlsruhe 1957. Vgl. auch Urteil des BVerwG vom 16. Juli 1954 AZ : BVerwG I A 23.53; das dort ergangene Verbot der FDJ Westdeutschlands besteht bis heute fort; es bezieht sich aber nach Auffassung des Bundesinnenministeriums heute nur auf den Westteil der FDJ als „eigenständiger Teilvereinigung“, mit der eigenartigen Folge, daß die FDJ und ihre Abzeichen in den neuen Bundesländern erlaubt, in jenem Territorium, das bis zur Wiedervereinigung die Bundesrepublik Deutschland bildete, aber verboten sind (vgl. Wikipedia, Stichwort „Freie Deutsche Jugend“).

32 Herms, M.: Linien, a. a. O., S. 222 ff., überschätzt die ergriffenen Maßnahmen. Kumpf, R.: Alarmtauchen, a. a. O., S. 90, sieht das schon realistischer.

33 Herms, M.: Linien, a. a. O., S. 235–36.

34 Ders.: Linien, a. a. O., S. 234–35.

35 Ders.:, Linien, S. 184–85.

36 Angenfort, J.: Die FDJ Westdeutschlands, in: Modrow, H.: Unser Zeichen, a. a. O., S. 80; Herms, M.: Linien, a. a. O., S. 262 ff.

37 Loth, W.: Teilung, a. a. O. , S. 283.

38 Buschforth, W.: Philipp Müller und der „Essener Blutsonntag“ 1952; in: Deutschland Archiv 2/2002, S. 253–258.

39 Deutschland Archiv 4/2002, S. 654.

40 Kumpf, R.: Alarmtauchen, a. a. O., S. 102.

41 Kumpf, R.: Alarmtauchen, a. a. O., S. 106.

42 Als „D-Bahn“ wurden bis zur Gründung des Verkehrsverbundes Rhein-Ruhr die Verbindungen der ehemaligen Düsseldorf-Duisburger Kleinbahn GmbH bezeichnet. Sie sind mittlerweile Teil des Stadtbahnnetzes Rhein-Ruhr.

43 Wagner, W.: Hochverrat, a. a. O., Bd. I.

44 Vgl. als Beispiele von vielen: Posser, D.: Anwalt im kalten Krieg, München 1991; Kirchheimer, O.: Politische Justiz. Verwendung juristischer Verfahrensmöglichkeiten zu politischen Zwecken, Neuwied 1965; vgl. auch Lekschas, J.: Gutachten zum Prozeß und Urteil gegen Jupp Angenfort und Wolfgang Seiffert, Berlin Ost 1955.

45 Das Urteil ist abgedruckt bei Wagner, W.: Hochverrat, a. a. O., S. 108–186.

46 Rheinischer Merkur, 29. April 1955, S. 1.

47 Hannoversche Allgemeine Zeitung, 5. Februar 1981, S. 10/11.

48 Erich Honecker auf dem V. Parlament der FDJ, S. 11. Vgl. hierzu auch Honecker, E.: Zur Jugendpolitik der SED, Berlin 1980 (2. Auflage), S. 64.

49 Am 24. Januar 2006 wurde an diese Flucht im „Rückspiegel“ der Tageszeitung Neues Deutschland (ND) mit folgenden Worten erinnert: „Am 24. Januar im ND vor … 50 Jahren: Westdeutscher Patriot Wolfgang Seiffert aus der Strafanstalt Anrath geflohen.“

50 Kumpf, R.: Alarmtauchen, a. a. O., S. 106.

51 Der Name der Verfasserin ist dem Autor bekannt.

52 Schreiben des Generalbundesanwalt vom 11. September 1968.

53 Vgl. DTV-Lexikon, München 1999, Bd. 9, S. 84.
54 Herms, M.: Linien, a. a. O., S. 202.
55 Noch heute gibt es in Moskau einen „Baumannskij Rayon", und hier steht auch ein Denkmal für Baumann.
56 Vgl. auch Weber, H.: Die DDR 1945–1986 [DDR 1945–1986], München 1988, S. 44.
57 Benz, W. und Graml, H. (Hg.): Europa nach dem Zweiten Weltkrieg 1945–1982, Frankfurt/Main 1983.
58 Vgl. Festschrift Hans Nathan, Wissenschaftliche Zeitschrift der Humboldt-Universität, 1966, Heft 6.
59 Seiffert, W.: Abschied von der Weltrevolution – Das Ende des Stalinismus und die Zukunft Europas. Erlangen 1989, S. 26–29.
60 Ders.: Ulbricht – ein deutscher Stalinist von Format, in: Deutschland-Archiv Heft 8/1983, S. 851– 854.
61 Weber, H.: DDR 1945–1986, a. a. O., S. 57.
62 Seiffert, W.: Das Demokratieverständnis des „real existierenden Sozialismus", in: Politik und Kultur 1985, Heft 3, S. 34–45; Weber, H.: a. a. O., S. 44/45.
63 Eckert, J. (Hg.): Die Babelsberger Konferenz vom 2./3. April 1958, Baden-Baden 1993.
64 Weber, H.: DDR 1945–1986, a. a. O., S. 54/55.
65 Ebenda.
66 Ich habe darüber in dem Buch von Wyden, P.: WALL – The inside Story of divided Berlin, New York 1989, S. 127/28, berichtet.
67 Neues Deutschland, 16. Juni 1961.
68 Weber, H.: DDR 1945–1986, a. a. O., S. 55.
69 Weber, H.: DDR 1945–1986, a. a. O., S. 74.
70 1976 erschien zu Ehren von Eduard Rabofsky eine Festschrift über sein Leben und Wirken: Festschrift für Eduard Rabofsky, Köln–Wien 1976.
71 Nathan, H. (Hg.): Erfinder- und Neuererrecht der DDR in zwei Bänden, Berlin 1968.
72 Heuer, U. J., in: Eckert, J. (Hg.): Die Babelsberge Konferenz, a. a. O., S. 212.
73 Ders.: Im Streit. Ein Jurist in zwei deutschen Staaten [Streit], Baden-Baden 2002, S. 113.
74 Zum Beispiel Ulbricht, W.: Die nationale Frage in heutiger Sicht, Berlin 1965.
75 Howe, M./Polak, K.: Parteijurist unter Ulbricht, Frankfurt/ Main 2002.
76 Heuer, U. J.: Im Streit, a. a. O., S. 105
77 Ders.: Im Streit, a. a. O., S. 112
78 Damals veröffentlichte ich im „Spiegel" (18/1976) einen mit drei Sternchen gezeichneten Artikel mit dem Titel: „Nackte Geldnot trieb die DDR".
79 Meine Erfahrungen im RGW habe ich in meinem Buch „Kann der Ostblock überleben?", Bergisch-Gladbach 1983, veröffentlicht.
80 Vgl. Runge, I./Stelbrink, U./Wolf, M.: Ich bin kein Spion, Berlin 1990, S. 83–85.
81 Markus Wolf in einem persönlichen Schreiben vom 30. August 1990 an den Autor.
82 Vgl. auch Seiffert, W.: Weder willens noch fähig zu einer revolutionären Tat, in: Die Weltwoche (Zürich), 5. März 1987.
83 Ulbricht, L.: Mein Leben, Berlin 2003, S. 111.
84 Wolf, M.: Spionagechef im geheimen Krieg, München 2002, S. 256–257.
85 Meyer, F.: Weltmacht im Abstieg, München 1984.
86 Henselmann, I.: Meine große Familie, Berlin 1995.

87 Gerats, H./Kühlig, G./Pfannenschwarz, K.: Staat ohne Recht, Berlin 1959
88 Vgl. hierzu auch Süddeutsche Zeitung, 29. Dezember 1989, S. 3.
89 Vgl. Berichterstattung in: Der Spiegel, Januar 1978.
90 Vgl. Wolf, M.: Spionagechef, a. a. O., S. 132.
91 Vgl. Seiffert, W.: Die Deutschen und Gorbatschow, Erlangen 1989; Daschitschew, W.: Moskaus Griff nach der Weltmacht [Moskaus Griff], Hamburg 2003.
92 Seiffert, W.: Abschied, a. a. O., Erlangen 1989.
93 Später veröffentlichte Mahnke einen Artikel zum rechtlichen Status von Berlin, in dem von seinen Thesen nichts mehr enthalten war. Vgl. Recht in Ost und West 23, 1979, S. 185–193; meine Thesen erschienen unter dem Titel „Die deutsche Nation zwischen Politik und Recht“ in: Politik und Kultur 6, 1979, S. 35–44.
94 Vgl.: Der Spiegel, 11, 20 und 21/1978.
95 Venohr, W.: Die deutsche Einheit kommt bestimmt, Lübbe-Verlag 1982.
96 Deutschlandfunk: Die Nation – eine deutsche Frage? Aktuelle Dokumentation, 14. Mai 1982.
97 Deutschland Archiv, 12/1978 S. 1271–1280.
98 Neues Deutschland, 19. September 1980, S. 2.
99 Scheuner, U,: Die deutsche einheitliche Staatsangehörigkeit: ein fortdauerndes Problem der deutschen Teilung, Europa Archiv 12/1979, S. 345–356.
100 Frankfurter Allgemeine Zeitung, 19. März 1982, S. 6.
101 Meint: die Ordnung der gegebenen Gesellschaft.
102 Süddeutsche Zeitung, 7. Juni 1990, S. 5.
103 Süddeutsche Zeitung, 22./23. September 1984, S. 6.
104 Hacker, J.: Deutsche Irrtümer, Berlin–Frankfurt/Main 1992.
105 Beide Arbeiten erschienen im Nomos-Verlag, Baden–Baden.
106 Bergisch-Gladbach 1983.
107 Wolf, M.: Die Troika, Aufbau Verlag, Ost-Berlin 1989.
108 Der Spiegel, 15/1989, S. 59/61.
109 Aufbau Taschenbuch Verlag, 2000, S. 301–305.
110 Der Spiegel, 3. März 1986, S. 59 ff.
111 Markovits stammt aus Österreich; 1999 weilte er als Fellow am Wissenschaftskolleg in Berlin und hat jetzt eine Professur an der University of Michigan in Ann Arbor. Von ihm stammt (unter anderem) das Buch: Markovits, A. S./Reich, S.: Das deutsche Dilemma. Die Berliner Republik zwischen Macht und Machtverzicht. Berlin 1998.
112 Hattenhauer, H.: Europäische Rechtsgeschichte, Heidelberg 1999.
113 Meissner, B., Auf dem Wege zur Wiedervereinigung Deutschlands, Berlin 2000, S. 8.
114 Gill, U./Steffani, W.: Eine Rede und ihre Wirkung, Berlin 1986, ebenda S. 119–123.
115 Vgl. auch den Bericht über den Staatsbesuch des Bundespräsidenten in der Sowjetunion, in Bulletin Nr. 73/ S. 625 vom 15. Juli 1987.
116 Vgl. auch Kießling, G.: Neutralität ist kein Verrat, Erlangen–Bonn–Wien 1989.
117 Alle Angaben in: Der Spiegel, Sonderausgabe 1947–1997, S. 241 f.
118 Ebenda, S. 102 bzw. 108.
119 Vgl. statt vieler Kuhn, E.: Gorbatschow und die deutsche Frage, Bonn 1993.

120 Frankfurter Allgemeine Zeitung, 5. Juni 1984, S. 3.

121 Seiffert, W.: Das ganze Deutschland – Perspektiven der Wiedervereinigung, München 1986.

122 Frankfurter Allgemeine Zeitung, 27. März 2000, S. 49: Rudern mit Ingeborg Bachmann.

123 Genscher, H. D.: Erinnerungen, Berlin 1995.

124 Strauß, F. J.: Erinnerungen, a. a. O.; vgl. auch Genscher, H. D.: Erinnerungen, Berlin 1995; Schmidt, H.: Die Deutschen und ihre Nachbarn, Berlin 1990; Weizsäcker, R. von: Vier Zeiten – Erinnerungen, Berlin 1997.

125 Gallus, A.: Die Neutralisten, Düsseldorf 2001; vgl. auch die kritische Rezension des Buches von Brigitte Seebacher-Brandt in der Frankfurter Allgemeinen Zeitung, 21. Mai 2001.

126 Vgl. Seiffert. W.: Selbstbestimmungsrecht und deutsche Vereinigung-Auswirkungen auf Osteuropa, in: Gesellschaft, Staat, Nation; Wien 1996, S. 133–139.

127 Vgl. auch Daschitschew, W.: Moskaus Griff, a. a. O., S. 492–498.

128 Haack, D. /Hoppe, H.-G./Lintner, E./Seiffert, W. (Hrsg.): Das Wiedervereinigungsgebot des Grundgesetzes, Köln 1989.

129 Vgl. Knabe, H.: Die unterwanderte Republik, Berlin 1999, S. 393–94.

130 Andrejew, G./Studienzentrum Weikersheim: „Marxismus – Die Gescheiterte Philosophie Unserer Epoche?“ Vorträge und Diskussionsbeiträge, die auf dem Kongreß des Studienzentrums Weikersheim e. V. am 11./12. November 1984 im Schloß Mannheim gehalten wurden; Mainz 1985.

131 Willms, G.: Geträumte Republik – Jugend zwischen Kaiserreich und Machtergreifung, Breisgau 1985.

132 Seiffert, W.: Die Deutschen und Gorbatschow, Erlangen 1989; ders.: Abschied von der Weltrevolution, Erlangen 1989.

133 Frankfurter Allgemeine Zeitung, 26. August 1989.

134 Vgl. Daschitschew, W.: Moskaus Griff, a. a. O., S. 239 und 360 ff.

135 Der Vorgang um unsere Initiative wird behandelt in Biermann, R.: Zwischen Kreml und Kanzleramt. Wie Moskau mit der deutschen Einheit rang, München 2000, S. 123/24 und S. 127.

136 Der Spiegel 47/89 vom 20.11.1989. Vgl. auch Kohl, H.: Herrhausen ist noch immer ein Vorbild, Welt am Sonntag, 28. November 1999, S. 39.

137 Die Welt, 30. November 1999, S. 2.

138 Frankfurter Allgemeine Zeitung, 8. September 2003, S. 4.

139 Daschitschew, W.: Wie das Umdenken in der sowjetischen Außenpolitik begann; in: Osteuropa, 1993, S. 481 ff.

140 Vgl. auch Walters, V. A.: Die Vereinigung war voraussehbar, Berlin 1994; zur sowjetischen Deutschlandpolitik vgl. Seiffert, W.: Rußland und die Wiedervereinigung Deutschlands, in: Mettke, J. R.: Erobere die ganze Welt, Sammelband zum Jubiläum des deutschen Publizisten Fritjof Meyer, Moskau 2002; das Buch liegt nur in Russisch vor.

141 Vgl. Institut für Osteuropäisches Recht: Entwicklung und Perspektiven, Kiel 2003.

142 Seiffert, W. (Hg.): Wirtschafts-und Gesellschaftsrecht Osteuropas im Zeichen des Übergangs zur Marktwirtschaft, München 1992.

143 Ders.: Selbstbestimmungsrecht, a. a. O., Baden-Baden 1992.

144 Kimminich, O., Archiv des Völkerrechts 4/1993, S. 459/460; vgl. auch Tilman Mayer über das Selbstbestimmungsrecht in: Frankfurter Allgemeine Zeitung, 11. Februar 1993, S. 11.

145 Seiffert, W.: Selbstbestimmungsrecht, a. a. O., Baden-Baden 1992, S. 156.

146 Mit letzterer Problematik habe ich mich in meiner Schrift „Die Verträge zwischen Deutschland und seinen östlichen Nachbarn" befaßt (Köln 1994).

147 Klein., E.: Die territoriale Reichweite des Wiedervereinigungsgebotes, Bonn 1984 (2. überarbeitete Auflage).

148 Klein, E.: Das Selbstbestimmungsrecht der Völker und die deutsche Frage, Berlin 1990, S. 90–92.

149 So heißt es etwa im Vorwort zum Protokoll der deutschen Staatsrechtslehrertagung vom 28. April 1990: „Den Zusammenbruch der Diktatur hatte niemand vorhergesehen. [...] Niemand war auf den Wandel vobereitet, auch nicht die deutsche Staatsrechtslehre."; VVD-StRL 49/1990, S. 5.

150 Die Entwicklung dieser Monate sind von mir eingehend abgehandelt in: Selbstbestimmungsrecht, a. a. O., Baden-Baden 1992, S. 120–127.

151 Neues Deutschland, 12. Februar 2003, S. 7.

152 Vgl. auch Mayer, T.: Warum es zur Wiedervereinigung kam; in: Eckert, K./Hacker, J./Mampel, S. (Hg.): Wiedervereinigung Deutschlands, Berlin 1998, S. 233–241.

153 Sommer, T.: Reise ins andere Deutschland, Hamburg 1986.

154 Reinhold, O. (Autorenkollektiv): Erfolgreiche Jahre, Berlin 1982.

155 Vgl. Schroeder. F. C. in; Frankfurter Allgemeine Zeitung, 3. November 1997, S. 6.

156 Vgl. hierzu auch Bouvier, B.: Die DDR – ein Sozialstaat?,Bonn 2002. Bei Fortführung und Vertiefung der Ideen des „Neuen ökonomischen Systems" wäre dies möglicherweise anders gewesen. Allerdings auch nur dann, wenn diese Orientierung auf das Ziel der Wiedervereinigung hin ausgerichtet gewesen wäre (wie Ulbricht es anstrebte).

157 Hattenhauer, H.: Über die Langzeitwirkung von Religionskriegen; in: Teilungsfolgen und Rechtsfriede: Beiträge und Diskussionen des Symposiums am 23.–24. Juni 1995 in Heidelberg; hrsg. von Jauernig, O./ Hommelhoff., P., Heidelberg 1996.

158 Gallus, A.: Neutralisten, a. a. O., Düsseldorf 2001.

159 Benjamin, W.: Moskauer Tagebuch, Frankfurt am Main 1980, Seite 26.

160 Mettke, J.: Moskau wird zur Weltstadt der Postmoderne, in: Der Spiegel 18/04 vom 26. April 2004.

161 Paschukanis, E.: Allgemeine Rechtslehre und Marxismus, Freiburg–Berlin 1991.

162 Stutschka, P.: Das Problem des Klassenrechts und der Klassenjustiz, ebenda, S. 233 ff.

163 Hattenhauer, H.: Europäische Rechtsgeschichte, Heidelberg 1999, S. 725–26; Wyschinski vertrat die „Theorie" vom „Geständnis als Krone des Beweises"; vgl. Wyschinski, Andrej J.: Gerichtsreden, Berlin 1951.

164 Vgl. Paschukanis, E.: Allgemeine Rechtslehre, a. a. O., Freiburg–Berlin 1991.

165 Topornin, B. N.: Europeiskoe pravo, Moskau 1998 (russisch).

166 Schack, H.: Internationales Zivil-

verfahrensrecht, München 1991. 2003 erschien diese Arbeit in der russischen Übersetzung von Jelena Gretschischnikowa.

167 Vgl. Roggemann, H./Bergmann, W. (Hg.): Zivilgesetzbuch der Russischen Föderation, Berlin 1997.

168 Säcker, F. J./Seiffert, W./Wolfrum, R. (Hg.): Bd. 1: Wirtschafts- und Gesellschaftsrecht im Zeichen des Übergangs zur Marktwirtschaft, 1992; Bd. 2: Die Rechtslage ausländischer Investitionen in den Nachfolgestaaten der Sowjetunion, 1993; Bd. 3: Anerkennung ausländischer Entscheidungen in Osteuropa, 1994.

169 Vgl. auch Laptjew, W.: Regelungen der Unternehmenstätigkeit in Rußland, in: Recht in der Wirtschaft, 1994, S. 370.

170 Trunk, A./Knieper, R./Svetlanov, A. G. (Hg.): Russland im Kontext der internationalen Entwicklung: Internationales Privatrecht, Kulturgüterschutz, geistiges Eigentum, Rechtsvereinheitlichung. Festschrift für Mark Moiseevic Boguslavskij, Berlin 2004.

171 Tumanow, W. A.: Bürgerliche Rechtsideologie, Berlin 1975.

172 Seiffert, W.: Selbstbestimmungsrecht, a. a. O., Baden-Baden 1992.

173 Vgl. Daschitschew, W. I.: Moskaus Griff, a. a. O., Hamburg 2002; vgl. hierzu auch das Kapitel „Hamburg“ dieses Buches.

174 Unter „Voucher“ wird ein Gutschein für im voraus bezahlte Leistungen verstanden.

175 Vgl. z. B.: Klebnikow, P.: Der Pate des Kreml – Boris Beresowski und die Macht der Oligarchen, München 2001; Quiring, M.: Er suchte die Wahrheit – und fand den Tod; Hamburger Abendblatt, 22. Juli 2004.

176 Der Spiegel, 5/2000, S. 174.

177 Quiring, M.: Putin rettet die russische Seele; Die Welt, 12. Januar 2000, S. 9.

178 Vgl. Welt am Sonntag, 2. und 9. Januar 2000; Frankfurter Allgemeine Zeitung, 4. und 22. Januar 2000.

179 Ebenda.

180 Sobtschak, A.: Die Messer in meinem Rücken, München 2000.

181 Seiffert, W.: Wladimir W. Putin – Wiedergeburt einer Weltmacht? [Wiedergeburt], München 2000.

182 Die Woche, 7. Januar 2000, S. 27.

183 Vgl. auch Sobtschak, A.: Die Messer in meinem Rücken, München 2000, S. 70–71; ders.: Für ein neues Rußland, Bergisch-Gladbach 1991.

184 Gespräche mit Putin, Moskau 2000 (russisch).

185 In Rußland z. B. mehrere Bände von Blozkij, O.: Wladimir Putin, Bd. 1. Moskau 2001 (russisch); Muchin, A. A.: Wer ist Mister Putin und wer kam mit ihm? Moskau 2002 (russisch).

186 Vgl. Seiffert, W.: Wiedergeburt, a. a. O., München 2000, S. 55–58.

187 Vgl. Datschitschew, W.: Wohin steuert Rußland?; in: Die neue Achse, 2004, S. 53–64.

188 Kiwa, A.: Wird der neue Kurs stattfinden?; in: Literaturnaja gaseta, 7.–13. April 2004.

189 Vgl. die programmatische Rede Putins vom 12. Februar 2004; in: Iswestija, 13. Februar 2004 (russisch).

190 Hattenhauer, H.: Europäische Rechtsgeschichte, Heidelberg 1999, S. 490.

191 Neue Zürcher Zeitung, 31. Juli 2004, S. 5.

192 Vgl. Kommersant, 29. Oktober 2002 (russisch), S. 2; ebenso: Neue Zürcher Zeitung, 29. Oktober 2002, S. 3.

193 Mettke, J. R.: Priobresti ves mir, Moskau 2002.

194 Ders.: Bär mit Balalaika, in: Der Spiegel 1/2006, S. 86–90.

195 Vgl. meine Stellungnahme zu dem Problem in: Mitteilungen der Vereinigung für deutsch-russisches Wirtschaftsrecht be. V. Nr. 27/Dezember 2005, S. 21–22.

196 Vgl. z. B. Hinteregger, G./Heinrich, H.-G. (Hg.): Russia. Continuity and Chance. Berlin 2004; Trenin, D.: Russland – Die gestrandete Weltmacht, Hamburg 2005; Eichwede, W.: Putins Rußland – noch auf dem Weg zur Demokratie?, in: Russland-Aktuell, 23. und 29. Dezember 2005.

197 Jessenin, S. A.: Gedichte, Smolensk 2000, S. 300 (russisch); ders.: Gedichte – russisch und deutsch; Übertragungen von Karl Dedecius; Ebenhausen bei München 2004, S. 44/45; Dedecius übersetzt diese Stelle allerdings sehr frei.

Personenverzeichnis

Achenbach, Dr. jur. Ernst

* 9. April 1909 in Siegen, † 2. Dezember 1991 in Essen; Rechtsanwalt und Notar. Mitglied des Landtages von NRW (1950–1958) und Mitglied des Deutschen Bundestages (1957–1976); FDP-Mitglied.

Adenauer, Dr. Konrad

* 5. Januar 1876 in Köln, † 19. April 1967 in Bad Honnef; Politiker (CDU); 1949–1963 erster Bundeskanzler der Bundesrepublik Deutschland.

Ammon, Herbert

* 28. Dezember 1943 in Brieg/Schlesien; Historiker; zusammen mit Peter Brandt unter anderem Autor von: „Die Linke und die nationale Frage"; Studienrat im Studienkolleg für ausländische Studenten der Freien Universität Berlin.

Angenfort, Jupp

* 1924 in Düsseldorf, 1942 Wehrmacht, sowjetische Kriegsgefangenschaft, Mitglied im „Nationalkomitee Freies Deutschland". Rückkehr nach Deutschland Ende 1949. 1950 Leiter des Zentralbüros der FDJ Westdeutschlands, 1951–1954 Mitglied des Landtages von Nordrhein-Westfalen (KPD), 1953 verhaftet und vom BGH zu 5 Jahren Zuchthaus verurteilt, Flucht aus dem Gefängnis München-Stadelheim. Seit 1951 verheiratet, zwei Kinder.

Bahr, Egon Karlheinz

* 18. März 1922 in Treffurt (Werra), sozialdemokratischer Politiker, 1976–1980 Bundesgeschäftsführer der SPD, wirkte maßgeblich an der neuen Ostpolitik der SPD mit.

Bahro, Rudolf

* 18. November 1935 in Bad Flinsberg (heute: Swieradów Zdrój/Polen); † 5. Dezember 1997 in Berlin. Studium der Philosophie; seine Doktorarbeit wurde abgelehnt. Von 1972 an Arbeit an dem Buch „Die Alternative". Nach Abdruck von Auszügen dieses Buches im „Spiegel" Verhaftung am 25. August 1977; später Abschiebung in die Bundesrepublik. Im Januar 1980 gründet er mit Herbert Gruhl und Petra Kelly die „Grünen", denen er bis 1985 angehörte. Im November 1989 geht Bahro in die DDR zurück, wo er auf weitgehendes Unverständnis stößt. Veröffentlichungen u. a.: „Die Alternative. Zur Kritik des real existierenden Sozialismus", Köln 1977.

Bender, Dr. Peter

* 1923 in Berlin, 1954 Promotion mit einer althistorischen Arbeit, 1954–1961 Sender Freies Berlin, 1961–1970 Politik-Redakteur beim Westdeutschen Rund-

funk Köln, 1970 Berliner Korrespondent in Warschau, danach bei der Fernsehsendung „Panorama"; Veröffentlichungen u. a.: „Das Ende des ideologischen Zeitalters", Berlin 1981.

Benjamin, Hilde

geb. Lange, * 5. Februar 1902 in Bernburg, † 18. April 1989 in Berlin. Tod des Ehemannes Georg Benjamin 1942 im KZ Mauthausen. 1946 Eintritt in die SED. 1949–1953 Vizepräsidentin des Obersten Gerichts der DDR; bei einer Reihe von politischen Prozessen für sehr fragwürdige Urteile mitverantwortlich. 1949–1967 Abgeordnete der Volkskammer und 1953–1967 Ministerin der Justiz; von 1954–1989 Mitglied des ZKs der SED.

Berlinguer, Dr. Enrico

* 25. Mai 1922 in Sassari/Sardinien, † 11. Juni 1984 in Padua; italienischer Politiker, Protagonist des „Eurokommunismus'", 1950–1953 Präsident des Weltbundes der Demokratischen Jugend (WBDJ), ab 1968 Mitglied des Italienischen Parlaments, ab 1972 Generalsekretär der Kommunistischen Partei Italiens (PCI).

Boguslavskij, Prof. Dr. Mark Moiseevic

* 8. Juni 1924 in Moskau, Studium der Rechtswissenschaft, Besuch der Akademie für Außenhandel, Dr. jur., Professor für internationales Privatrecht, Institut für Staat und Recht der Russischen Akademie der Wissenschaften in Moskau, Schiedsrichter am Internationalen kommerziellen Schiedsgericht der Kammer für Handel und Industrie der Russischen Föderation, führender Wissenschaftler der Russischen Föderation auf dem Gebiet des internationalen Privatrechts. Er ist Autor einer großen Zahl wissenschaftlicher Publikationen. Er spricht Deutsch, Französisch und Englisch; verwitwet.

Borodin, Pawel Pawlowitsch

* 25. Oktober 1946, Absolvent des Uljanowsker landwirtschaftlichen Instituts; bis 2000 Stv. Leiter der Präsidialverwaltung; verantwortlich für das Staatseigentum, 1999 leitete die Staatsanwaltschaft der Schweiz gegen Borodin ein Strafverfahren wegen Geldwäsche und Korruption ein. 2000 wurde Borodin in den USA deswegen verhaftet, kam aber wieder frei. Danach war er Sekretär der Gemeinschaft Unabhängiger Staaten (GUS); verheiratet.

Brandt, Prof. Dr. Peter

* 1948, Sohn von Willy Brandt, Studium der Geschichte, Politikwissenschaft und Volkwirtschaftslehre an der Freien Universität Berlin; 1975–1986 Assistent am Institut für Geschichtswissenschaft der TU Berlin, Promotion, Habilitation. Seit 1989 leitet er das Fachgebiet Neuere und Deutsche Geschichte an der Fernuniversität Hagen. Zahlreiche Veröffentlichungen, u. a.: „Vaterlandslose Gesellen – Sozialdemokratie und Nation 1860–1990" (1992), „Schwieriges Vaterland" (2001).

Brandt, Willy

* 18. Dezember 1913 unter dem Namen Herbert Ernst Karl Frahm in Lübeck, † 8. Oktober 1992; Vorsitzender der SPD (1964–1987), 1957–1966 Regierender Bürgermeister in West-Berlin, 1966–1969 Außenminister in der Koalitionsregierung Kiesinger, 1969–1974 Bundeskanzler, 1971 Friedensnobelpreis, 1977 Präsident der Sozialistischen Internationale.

Brauchitsch, Manfred von

* 15. August 1905 in Hamburg, † 5. Januar 2003 in Gräfenwarth bei Schleiz; renommierter Rennfahrer vor dem Zweiten Weltkrieg; 1937 Sieg beim „Großen Preis von Monaco“; Präsident des Automobilclubs Deutschland; 1951 Präsident der Weltfestspiele der Jugend und Studenten in Berlin (Ost); 1954 Übersiedelung in die DDR, dort Präsident des Olympischen Komitees. Veröffentlichung: „Ohne Kampf kein Sieg“ (1964).

Bubis, Ignatz

* 12. Januar 1927 in Breslau/Schlesien, † 13. August 1999, Präsident des Zentralrates der Juden in Deutschland, Mitglied der FDP.

Chruschtschow, Nikita Sergejewitsch

* 17. April 1894 in Kalinowka/Ukraine, † 11. September 1971 in Moskau. 1932 beginnt seine politische Karriere mit der Aufnahme in die Parteizentrale der KPdSU in Moskau, 1939 Parteichef in der Ukraine, 1953 folgt er dem verstorbenen Stalin als Parteichef der KPdSU; 1956 Geheimrede auf dem XX. Parteitag der KPdSU über die Verbrechen Stalins, 1961 sanktioniert er den Bau der Berliner Mauer, 1962 läßt er Atomraketen auf Kuba stationieren („Kuba-Krise“), 14. Oktober 1964 wird er aller Partei- und Regierungsämter enthoben, 1966 verliert er auch seinen Sitz im Zentralkomitee der KPdSU.

Clement, Wolfgang

* 7. Juli 1940 in Bochum, 1960–1965 Jurastudium in Münster, Journalist, Anfang der 1980er Jahre Minister in der Landesregierung von NRW, 1986–1989 Chefredakteur der „Hamburger Morgenpost“, 1998 Ministerpräsident in NRW, 2002–2005 Bundesminister für Arbeit und Wirtschaft, katholisch, verheiratet, 5 Töchter.

Czaja, Herbert

* 14. November 1914 in Teschen/Österreichisch-Schlesien, † 18. April 1997 in Stuttgart; 1970–1994 Präsident des Bundes der Vertriebenen (BdV), 1953–1990 Mitglied des Deutschen Bundestages (CDU); Veröffentlichungen u. a.: „Unterwegs zum kleinsten Deutschland?“ (1996).

Daschitschew, Prof. Dr. Wjatscheslaw Iwanowitsch

* 9. Februar 1925 in Moskau, im Zweiten Weltkrieg Leutnant der sowjetischen Armee, Studium der Geschichte, Internationale Beziehungen und Germanistik an der Lomonossow-Universität Moskau, Promotion, Habilitation; Professor für Geschichte, Forschungsamt des sowjetischen Generalstabes, 1969 als Oberst aus der sowjetischen Armee ausgeschieden, seitdem Akademieinstitut für Internationale und Politische Studien in Moskau; Veröffentlichungen u. a.: „Die Strategie Deutschlands im Zweiten Weltkrieg“ (1974; Neuauflage 2005, beide russisch); „Moskaus Griff nach der Weltmacht“ (2002).

Dellheim, Alfred

* 1924 in Mutterstadt bei Ludwigshafen, 1938 Emigration nach Großbritannien (rassisch Verfolgter), Mitglied der FDJ in Großbritannien, 1943 Eintritt in die britische Armee, Teilnahme am Krieg in Westeuropa, bis 1947 Arbeit in der britischen Militärregierung in Deutschland, danach Sekretär der FDJ Niederrhein/

Nordrhein-Westfalen, 1951 Übersiedelung in die DDR, 1953 Werkleiter, 1958 Hauptdirektor des Werkzeugmaschinenbaus der DDR, 1961 Studium an der TU Dresden, 1963–1990 Direktor der Berliner Werkzeugmaschinenfabrik Marzahn, seit 1993 Vorsitzender des Interessenverbandes ehemaliger Teilnehmer des antifaschistischen Widerstands.

Eicke und Polwitz, Dr. Ernst von

* 9. Oktober 1929 in Polwitz/Schlesien; † 13.Oktober 1996 in Berlin; Generalsekretär der Deutschen Gesellschaft für Osteuropakunde e. V.

Feiler, Hertha

* 3. August 1915 in Wien, † 2. November 1970 in München; Schauspielerin, bekannteste Filme: „Liebling der Matrosen" (1937), „Lauter Lügen"(1939), „Kleider machen Leute" (1940), „Pünktchen und Anton" (1953), „Staatsaffären" (1960); heiratete 1939 den Schauspieler Heinz Rühmann.

Goetting , Gerald

* 9. Juni 1923 in Nietleben (Halle), Vorsitzender der CDU der DDR, Stv. Vorsitzender des Staatsrates der DDR, 1989 Rücktritt bzw. Abberufung, 1991 aus der CDU ausgeschlossen, 18 Monate Haft auf Bewährung wegen Veruntreuung von Parteigeldern.

Goldstein, Kurt Julius

* 1914 in Dortmund, 1926 Deutsch-jüdischer Wanderverband „Kameraden", 1928 SAJ, dann KJVD, 1930 KPD, 1933–36 Emigration nach Luxemburg, Frankreich und Israel, 1937–39 Offizier der Interbrigaden in Spanien, 1939–1941 Internierung in Gurs und Le Vernet, 1941–1945 KZ Auschwitz und Buchenwald; 1950 Leiter des Zentralbüros der FDJ in Westdeutschland, Ende 1950 Übersiedelung in die DDR, 1956–1978 Leitende Funktionen beim DDR-Rundfunk, Chefredakteur des Deutschlandsenders, Präsident des Internationalen Auschwitzkomitees.

Gorbatschow, Michail Sergejewitsch

* 2. März 1931 bei Stawropol/Nordkaukasus, Jurastudium an der Lomonossow-Universität Moskau, 1985 Generalsekretär der KPdSU, 1990–1991 Präsident der Sowjetunion, Friedensnobelpreis 1990. Im selben Jahr stimmt Gorbatschow der deutschen Wiedervereinigung zu (2+4-Vertrag); Politik der „Perestroika"; seit dem Untergang der UdSSR Präsident des Internationalen gesellschaftlichen Fonds für sozial-ökonomische und politologische Forschungen („Gorbatschow-Fonds") in Moskau.

Graefrath, Prof. Dr. Bernhard

* 12. Februar 1928 in Berlin, Professor für Völkerrecht an der Humboldt-Universität Berlin, 1982–1991 Akademie der Wissenschaften der DDR, 1982–1990 UN International Commission of Law, Veröffentlichungen u. a.: „Völkerrechtliche Verantwortung der Staaten" (zusammen mit Oesr und Steiniger; 1977), „Menschenrechte und internationale Kooperation" (1988).

Gref, German Oskarowitsch

* 8. Februar 1964 in Kasachstan, Rußlanddeutscher; 1990 beendet er das Jurastudium in Omsk, 1994 Aspirant an der Juristischen Fakultät der Universität in St.

Petersburg, 1997 Stv. Bürgermeister St. Petersburg, 2000 Minister für Wirtschaft und Entwicklung der Russischen Föderation, spricht Deutsch, zum zweiten Mal verheiratet, ein Sohn.

Gretschischnikowa, Dr. jur. Jelena Wladimirovna
* 5. Mai 1965 in Kirgistan, Jurastudium in Omsk, Dr. jur., Jurastudium für Ausländer an der Universität Kiel, Übersetzung des Buches von Schack: „Internationales Zivilverfahrensrecht" ins Russische.

Hattenhauer, Prof. Dr. Hans
* 8. September 1931 in Groß-Mellen, em. Professor für Deutsche und Europäische Rechtsgeschichte an der Christian-Albrechts-Universität Kiel, dort 1968 auch Rektor. Veröffentlichungen u. a.: „Europäische Rechtsgeschichte" (1996), „Grundbegriffe des bürgerlichen Rechts" (1982), „Geschichte des deutschen Beamtentums" (1993), „Allgemeines Landrecht für die Preußischen Staaten" (Hg., 1996), „Die geistesgeschichtlichen Grundlagen des deutschen Rechts" (1996).

Heidenreich, Gerhard
* 5. Oktober 1916 in Breslau, 1931 Vertreter der Roten Pioniere in Breslau, 1934 Verurteilung zu 2 Jahren Gefängnis wegen „Vorbereitung zum Hochverrat", danach arbeitslos, 1938–1945 Transportarbeiter, 1945 Teilnahme am antifaschistischen Widerstand im Kessel von Breslau, danach Übersiedelung nach Dresden; Mitarbeiter in der Abteilung Kader des Zentralrates der FDJ, später Leiter der Abteilung, 1957 1. Sekretär der Kreisleitung der SED im MfS; seit 1979 im Ruhestand.

Heinemann, Dr. Gustav
* 23. Juli 1899 in Schwelm/Westfalen, † 7. Juli 1976 in Essen; am 20. September 1949 wurde er als Bundesminister des Innern in die von Bundeskanzler Konrad Adenauer geführte Bundesregierung berufen. Aus Protest gegen die geplante Wiederbewaffnung trat Heinemann am 11. Oktober 1950 von seinem Amt als Bundesinnenminister zurück. Am 1. Dezember 1966 Ernennung zum Bundesminister der Justiz im von Bundeskanzler Kurt Georg Kiesinger geführten Kabinett der Großen Koalition; am 5. März 1969 wurde er bei der Wahl zum Bundespräsidenten im 3. Wahlgang mit 6 Stimmen Vorsprung vor seinem Gegenkandidaten Gerhard Schröder zum 3. Bundespräsidenten der Bundesrepublik Deutschland gewählt. Heinemann verzichtete auf die Kandidatur für eine zweite Amtszeit und schied am 1. Juli 1974 aus dem Amt aus.

Heins, Helmut
* 1911, † 1985 in Hamburg, 1942–1945 KZ und Zuchthaus wegen Gegnerschaft zum NS-Staat, 1945 Bezirksleiter der FDJ in Hamburg, 1949–1951 Chefredakteur „Junges Deutschland", 1950 Leiter des Arbeitsbüros der westdeutschen FDJ.

Herrhausen, Dr. rer. oec. Alfred
* 20. Januar 1930 in Essen, † 30. November 1989 in Bad Homburg (ermordet); ab 1985 Sprecher der Deutschen Bank. Der Mord an Herrhausen konnte bis heute nicht aufgeklärt werden.

Heuer, Prof. Dr. Uwe-Jens

* 11. Juli 1927 in Essen, ab 1951 Studium der Rechtswissenschaften an der Humboldt-Universität Berlin, 1959–1960 Richter am Vertragsgericht, bis 1967 Hochschullehrer an der Humboldt-Universität Berlin, ab 1967 am Zentralinstitut für sozialistische Wirtschaftsführung Berlin, 1982–1990 Institut für Rechtswissenschaften an der Akademie der Wissenschaften der DDR, 1990 Mitglied der Volkskammer der DDR (SED), 1990–1998 Abgeordneter des Deutschen Bundestages (PDS); gehörte in der DDR zu den Wirtschaftsreformern. Veröffentlichungen u. a.: „Allgemeines Preußisches Landrecht und Klassenkampf“ (1960), „Marxismus und Politik“ (1965), „Marxismus und Demokratie“ (1990), „Im Streit – Ein Jurist in zwei deutschen Staaten“ (2002) [Vgl. auch die Rezension des Autors in: Deutschland Archiv 2003, S. 160–163].

Honecker, Erich

* 25. August 1912 in Neunkirchen/Saarland, † 23. Mai 1994 in Santiago de Chile; Dachdecker, Leiter des Kommunistischen Jugendverbandes im Saargebiet, 1935 verhaftet und 1937 zu 10 Jahren Zuchthaus verurteilt, bis 1945 im Zuchthaus Brandenburg, SED-Generalsekretär, Staatsratsvorsitzender der DDR, am 18. Oktober 1989 von allen Ämtern zurückgetreten; 1990 in U-Haft, am 13. Januar 1993 Aufhebung des Haftbefehls, Ausreise nach Santiago de Chile.

Honecker geb. Feist, Margot

* 17. April 1927 in Halle/Saale, verheiratet mit Erich Honecker, eine Tochter; Telefonistin, 1949–1953 Leiterin der Kinderorganisation „Junge Pioniere“ in der DDR, ab 1963 Minister für Volksbildung der DDR, 1989 Rücktritt, seit 1993 in Santiago de Chile.

Jawlinskij, Dr. Grigorij

* 1952, Doktor der Wirtschaftswissenschaften, Vorsitzender der Partei „Jabloko“.

Keßler, Heinz

* 20. Januar 1920 in Lauban/Schlesien, 1934–1940 Ausbildung zum Maschinenschlosser, Deutsche Wehrmacht, Übertritt zur Roten Armee, Mitbegründer des „Nationalkomitees Freies Deutschland“, Antifaschule, Rückkehr nach Deutschland, FDJ-Vorsitzender des Landesverbandes Berlin, später Sekretär des Zentralrates der FDJ, 1950–1952 Chef der KV Luft, später Verteidigungsminister der DDR. November/Dezember 1989: Rücktritt von allen Ämtern, zu sieben Jahren Haft im sogenannten „Schießbefehlprozeß“ verurteilt.

Kiesewetter, Dr. Wolfgang

* 2. Dezember 1924 in Scheibe-Alsbach/Thüringen, Leutnant der Wehrmacht, 1944–1949 sowjetische Kriegsgefangenschaft, Antifa-Schule 2041, ab 1950 Ministerium für Außenpolitik der DDR, Botschafter u. a. in Italien und Schweden.

Kießling, Dr. Günter

* 1925, 1940 Kadett, Offizier im Zweiten Weltkrieg, nach dem Krieg Studium der Wirtschaftswissenschaften, Promotion; einer der ersten Offiziere der Bundeswehr, Vier-Sterne-General der NATO, 1982 Stv. NATO-Oberbefehlshaber.

Klose, Hans-Ulrich

* 14. Juni 1937 in Breslau, kam 1947 nach Bielefeld, studierte in Freiburg und Hamburg Rechtswissenschaften. 1974 wurde er zum Ersten Bürgermeister Hamburgs gewählt (bis 1981), ab 1983 Mitglied des Deutschen Bundestages (SPD), seit April 1992 in dritter Ehe mit der Ärztin Dr. Anne Steinbeck-Klose verheiratet. Zwei Töchter und zwei Söhne aus erster und zweiter Ehe.

Kosak, Dimitri Nikolajewitsch

* 1958 im Kirowogradski-Gebiet/Ukraine, 1985 Absolvent der Juristischen Fakultät der Leningrader Universität, 1985–1989 Staatsanwalt in der Leningrader Staatsanwaltschaft, 1989–1990 Leiter der Rechtsabteilung des Konzerns Monolit-Kirowstroi, Leiter der juristischen Assoziation des Seehandelshafens, 1990–1999 Vorsitzender des Rechtskomitees des Bürgermeisters St. Petersburg: Vizegouverneur von St. Petersburg. 1996–1999 Vorsitzender des Direktorenrates der juristischen Firma Gruppe Just.

Am 19. August 1999 vom Präsidenten der Russischen Föderation zum Leiter des Regierungsapparates im Range eines Ministers ernannt. Ende 1999 in den Präsidentenstab von Wladimir Putin berufen. Am 4. Juni 2000 wurde er Stv. Leiter der Administration des Präsidenten. Er leitete die „Reform des Gerichtswesens" und ist für die Verwaltungsreform verantwortlich. 2002 Projekt der strategischen Entwicklung Rußlands bis zum Jahr 2010. In der Regierung Fradkow (2004) wurde er Minister für den Regierungsapparat; im selben Jahr wurde er zum Bevollmächtigten Vertreter des russischen Präsidenten für die südlichen Gebiete Rußlands berufen.

Kubel, Alfred

* 25. Mai 1909 in Braunschweig, † 22. Mai 1999 in Bad Pyrmont. 1924 Mitglied des „Internationalen Sozialistischen Kampfbundes", 1937 wegen „Vorbereitung zum Hochverrat" verurteilt, 1945 SPD, 1970–1976 Ministerpräsident von Niedersachsen.

Kühn, Detlef

*1936, studierte Rechtswissenschaft in Berlin, 1966–1970 Geschäftsführer der FDP-Bundestagsfraktion, 1972–1991 Präsident des Gesamtdeutschen Instituts in Bonn, 1992–1998 Direktor der Sächsischen Landesanstalt für Privaten Rundfunk und Neue Medien, zahlreiche Veröffentlichungen in Zeitungen, Zeitschriften und Sammelbänden.

Kuhn, Ekkehard

* 1938 in der Oberlausitz, Studium der Osteuropäischen Geschichte, Slawistik und Zeitungswissenschaft in München, ab 1970 Redakteur beim ZDF, ab 1984 stv. Leiter der Redaktion Zeitgeschichte, Autor zahlreicher Fernsehfilme und gleichnamiger Bücher.

Kumpf, Richard

* 1922 in Ulm, Dienst in der Kriegsmarine, 1949 Landesvorsitzender der FDJ in Niedersachsen, 1956–1959 Leiter des Zentralbüros der FDJ in Westdeutschland, Leiter der Marx-Engels-Stiftung in Wuppertal.

Lamberz, Werner

* 14. April 1929 in Mayen/Rhld.-Pfalz, † 6. März 1978 (bei einem Hubschraubeabsturz in Lybien tödlich verunglückt); Mitglied des Politbüros der SED.

Laptjew, Prof. Dr. Wladimir Viktorowitsch

* 28. April 1924, Studium der Rechtswissenschaft, Absolvent der Außenhandelsakademie, Promotion, Habilitation, Professor für Wirtschaftsrecht am Institut für Staat und Recht der russischen Akademie der Wissenschaften. Während des Krieges Soldat, in der Nachkriegszeit Justitiar der SAG Wismut in der DDR, zahlreiche Veröffentlichungen auf dem Gebiet des Wirtschaftsrechts. Ordentliches Mitglied der Akademie der Wissenschaften. Verheiratet, zwei Söhne.

Laqueur, Prof. Dr. mult. Walter

* 1921 in Breslau, 1938 Emigration nach Palästina, lebt heute in London und Washington; Historiker, Nahostexperte; 1964–1991 Direktor des Londoner Institute for Contemporary History and Wiener Library. Gleichzeitig ab 1971 Director Center for Strategic and International Studies in Washington. Veröffentlichungen u. a.: „Geboren in Deutschland – Der Exodus der jüdischen Jugend nach 1933“; „Krieg dem Westen – Terrorismus im 21. Jahrhundert“, „Jerusalem: Jüdischer Traum und israelische Wirklichkeit“.

Lebed, Alexander Iwanowitsch

* 20. April 1950 in Novoscherkask, † 18. Mai 2002 (kam bei einem Hubschrauberabsturz ums Leben); war in den 1990er Jahren der in der Bevölkerung bekannteste und angesehenste General der russischen Armee. Nach seinem Afghanistan-Einsatz studierte er ab 1982 drei Jahre an der Militärakademie Frunse. Nach seinem Einsatz in Baku wurde er am 17. Februar 1990 zum General befördert. Während des Putsches im August 1991 schützten seine Soldaten das „Weiße Haus“ in Moskau. Als Befehlshaber der 14. Russischen Gardearmee beendete er 1992 den Bürgerkrieg in Moldawien.1995 schied Lebed im Range eines Generalleutnants aus der Armee aus und ging in die Politik. Bei den Präsidentenwahlen 1996 belegte er mit 15 Prozent der Stimmen den dritten Platz. Jelzin berief ihn zum Sekretär des Sicherheitsrates und zum Tschetschenien-Beauftragten. Lebed beendete den Tschetschenienkrieg mit dem Abkommen von Chassawjurt (Dagestan) Ende August 1996. Nach seiner Entlassung als Sicherheitsratsekretär gewann er 1998 die Wahlen zum Gouverneur von Krasnojarsk.
Er wehrte sich zeitlebens dagegen, als Demokrat vereinnahmt zu werden. „Nicht die Demokratie habe ich verteidigt, sondern den gesunden Menschenverstand“, so Lebed. „Ich bin ein russischer General, und keine Macht kann mich zwingen, auf das russische Volk zu schießen.“

Lippmann, Heinz

* 24. Oktober 1921 in Berlin, † 11. August 1974. Sohn eines jüdischen Fabrikanten, KPD, später SED. Bis 1949 FDJ-Funktionen in Thüringen; ab 1949 Sekretär im Zentralrat der FDJ. Verantwortlich für die Westarbeit der FDJ und in dieser Eigenschaft oft in der Bundesrepublik. Flüchtet im September 1953 unter Mitnahme eines größeren D-Mark-Betrags in die Bundesrepublik. 1956 in Frankfurt/Main wegen Unterschlagung verurteilt; 1957 Einstellung eines Hochverratsverfahrens

nach Zeugenaussage gegen westdeutsche FDJ-Funktionäre; arbeitete im Gesamtdeutschen Institut, 1963/64 Mitglied der SPD.

Loeber, Prof. Dr. Dietrich Andre
* 4. Januar 1923 in Riga, † 24. Juni 2004 in Hamburg; 1945 Wehrdienst, 1946–1949 Jurastudium in Marburg, 1966–1989 Direktor des Instituts für Ostrecht an der CAU Kiel.

Loeser, Prof. Dr. Franz
* 20. Dezember 1924 in Breslau, † 1989 in Köln. 1938 Emigration nach Großbritannien. Soldat der britischen Armee 1945 in Hiroshima. Studium in den USA. Seit 1957 in der DDR Professor für Deontik an der Humboldt-Universität. 1983 in die Bundesrepublik übergesiedelt. Veröffentlichungen (u. a.): „Sag nie, Du gehst den letzten Weg“ (1986); „Die unglaubwürdige Gesellschaft“ (1984).

Markowski, Paul
* 1. Juni 1929 in Magdeburg, † 6. März 1978 (Hubschrauberabsturz in Lybien), bis 1951 Studium der Anglistik, Romanistik und Slawistik in Rostock und Berlin, 1951–1954 Mitarbeiter der Internationalen Abteilung im Zentralrat der FDJ, ab 1954 Mitarbeiter in der Internationalen Abteilung des ZK der SED.

Mayer, Prof. Dr. Tilman
* 1953, Direktor des Seminars für Politische Wissenschaften Universität Bonn, Veröffentlichungen u. a.: „Prinzip Nation!“ (1986), „Jakob Kaiser: Gewerkschafter und Patriot“ (1988); „Der Kampf um die politische Mitte“ (2002).

Meissner, Prof. Dr. Boris
* 10. August 1915 in Pleskau, † 10. September 2003 in Köln; 1932–1939 Studium der Rechtswissenschaft und Volkswirtschaftslehre in Dorpat, bis 1953 an der Universität Hamburg, 1953–1959 im Auswärtigen Dienst, 1959 Professur für Ostrecht an der CAU Kiel, 1959–1965 Direktor des Instituts für Ostrecht. Veröffentlichungen u. a.: „Auf dem Wege zur Wiedervereinigung und zur Normalisierung der deutsch-russischen Beziehungen“ (2000; erschien 2001 auch in Russisch).

Menzel, Robert
* 12. Oktober 1911 in Gräfenort/Kreis Oppeln; Orthopädiemechaniker, 1928 Kommunistischer Jugendverband, 1934 wegen „Vorbereitung zum Hochverrat“ zu 12 Jahren Zuchthaus verurteilt, bis 1944 KZ, dann Bewährungsbataillon, Übertritt zur Roten Armee. Rückkehr nach Deutschland. Bis 1950 Vorsitzender der FDJ in Sachsen, 1953–1982 Stv. Verkehrsminister der DDR, Leiter der politischen Verwaltung der Deutschen Reichsbahn, Rentner.

Mettke, Jörg Rainer
Journalist, bis 2002 Leiter des Moskauer Büros des „Spiegels“; seitdem Autor des „Spiegel“-Büros in Moskau. Am 16. Dezember 1975 wurde Mettke wegen „grober Verleumdung“ aus der DDR ausgewiesen. Er hatte über Zwangsadoptionen berichtet.

Mochalski, Dr. Herbert

* 1910, ev. Studentenpfarrer aus Darmstadt; Initiator des Jugendtreffens am 11. Mai 1952 in Essen; Freund von Martin Niemöller.

Modrow, Dr. oec. Hans

* 27. Januar 1928 in Jasenitz (Uckermünde), 1945 Volkssturm, bis 1949 in sowjetischer Kriegsgefangenschaft; Hochschule für Ökonomie. Dr. oec.; Abgeordneter der Volkskammer, FDJ-Sekretär Berlin, Mitglied des ZK der SED, Sekretär der SED-Bezirksleitung Dresden, 1993 wegen Wahlmanipulation mit Geldstrafe und Verwarnung belegt, November 1989–April 1990 Ministerpräsident der DDR, 1990–1994 Bundestagsabgeordneter (PDS), Ehrenvorsitzender der PDS.

Müller, Philipp

* 5. April 1931 in München-Neuaubing, † 11. Mai 1952 in Essen (durch Schußverletzungen). 1948 Mitglied der FDJ; Reichsbahnarbeiter im Eisenbahnausbesserungswerk Neu-Aubing, organisierte sich gewerkschaftlich, Organisationssekretär der FDJ in München, Teilnehmer am Deutschlandtreffen der FDJ 1950 und an den Weltfestspielen der Jugend und Studenten 1951 in Berlin. Bei der Demonstration gegen die Wiederaufrüstung, organisiert von dem evangelischen Pastor Herbert Mochalski, am 11. Mai 1952 in Essen von einem Polizisten erschossen. Schwer verletzt wurde außerdem der Sozialdemokrat Bernhard Schwarze aus Kassel und ein parteiloser Gewerkschafter aus Münster. Es war dies das erste Mal in der Geschichte der Bundesrepublik Deutschland, daß ein Demonstrant von der Polizei getötet wurde (später starben durch die Polizei der Student Benno Ohnesorg sowie der Student Günter Sare aus Frankfurt/Main). Vgl. hierzu: „Erinnerung an den Essener Blutsonntag“, in: Deutschland Archiv 2/2002, S. 253–58, sowie meine Anmerkung dazu in: Deutschland Archiv 4/2002, S. 654.

Namokel, Karl

* 9. August 1927 in Demmin, † 25. Juli 1988 in Rostock; 1955–1959 1. Sekretär der FDJ der DDR (Nachfolger von Erich Honecker); Studium des Schiffbaus in Rostock. Danach arbeitete er im Schiffbau.

Nathan, Prof. Dr. Hans

* 2. Dezember 1900, † 12. September 1971 in Berlin. 1933 Emigration, erst nach Prag, dann nach Großbritannien. Jurist, Professor an der Juristischen Fakultät der Humboldt-Universität, Verfasser zahlreicher Veröffentlichungen, darunter die Lehrbücher für Zivilprozeßrecht (1957/58) sowie „Erfinder- und Neuererrecht“ (1968).

Pieck , Wilhelm

* 3. Januar 1876 in Guben (Niederlausitz), † 7. September 1960 in Döllnsee (bei Berlin). 1895 Eintritt in die SPD, 1905 Wahl in die Bremer Bürgerschaft, 1914–1918 Kriegsgegner, Mitglied der neu gegründeten KPD, 1921–1928 Abgeordneter des Preußischen Landtages, 1928–1933 Abgeordneter des Reichstages, Vertreter des verhafteten KPD-Führers Thälmann, Exil in Paris; bis 1945 Exil in Moskau, Mitbegründer des Nationalkomitees „Freies Deutschland“; 1945 zusammen mit Otto Grotewohl Vorsitzender der neugegründeten SED, 1951 erster (und einziger) Präsident der DDR.

Putin, Dr. oec. Wladimir Wladimirowitsch

* 7. Oktober 1952 in Leningrad, 1975 Abschluß der Juristischen Fakultät der Staatlichen Universität in Leningrad; danach beim KGB (Staatssicherheit). 1985–1990 im Auftrag des politischen Auslandsnachrichtendienstes der UdSSR in Dresden, Leipzig und Bonn als „Kundschafter“ bei der Westgruppe der Sowjetstreitkräfte. 1990 auf eigenen Wunsch als Oberstleutnant entlassen. Ab 1990 Berater des Rektors der Leningrader Staatlichen Universität für Internationale Fragen. Später Berater des Vorsitzenden des Lensowjets. Ab 12. Juni 1991 Vorsitzender des Ausschusses für Auswärtige Beziehungen der Stadtverwaltung St. Petersburg. 1994–1996 Erster Stellvertreter des Vorsitzenden der Regierung von St. Petersburg (Sobtschak). Nach den Wahlen in St. Petersburg (1996) vorübergehend arbeitslos. Im August 1996 Stv. Kanzleichef des Präsidialamtes in Moskau. Im Juli 1998 Direktor des FSB (inländischer Geheimdienst), ab August 1999 Vorsitzender der Regierung der Russischen Föderation; im März 2000 zum Präsidenten der Russischen Föderation gewählt und im März 2004 in dieser Funktion wiedergewählt. Spricht Deutsch und Englisch. Kandidat der Wirtschaftswissenschaften. Betreibt Sambo und Judo. Verheiratet mit Ludmilla Alexandrowna (Absolventin der Philologischen Fakultät der Leningrader Universität; spricht Spanisch, Französisch und Deutsch). Das Ehepaar hat zwei Töchter.
Vgl. zu Putin auch mein Buch: „Wladimir W. Putin – Wiedergeburt einer Weltmacht?“, München 2000.

Reimann, Max

* 31. Oktober 1898 in Elbing, † 18. Januar 1977 in Düsseldorf; Politiker (KPD). Ab 1920 Bergarbeiter auf der Zeche in Ahlen/Westfalen; 1939 verhaftet, bis 1945 im KZ Sachsenhausen. Ab 1948 Vorsitzender der westdeutschen KPD; 1946–1954 Landtagsabgeordneter in NRW; 1948/49 Mitglied des Parlamentarischen Rates, der das Grundgesetz ausarbeitete; 1949–1953 Bundestagsabgeordneter (KPD); 1954–1968 leitete er aus der DDR die Arbeit der westdeutschen KPD (auch nach deren Verbot im Jahre 1956); 1969 kehrte er nach Westdeutschland zurück und trat der DKP bei, zu deren Ehrenvorsitzendem er 1971 ernannt wurde.

Rühmann, Heinz

* 7. März 1902 in Essen, † 3. Oktober 1994 in Berg am Starnberger See. Schauspieler, 1941–1945 Pilot der deutschen Luftwaffe; ist aber weiter auch als Schauspieler tätig. Nach dem Krieg Fortsetzung seiner Karriere als Schauspieler. Bekannteste Filme: „Die Feuerzangenbowle“ (1944), „Keine Angst vor großen Tieren“ (1953), „Der Hauptmann von Köpenick“ (1956). 1982 erschien seine Autobiographie „Das war's“.

Säcker, Prof. Dr. Dr. Dr. h. c. Franz Jürgen

* 14. November 1941 in Recklinghausen. Direktor des Instituts für Deutsches und Europäisches Wirtschafts-, Wettbewerbs- und Energierecht, Freie Universität Berlin. 1966–1968 Assistent bei Professor Dr. Nipperdey, Universität Köln. 1969–1970 Assistent bei Professor Dr. Biedenkopf, Universität Bochum.1984–1994 Direktor des Instituts für Wirtschafts- und Steuerrecht CAU Kiel, 1994–2004 Mitglied des Kuratoriums des Zentrums für deutsches Recht Moskau. Veröffentlichungen u. a.: „Münchner Kommentar zum BGB“ (mit Rebmann/Rixecker;

2000–2004), „Lehrbuch des Arbeitsrechts“ (mit Hueck/Nipperdey; 1970); „Kommentar zum Vermögens- und Entschädigungsrecht“ (1995), „Berliner Kommentar zum Energierecht“ (Hg.; 2004).

Sobtschak, Prof. Dr. Anatolij Alexandrowitsch

* 10. August 1937 in Tschita (Sibirien), † 19. Februar 2000; studierte Jura an der Leningrader Universität, promovierte und wurde nach seiner Habilitation Professor für Wirtschaftsrecht an dieser Universität (1982–1989). In der Demokratiebewegung Anfang der 1990er Jahre spielte er eine führende Rolle, bei den ersten unabhängigen Wahlen in der Geschichte der UdSSR wurde er 1989 zum Volksdeputierten des Obersten Sowjets ernannt, im Mai 1990 zum Vorsitzenden des Stadtsowjets von Leningrad und im Juni zum Bürgermeister dieser zweitgrößten Stadt Rußlands gewählt. Im August 1991 leistete er mit seiner Stadt Widerstand gegen den „August-Putsch“ gegen Gorbatschow. Unter seiner Amtszeit wurde Leningrad wieder in St. Petersburg umbenannt. Er arbeitete an der neuen russischen Verfassung mit, die 1993 in Kraft trat. Aufgrund eines inzwischen widerlegten Korruptionsverdachts verlor er 1996 die Wahlen in St. Petersburg, floh nach Paris und kehrte 1999 wieder nach Rußland zurück. Als er im Rahmen des Wahlkampfes für Putin in der Stadt Swetlogorsk (Gebiet Kaliningrad) weilte, ereilte ihn am 19. Februar 2000 der Tod. Er starb an „Herzstillstand“, wie es offiziell hieß. Das Obduktionsergebnis blieb geheim. Veröffentlichungen u. a.: „Die Messer in meinem Rücken“, München 2000.

Stern, Prof. Dr. Fritz

* 2. Februar 1926 in Breslau; 1938 Emigration nach New York; em. Professor an der Columbia Universität New York (Geschichte). Veröffentlichungen u. a.: „Gold und Eisen. Bismarck und sein Bankier Bleichröder“ (1978), „Der Traum vom Frieden und die Versuchung der Macht“ (1988), „Das feine Schweigen. Historische Essays“ (1999).

Topornin, Prof. Dr. Boris Nikolajewitsch

* 29. Dezember 1929 in Moskau, † 5. Juli 2005 in Duisburg. 1952 beendet er das Jurastudium am Institut für Internationale Beziehungen (MGIMO) in Moskau. Promotion, Habilitation, Professor für Verfassungsrecht am Institut für Staat und Recht der Akademie der Wissenschaften der Russischen Föderation; Institutsdirektor (bis 2003). Ordentliches Mitglied der Akademie der Wissenschaften, Präsident des Zentrums für deutsches Recht. Zahlreiche Veröffentlichungen zum Verfassungsrecht und zum Europäischen Recht. Spricht Deutsch und Englisch. Verheiratet, zwei Söhne.

Tschubais, Dr. Anatolij Borissowitsch

* 1955, Doktor der Wirtschaftswissenschaften; Vorsitzender des Vorstandes der „Vereinigten Energiesysteme Rußlands“ (RAO EES Rossii). Gründer der „Union der rechten Kräfte“ (SPS), 1991 Finanzminister, betrieb die Voucher-Privatisierung. 1996 verhalf er Jelzin zum Wahlsieg bei den Präsidentenwahlen; spricht Englisch.

Tumanov, Prof. Dr. Wladimir Alexandrowitsch

* 20. Oktober 1926; Studium der Rechtswissenschaft, Absolvent der Außenhandelsakademie. Promotion, Habilitation, Professor für Verfassungsrecht am Insti-

tut für Staat und Recht der Russischen Akademie der Wissenschaften; 1993 durch den Präsidenten der Russischen Föderation in die Verfassungskommission berufen. 1993 Abgeordneter der Staatsduma. 1995 Richter am Verfassungsgericht, Vorsitzender des Verfassungsgerichts der Russischen Föderation. 1997 Richter am Europäischen Gerichtshof für Menschenrechte in Straßburg, 1998 Vorsitzender des Komitees für die Vervollkommnung des Gerichtswesens beim Präsidenten der Russischen Föderation. Zahlreiche wissenschaftliche Publikationen; spricht Französisch, Deutsch und Englisch; verheiratet, ein Sohn.

Ulbricht, Walter

* 30. Juni 1893 in Leipzig; † 1. August 1973 in Döllnsee bei Berlin; 1912 Mitglied der SPD, 1915–1918 Kriegsdienst, 1919 Mitglied der KPD, ab 1923 Mitglied des ZK der KPD, 1924 für die Kommunistische Internationale in Österreich tätig, danach Vertreter der KPD bei der Kommunistischen Internationale; 1926–1929 Abgeordneter des Sächsischen Landtages, 1928–1933 Abgeordneter des Reichstags, 1933 Emigration nach Prag und Paris, danach bis Kriegsende in Moskau; 1943 Mitbegründer des „Nationalkomitees Freies Deutschland“; April 1945 Rückkehr in die Sowjetische Besatzungszone Deutschlands, Mitglied des ZK und des Politbüros der SED, Stv. Ministerpräsident der DDR, 1960–1971 Vorsitzender des Staatsrates der DDR, 3. Mai 1971: Rücktritt als Erster Sekretär der SED.

Wachsmuth, Ilse

* 1924 in Hamburg, 1945 FDJ/KPD, 1946 FDJ-Leitung Hamburg, 1949–1950 Sekretär für Kultur und Erziehung im Arbeitsbüro der FDJ in Westdeutschland (Frankfurt/Main), 1949: Übersiedelung in die DDR, Mitarbeiterin im ZK der SED, Humboldt-Universität Berlin; 1989/1990 Rückkehr nach Hamburg.

Weber, Prof. Dr. Dr. h. c. Hermann

* 23. August 1928 in Mannheim, 1947–1952 Mitglied der westdeutschen FDJ, Chefredakteur „Das Junge Deutschland“, Studium der Geschichte, wurde zum profilierten Kommunismusforscher; Institut für Zeitgeschichte Universität Mannheim. Zahlreiche Publikationen zur Geschichte des Kommunismus und der DDR, u. a. „Geschichte der DDR“ (1968).

Weizsäcker, Dr. Richard von

* 15. April 1920 in Stuttgart; verheiratet, vier Kinder. 1939–1945 Soldat im Zweiten Weltkrieg, unter anderem Teilnahme am Angriff auf Polen (1939) und am Krieg gegen die Sowjetunion (1941–1945); zuletzt Hauptmann der Reserve in einem Infanterieregiment, in Ostpreußen verletzt und zurück nach Potsdam transportiert. Studium der Rechtswissenschaft und Geschichte in Göttingen; als Assistent des Rechtsanwalts Hellmut Becker wird er im „Wilhelmstraßen-Prozeß“ im Rahmen der Nürnberger Kriegsverbrecherprozesse Hilfsverteidiger seines Vaters Ernst von Weizsäcker. Ernst von Weizsäcker wird zu sieben Jahren Haft verurteilt, 1950 aber vorzeitig entlassen. 1953–1958 Tätigkeit bei Mannesmann AG Düsseldorf; 1955 Promotion zum Dr. jur. in Göttingen; 1958–1962 Geschäftsleiter Bankhaus Waldthausen & Co. in Essen und Düsseldorf; 1962–1966 Geschäftsführender Gesellschafter des chemisch-pharmazeutischen Unternehmens C. H. Böhringer in Ingelheim am Rhein; 1969–1981 Mitglied des Bundestages (CDU),

1981–1984 Regierender Bürgermeister von West-Berlin, 1984–1994 Bundespräsident, 1987 Staatsbesuch in der UdSSR.

Willms, Prof. Dr. Günther

* 1912 in Duisburg; 1953–1980 Richter am Bundesgerichtshof.

Wolf, Konrad

* 20. Oktober 1925 in Hechingen, † 7. März 1982 in Berlin; 1933/34 Emigration in die Schweiz und nach Frankreich; bis 1945 in Moskau; 1942 sowjetische Armee, Dolmetscher; 1945 erster sowjetischer Stadtkommandant von Bernau (Berlin), 1949–1955 Regiestudium in Moskau, 1955–1982 Regisseur bei der DEFA. 1956–1960 Mitglied des Zentralrates der FDJ, 1981 Mitglied des ZK der SED, 1965–1982 Präsident der Akademie der Künste der DDR. Mehrere Filme: „Ich war neunzehn", „Der geteilte Himmel". Veröffentlichungen: „Die Troika".

Wolf, Markus

* 19. Januar 1923 in Hechingen/Südwürttemberg; 1933 Emigration in die Schweiz und nach Frankreich, ab 1934 Sowjetunion, 1940–1942 Hochschule für Flugzeugbau in Moskau, 1945 Rückkehr nach Deutschland; Berichterstatter bei den Nürnberger Kriegsverbrecherprozessen; ab 1953 Leiter des Außenpolitischen Nachrichtendienstes der DDR, Generaloberst der DDR; 1986 auf eigenem Wunsch aus dem aktiven Dienst der Staatssicherheit ausgeschieden. 1989 Veröffentlichung des Buches „Troika"; Teilnahme an der Kundgebung auf dem Alexanderplatz. 1997 zu drei Jahren Haft auf Bewährung verurteilt (Oberlandesgericht Düsseldorf; vom BGH aufgehoben). Memoiren: „Spionagechef im geheimen Krieg"(1997).

Venohr, Dr. Wolfgang

* 15. April 1925 in Berlin, † 26. Januar 2005 in Berlin; Promotion zum Dr. phil. 1955, Journalist, Schriftsteller. Veröffentlichungen u. a.: „Die deutsche Einheit kommt bestimmt" (1982, Hg.); vgl. auch: „Ein Leben für Deutschland. Gedächtnisschrift für Wolfgang Venohr", Berlin 2005.

Wolfrum, Prof. Dr. Dr. h. c. Rüdiger

* 13. Dezember 1941 in Berlin; Direktor des Max-Planck-Instituts für Ausländisches Öffentliches Recht und Völkerrecht in Heidelberg; seit 1999 Richter am Internationalen Seegericht in Hamburg, 1996–2003 Vizepräsident der Deutschen Forschungsgemeinschaft (DFG), seit 2002 Vizepräsident der Max-Planck-Gesellschaft 1982. 1993 Direktor des Instituts für Völkerrecht CAU Kiel, 1990–1993 Prorektor der CAU Kiel. Veröffentlichungen u. a.: „Lehrbuch des Völkerrechts" (1989/2002, zusammen mit Prof. Dellbrück), „Die Rechtslage ausländischer Investitionen in den Nachfolgestaaten der Sowjetunion" (1993, Hg., zusammen mit Prof. Säcker).

Zweigert, Prof. Dr. Dr. h. c. (mult.) Konrad

* 22. Januar 1911 in Posen. † 12. Februar 1996 in Wedel (Holstein); 1937–1948 Wissenschaftlicher Mitarbeiter am Kaiser-Wilhelm-Institut in Berlin und Tübingen; Lehrstuhl für Bürgerliches Recht, Rechtsvergleichung; 1951–1956 Richter am Bundesverfassungsgericht, danach Mitarbeiter; 1962–1978 Direktor des Max-Planck-Instituts für Ausländisches und Internationales Privatrecht (Hamburg); 1967–1978 Vizepräsident der Max-Planck-Gesellschaft, Veröffentlichungen u. a.: „Einführung in die Rechtsvergleichung", 2 Bde., 1969–1971 (mit Hein Kötz).

Kurzbiographie des Autors

Professor Dr. sc. jur Wolfgang Seiffert

* 18. Juni 1926 in Breslau; verheiratet seit 4. September 1951 mit Vera Seiffert, geb. Werner; 5 Kinder: Edeltraud, Thomas, Stefan, Kerstin, Matthias, drei Enkel, ein Urenkel

1932–1936	Grundschule, Klosterschule des Ursulinenordens Breslau
1936–1944	Gymnasium in Breslau
1944–1949	Kriegsmarine, Kriegsgefangenschaft in der Sowjetunion
1950–1956	FDJ Düsseldorf
1956–1960	Studium der Rechtswissenschaft an der Humboldt-Universität Berlin, Fernstudium der Wirtschaftswissenschaft
1963	Promotion zum Dr. jur.
1967	Inauguration Dr. habil.
1968	Dr. science juridical law (Dr. sc.)
1969	Professor für internationales Wirtschaftsrecht, Rechtsvergleichung, Patent- und Urheberrrecht
1970	Direktor des Instituts für Ausländisches Recht und Rechtsvergleichung, Postdam-Babelsberg
1978	Gastprofessor Universität Kiel, danach Leiter des Instituts für Osteuropäisches Recht
1976	International Faculte Droit Compare, Strassbourg
1985	University Ife (Nigeria), Faculty of Law
1986	Harvard University, Cambridge (USA), European Centre
1994	Institut für Staat und Recht der Russischen Akademie der Wissenschaften in Moskau; Generalsekretär des Zentrums für deutsches Recht

Member of International Law Association (ILA)
Member of Association of International Property Intellectual (AIPPI)
Arbitor at International Commercial Arbitration Court in Moscow and Kiew

Zahlreiche Veröffentlichungen (in Auswahl):
„Wladimir W. Putin – Wiedergeburt einer Weltmacht?" (2000)

„Selbstbestimmungsrecht und Deutsche Vereinigung“ (1990)
„Die Deutschen und Gorbatschow“ (1989)
„Eine Perspektive, statt kleiner Schritte“; FAZ, 26. August 1989, S. 3 („Die Gegenwart“)
„Abschied von der Weltrevolution – Das Ende des Stalinismus und die Zukunft Europas“ (1989)
„Kann der Ostblock überleben?“ (1983)
„Wirtschafts-und Außenwirtschaftsrecht der DDR“ (1982/83)
„Das Rechtssystem des RGW“ (1982)
„Rechtsfragen der Außenbeziehungen des Rates für Gegenseitige Wirtschaftsbeziehungen“ (1975)
Mitwirkung am Lehrbuch „Erfinder- und Neuererrecht der DDR“ (1968) [Nathan, H. (Hg.)]
„Internationale Lizenzverträge“ (1968)
„Die freiwillige Schlichtung von Arbeitskämpfen in Westdeutschland“ (1964)

Literatur

Andrejew, German/Studienzentrum Weikersheim: „Marxismus – Die Gescheiterte Philosophie Unserer Epoche?“ Vorträge und Diskussionsbeiträge, die auf dem Kongreß des Studienzentrums Weikersheim e. V. am 11.–12. November 1984 im Schloß Mannheim gehalten wurden; Mainz 1985

Angenfort, Jupp: Die FDJ Westdeutschlands, in: Modrow, Hans: Unser Zeichen war die Sonne, Berlin 1996

Benz, Wolfgang und Graml, Hermann (Hg.): Europa nach dem Zweiten Weltkrieg 1945–1982, Frankfurt/Main 1983

Benjamin, Walter: Moskauer Tagebuch, Frankfurt/Main 1980

Biermann, Rafael: Zwischen Kreml und Kanzleramt. Wie Moskau mit der deutschen Einheit rang, München 2000

Bouvier, Beatrix: Die DDR – ein Sozialstaat?, Bonn 2002

Brauchitsch, Manfred von: Ohne Kampf kein Sieg, Ost-Berlin 1964

Buschfort, Wolfgang: Philipp Müller und der „Essener Blutsonntag“ 1952; in: Deutschland Archiv 35 (2002), S. 253–258

Conrads, Norbert: Schlesien, in: Deutsche Geschichte im Osten Europas, Berlin 1994

Czaja, Herbert: Unterwegs zum kleinsten Deutschland?, Frankfurt/Main 1996

Datschitschew, Wjatscheslaw: Wohin steuert Rußland?; in: Die neue Achse, 2004

Ders.: Moskaus Griff nach der Weltmacht, Hamburg 2003

Ders.: Wie das Umdenken in der sowjetischen Außenpolitik begann, in: Osteuropa, 1993, S. 481 ff.

Deutschlandfunk: Die Nation – eine deutsche Frage? Aktuelle Dokumentation, 14. Mai 1982

Eckert, Jörg (Hg.): Die Babelsberger Konferenz vom 2./3. April 1958, Baden-Baden 1993

Eckert, Karl/Hacker, Jens/Mampel, Siegfried (Hg.): Wiedervereinigung Deutschlands, Berlin 1998

Eichwede, Wolfgang: Putins Russland – noch auf dem Weg zur Demokratie?, in: Russland-Aktuell, 23. und 29. Dezember 2005

Festschrift für Eduard Rabofsky: Rechtswissenschaft und Arbeiterbewegung; Köln–Wien 1976

Festschrift Hans Nathan, Humboldt-Universität [zum 65. Geburtstag des Juristen];

Sonderdruck aus der Wissenschaftlichen Zeitschrift der H.-U., Gesellschafts- und Sprachwissenschaftliche Reihe, Jg. XV, Heft 6. Mit dem Verzeichnis der Publikationen Hans Nathans 1947 bis 1966; Ost-Berlin 1966

Gallus, Alexander: Die Neutralisten, Düsseldorf 2001

Genscher, Hans Dietrich: Erinnerungen, Berlin 1995

Gerats, Hans/Kühlig, G./Pfannenschwarz, Karl: Staat ohne Recht, Berlin 1959

Gill, Ulrich/Steffani, Winfried: Eine Rede und ihre Wirkung, Berlin 1986

Haack, Dieter/Hoppe, Hans-Günther/Lintner, Eduard/Seiffert, Wolfgang (Hrsg.): Das Wiedervereinigungsgebot des Grundgesetzes, Köln 1989
Hacker, Jens: Deutsche Irrtümer, Berlin–Frankfurt/Main 1992
Hattenhauer, Hans: Europäische Rechtsgeschichte, Heidelberg 1999
Ders.: Über die Langzeitwirkung von Religionskriegen, S. 173–178; in: Jauernig, Othmar/Hommelhoff, Peter (Hg.): Teilungsfolgen und Rechtsfriede: Beiträge und Diskussionen des Symposiums am 23.–24. Juni 1995 in Heidelberg
Henselmann, Irene: Meine große Familie, Berlin 1995
Herms, Michael: Hinter den Linien, Berlin 2000
Ders.: Heinz Lippmann. Porträt eines Stellvertreters, Berlin 1996
Heuer, Uwe Jens: Im Streit. Ein Jurist in zwei deutschen Staaten, Baden-Baden 2002
Hinteregger, Gerald/Heinrich, Hans-Georg (Hg.): Russia. Continuity and Chance. Berlin 2004
Honecker, Erich: Zur Jugendpolitik der SED, Berlin 1980 (2. Auflage)
Howe, Marcus/Polak, Karl: Parteijurist unter Ulbricht, Frankfurt/Main 2002
Jauernig, Othmar/Hommelhoff, Peter (Hg.): Teilungsfolgen und Rechtsfriede: Beiträge und Diskussionen des Symposiums am 23./24. Juni 1995 in Heidelberg; Heidelberg 1996
Jessenin, Sergej: Gedichte – russisch und deutsch; Übertragungen von Karl Dedecius, Ebenhausen bei München 2004
Kießling, Günter: Neutralität ist kein Verrat, Erlangen–Bonn–Wien 1989
Kirchheimer, Otto: Politische Justiz. Verwendung juristischer Verfahrensmöglichkeiten zu politischen Zwecken, Neuwied 1965
Klebnikow, Paul: Der Pate des Kreml – Boris Beresowski und die Macht der Oligarchen, München 2001
Klein, Eckhard: Das Selbstbestimmungsrecht der Völker und die deutsche Frage, Berlin 1990
Ders.: Die territoriale Reichweite des Wiedervereinigungsgebotes, Bonn 1984 (2. überarbeitete Auflage)
Knabe, Hubertus: Der diskrete Charme der DDR, Berlin 2001
Ders.: Die unterwanderte Republik, Berlin 1999
Kuhn, Ekkehard: Schlesische Reise, Berlin 2000
Ders.: Kuhn, Ekkehard: Gorbatschow und die deutsche Frage, Bonn 1993
Kumpf, Richard: Alarmtauchen im Krieg – Untertauchen im Kalten Krieg, Bonn 2000
Laptjew, Wladimir: Regelungen der Unternehmenstätigkeit in Rußland, in: Recht in der Wirtschaft, 1994
Lekschas, John: Gutachten zum Prozeß und Urteil gegen Jupp Angenfort und Wolfgang Seiffert, Ost-Berlin 1955
Loeser, Franz: Sag nie, du gehst den letzten Weg, Köln 1986
Loth, Wilfried: Die Teilung der Welt 1941–1955, München 1980
Markovits, Andrei S./Reich, Simon: Das deutsche Dilemma. Die Berliner Republik zwischen Macht und Machtverzicht. Berlin 1998
Mayer, Tilman: Warum es zur Wiedervereinigung kam, in: Eckert, Karl/Hacker, Jens/Mampel, Siegfried (Hg.): Wiedervereinigung Deutschlands, Berlin 1998, S. 233–241
Meissner, Boris: Auf dem Wege zur Wiedervereinigung Deutschlands und zur Normalisierung der deutsch-russischen Beziehungen, Berlin 2000

Mettke, Jörg R.: Bär mit Balalaika, Der Spiegel 1/2006, S. 86–90
Ders.: Erobere die ganze Welt. Sammelband zum Jubiläum des deutschen Publizisten Fritjof Meyer, Moskau 2002 (russisch)
Meyer, Fritjof: Das sowjetische Angebot zur Wiedervereinigung 1955, in: Blätter für deutsche und Internationale Politik, 1966
Ders.: Weltmacht im Abstieg, München 1984
Modrow, Hans (Hg.): Unser Zeichen war die Sonne, Berlin 1996
Nathan, Hans (Hg.): Erfinder- und Neuererrecht der DDR in zwei Bänden, Berlin 1968
Neisschen, A. P.: Germanija, Moskau 1911 (russisch)
Paschukanis, Eugen: Allgemeine Rechtslehre und Marxismus, Freiburg–Berlin 1991
Peikert, Paul: Festung Breslau in den Berichten eines Pfarrers, Berlin 1974
Posser, Diether: Anwalt im Kalten Krieg, München 1991
Quiring, Manfred: Er suchte die Wahrheit – und fand den Tod; in: Hamburger Abendblatt, 22. Juli 2004
Ders.: Putin rettet die russische Seele; in: Die Welt, 12. Januar 2000, S. 9
Reinhold, Otto (Autorenkollektiv): Erfolgreiche Jahre, Berlin 1982
Roggemann, Herwig/Bergmann, Wilfried (Hg.): Zivilgesetzbuch der Russischen Föderation, Berlin 1997
Runge, Irene/Stelbrink, Uwe/Wolf, Markus: Ich bin kein Spion, Berlin 1990
Säcker, Franz Jürgen/Seiffert, Wolfgang/Wolfrum, Rüdiger (Hg.): Bd. 1: Wirtschafts- und Gesellschaftsrecht im Zeichen des Übergangs zur Marktwirtschaft, 1992; Bd. 2: Die Rechtslage ausländischer Investitionen in den Nachfolgestaaten der Sowjetunion, 1993; Bd. 3: Anerkennung ausländischer Entscheidungen in Osteuropa, 1994
Schack, Haimo: Internationales Zivilverfahrensrecht, 1991
Scheuner, Ulrich: Die deutsche einheitliche Staatsangehörigkeit: ein fortdauerndes Problem der deutschen Teilung, Europa Archiv 12/1979, S. 345–356
Schmidt, Helmut: Die Deutschen und ihre Nachbarn, Berlin 1990
Seiffert, Wolfgang: Vertreibung – völkerrechtliche Bewertung, in: OST–WEST. Europäische Perspektiven, Heft 3/2003, S. 172–175
Ders.: Rußland und die Wiedervereinigung Deutschlands, in: Mettke, Jörg R.: Erobere die ganze Welt, Sammelband zum Jubiläum des deutschen Publizisten Fritjof Meyer, Moskau 2002 (russisch)
Ders.: Wladimir W. Putin – Wiedergeburt einer Weltmacht?, München 2000
Ders.: Selbstbestimmungsrecht und deutsche Vereinigung – Auswirkungen auf Osteuropa, in: Gesellschaft, Staat, Nation, Wien 1996, S. 133–139
Ders.: Die Verträge zwischen Deutschland und seinen östlichen Nachbarn, Köln 1994
Ders.: Selbstbestimmungsrecht und deutsche Vereinigung, Baden-Baden 1992
Ders. (Hg.): Wirtschafts- und Gesellschaftsrecht Osteuropas im Zeichen des
Übergangs zur Marktwirtschaft, München 1992
Ders. (Hg.): Haack, Dieter/Hoppe, Hans-Günther/Lintner, Eduard/Seiffert, Wolfgang (Hg.): Das Wiedervereinigungsgebot des Grundgesetzes, Köln 1989
Ders.: Die Deutschen und Gorbatschow, Erlangen 1989
Ders.: Abschied von der Weltrevolution – Das Ende des Stalinismus und die Zukunft Europas, Erlangen 1989
Ders.: Weder willens noch fähig zu einer revolutionären Tat, in: Die Weltwoche (Zürich), 5. März 1987
Ders.: Das ganze Deutschland: Perspektiven der Wiedervereinigung, München 1986

Ders.: Das Demokratieverständnis des „real existierenden Sozialismus“, in: Politik und Kultur, 1985, Heft 3, S. 34–45

Ders.: Ulbricht – ein deutscher Stalinist von Format, in: Deutschland Archiv, Heft 8/1983, S. 851– 854.

Ders.: Kann der Ostblock überleben? Der Comecon und die Krise des sozialistischen Wirtschaftssystems, Bergisch-Gladbach 1983

Ders.: Das Rechtssystem des RGW, Baden-Baden 1982

Ders.: Die deutsche Nation zwischen Politik und Recht, in: Politik und Kultur 6 (1979), S. 35–44

Sobtschak, Anatolij: Die Messer in meinem Rücken, München 2000

Ders.: Für ein neues Rußland, Bergisch-Gladbach 1991

Sommer, Theo: Reise ins andere Deutschland, Hamburg 1986

Strauß, Franz Josef: Die Erinnerungen, Berlin 1989

Trenin, Dmitri: Russland – Die gestrandete Weltmacht, Hamburg 2005

Trunk, Alexander/Knieper, Rolf/Svetlanov, Andrej G. (Hg.): Russland im Kontext der internationalen Entwicklung: Internationales Privatrecht, Kulturgüterschutz, geistiges Eigentum, Rechtsvereinheitlichung. Festschrift für Mark Moiseevic Boguslavskij, Berlin 2004

Tumanow, Wladimir A.: Bürgerliche Rechtsideologie, Berlin 1975

Ulbricht, Lotte: Mein Leben, Berlin 2003

Ulbricht, Walter: Die nationale Frage in heutiger Sicht, Berlin 1965

Uschakow, Alexander: Integration im RGW (COMECON). Dokumente, Baden-Baden 1983, 2. Auflage

Venohr, Wolfgang (Hg.): Die deutsche Einheit kommt bestimmt, Bergisch-Gladbach 1982

Wagner, Walter: Hochverrat und Staatsgefährdung, Bd. I, Karlsruhe 1957

Walters, Vernon A.: Die Vereinigung war voraussehbar, Berlin 1994

Weber, Hermann/Weber, Gerda: Damals, als ich Wunderlich hieß. Vom Parteihochschüler zum kritischen Sozialisten. Die SED-Parteihochschule „Karl Marx“ bis 1949. Berlin 2002

Ders.: Die DDR 1945–1986, München 1988

Ders.: Geschichte der DDR, München 1985

Weizsäcker, Richard von: Vier Zeiten – Erinnerungen, Berlin 1997

Willms, Günter: Geträumte Republik – Jugend zwischen Kaiserreich und Machtergreifung, Breisgau 1985

Wolf, Markus: Spionagechef im geheimen Krieg – Erinnerungen, München 2002

Ders.: Die Troika, Ost-Berlin 1989

Wyden, Peter: WALL – The inside Story of divided Berlin, New York 1989

Wyschinski, Andrej J.: Gerichtsreden, Berlin 1951

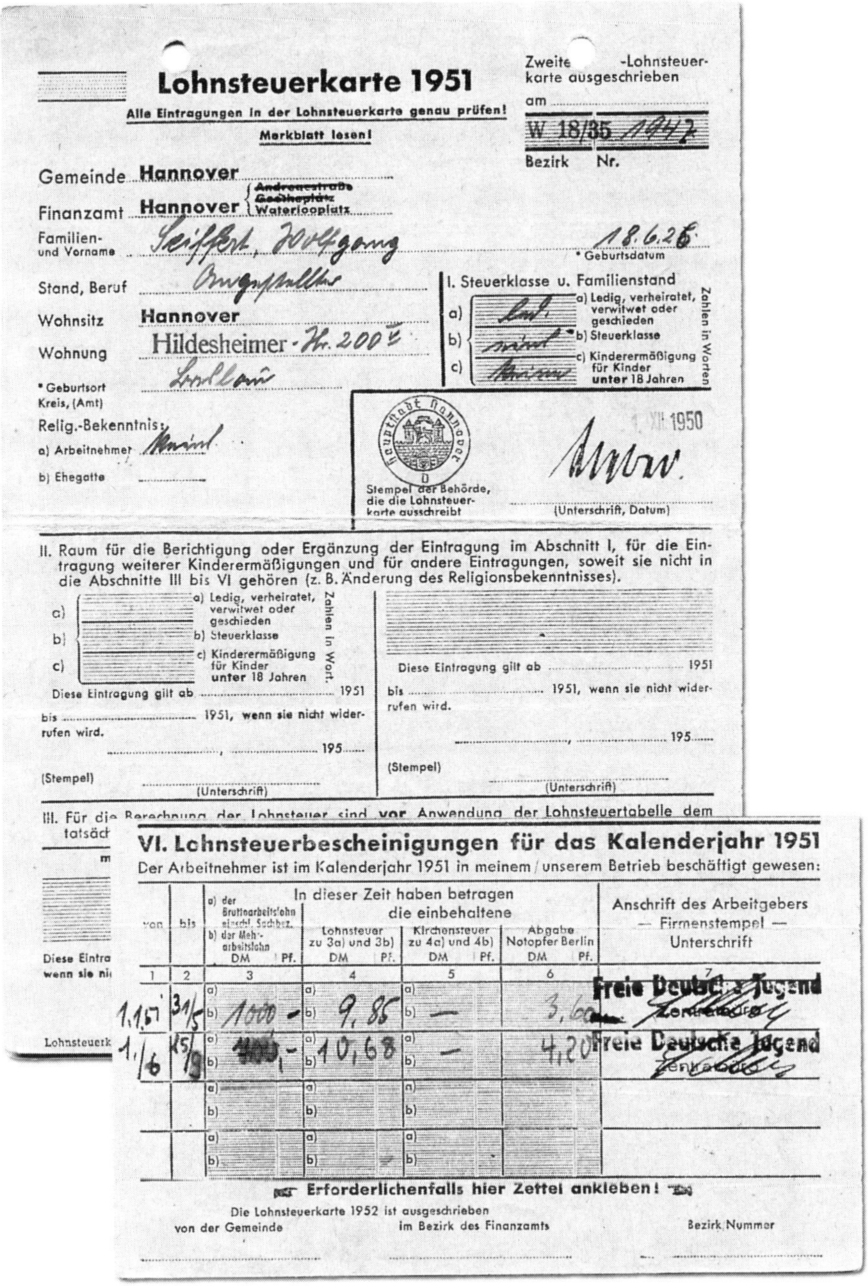

Lohnsteuerkarte 1951

Alle Eintragungen in der Lohnsteuerkarte genau prüfen!

Merkblatt lesen!

Zweite -Lohnsteuerkarte ausgeschrieben am ....

W 18/35 ~~1947~~

Bezirk Nr.

Gemeinde Hannover

Finanzamt Hannover { ~~Andreaestraße~~ ~~Goetheplatz~~ Waterlooplatz

Familien- und Vorname Seiffert, Wolfgang 18.6.26 * Geburtsdatum

Stand, Beruf Angestellter

Wohnsitz Hannover

Wohnung Hildesheimer-Str. 200

* Geburtsort Kreis, (Amt) Breslau

Relig.-Bekenntnis:

a) Arbeitnehmer keine

b) Ehegatte ....

I. Steuerklasse u. Familienstand

a) led. — a) Ledig, verheiratet, verwitwet oder geschieden

b) eins — b) Steuerklasse

c) keine — c) Kinderermäßigung für Kinder unter 18 Jahren

Zahlen in Worten

Hauptstadt Hannover

1. XII. 1950

Stempel der Behörde, die die Lohnsteuerkarte ausschreibt

(Unterschrift, Datum)

II. Raum für die Berichtigung oder Ergänzung der Eintragung im Abschnitt I, für die Eintragung weiterer Kinderermäßigungen und für andere Eintragungen, soweit sie nicht in die Abschnitte III bis VI gehören (z. B. Änderung des Religionsbekenntnisses).

a) — a) Ledig, verheiratet, verwitwet oder geschieden

b) — b) Steuerklasse

c) — c) Kinderermäßigung für Kinder unter 18 Jahren

Zahlen in Wort.

Diese Eintragung gilt ab .... 1951 bis .... 1951, wenn sie nicht widerrufen wird.

.........., ... 195....

(Stempel) (Unterschrift)

Diese Eintragung gilt ab .... 1951 bis .... 1951, wenn sie nicht widerrufen wird.

.........., ... 195....

(Stempel) (Unterschrift)

III. Für die Berechnung der Lohnsteuer sind vor Anwendung der Lohnsteuertabelle dem tatsäch...

Diese Eintra... wenn sie ni...

Lohnsteuerk...

VI. Lohnsteuerbescheinigungen für das Kalenderjahr 1951

Der Arbeitnehmer ist im Kalenderjahr 1951 in meinem/unserem Betrieb beschäftigt gewesen:

von	bis	a) der Bruttoarbeitslohn einschl. Sachbez. b) der Mehrarbeitslohn DM Pf.	Lohnsteuer zu 3a) und 3b) DM Pf.	Kirchensteuer zu 4a) und 4b) DM Pf.	Abgabe Notopfer Berlin DM Pf.	Anschrift des Arbeitgebers — Firmenstempel — Unterschrift
1	2	3	4	5	6	7
1.1.51	31/5	a) b) 1000,–	a) b) 9,85	a) b) –	3,60	Freie Deutsche Jugend Zentralbüro
1/6	15/9	a) b) 400,–	a) b) 10,68	a) b) –	4,20	Freie Deutsche Jugend Zentralbüro
		a) b)	a) b)	a) b)		
		a) b)	a) b)	a) b)		

(In dieser Zeit haben betragen die einbehaltene)

Erforderlichenfalls hier Zettel ankleben!

Die Lohnsteuerkarte 1952 ist ausgeschrieben von der Gemeinde .... im Bezirk des Finanzamts .... Bezirk Nummer ....

Lohnsteuerkarte von Wolfgang Seiffert, 1951. Arbeitgeber: Freie Deutsche Jugend, Zentralbüro

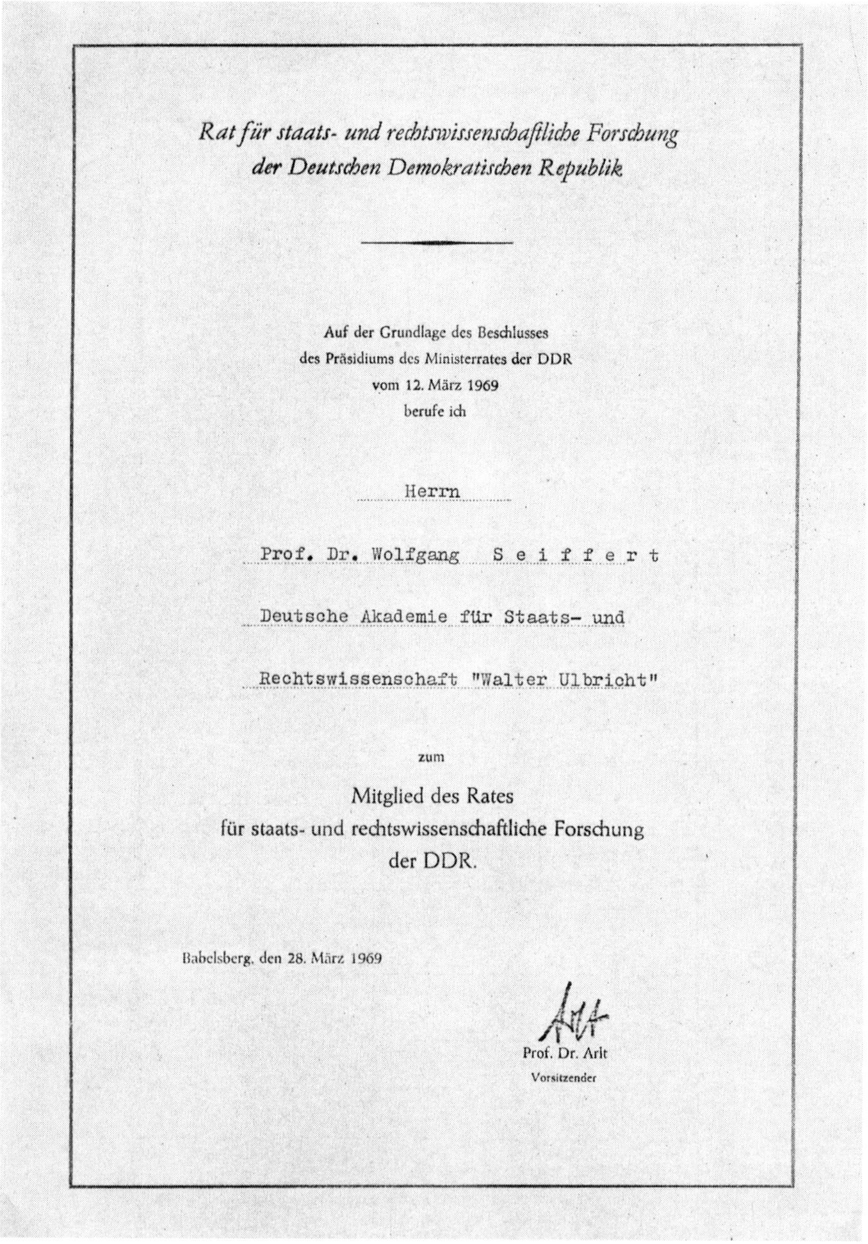

Rat für staats- und rechtswissenschaftliche Forschung
der Deutschen Demokratischen Republik

Auf der Grundlage des Beschlusses
des Präsidiums des Ministerrates der DDR
vom 12. März 1969
berufe ich

Herrn

Prof. Dr. Wolfgang S e i f f e r t

Deutsche Akademie für Staats- und

Rechtswissenschaft "Walter Ulbricht"

zum

Mitglied des Rates
für staats- und rechtswissenschaftliche Forschung
der DDR.

Babelsberg, den 28. März 1969

Arlt
Prof. Dr. Arlt
Vorsitzender

Der Rat für staats- und rechtswissenschaftliche Forschung der Deutschen Demokratischen Republik ernennt Prof. Dr. Wolfgang Seiffert zum Mitglied dieses Rates, 28. März 1969

DEUTSCHE DEMOKRATISCHE REPUBLIK
MINISTERIUM FÜR VOLKSBILDUNG
DER STELLVERTRETER DES MINISTERS

BERLIN W1, DEN 13. 4. 1959
WILHELMSTRASSE 68
TEL. 2207
APP. 2010

Herrn
Wolfgang Seiffert

Berlin-Lichtenberg
Rupprechtstr. 10

Lieber Wolfgang!

Ich habe heute Dein Schreiben vom 6. 4. 1959 erhalten und bitte Dich um Entschuldigung, dass ich bisher nichts von mir hören liess. Ich war der Annahme, Dir inzwischen schon einmal geschrieben zu haben.

Ich bitte Dich recht herzlich, mir das Manuskript noch kurze Zeit zu überlassen. Wir sind an einer solchen Arbeit interessiert. Die Genossen hatten aber noch nicht die Gelegenheit, sich ernsthaft damit zu beschäftigen. Ich will Dir aber heute versprechen, dass wir sehr schnell von uns hören lassen.

Mit freundschaftlichen Grüssen

M. Honecker

(M. Honecker)

(285) Bm 5937/58 VA/9697 5 4165

Schreiben von Margot Honecker an Wolfgang Seiffert vom 13. April 1959

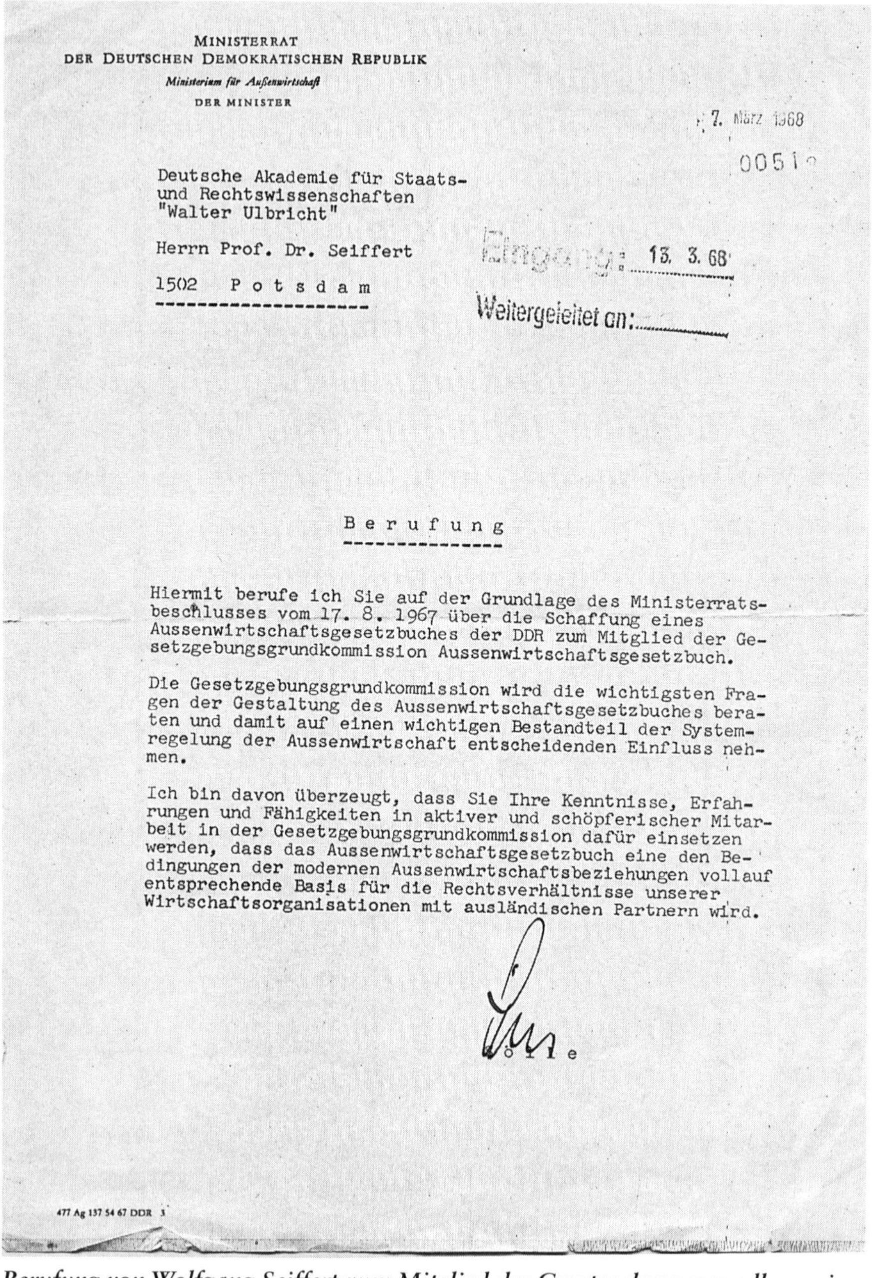

MINISTERRAT
DER DEUTSCHEN DEMOKRATISCHEN REPUBLIK
Ministerium für Außenwirtschaft
DER MINISTER

7. März 1968

00051

Deutsche Akademie für Staats- und Rechtswissenschaften "Walter Ulbricht"

Herrn Prof. Dr. Seiffert

1502 Potsdam

Eingang: 13. 3. 68

Weitergeleitet an:

Berufung

Hiermit berufe ich Sie auf der Grundlage des Ministerratsbeschlusses vom 17. 8. 1967 über die Schaffung eines Aussenwirtschaftsgesetzbuches der DDR zum Mitglied der Gesetzgebungsgrundkommission Aussenwirtschaftsgesetzbuch.

Die Gesetzgebungsgrundkommission wird die wichtigsten Fragen der Gestaltung des Aussenwirtschaftsgesetzbuches beraten und damit auf einen wichtigen Bestandteil der Systemregelung der Aussenwirtschaft entscheidenden Einfluss nehmen.

Ich bin davon überzeugt, dass Sie Ihre Kenntnisse, Erfahrungen und Fähigkeiten in aktiver und schöpferischer Mitarbeit in der Gesetzgebungsgrundkommission dafür einsetzen werden, dass das Aussenwirtschaftsgesetzbuch eine den Bedingungen der modernen Aussenwirtschaftsbeziehungen vollauf entsprechende Basis für die Rechtsverhältnisse unserer Wirtschaftsorganisationen mit ausländischen Partnern wird.

Sölle

477 Ag 137 54 67 DDR 3

Berufung von Wolfgang Seiffert zum Mitglied der Gesetzgebungsgrundkommission Außenwirtschaftsgesetzbuch, 13. März 1968

22

GENERALBUNDESANWALT
BEIM BUNDESGERICHTSHOF

75 KARLSRUHE 1, DEN 11. September 1968
HERRENSTRASSE 45a
POSTFACH-NR. 2720
FERNSPRECHER 28041

2 StE 1/52

Tgb. II Nr. 958/68 VS-Vertr.

VS-Vertraulich

An den
Vorsitzenden des 3. Strafsenats
des Bundesgerichtshofes
Herrn Senatspräsident Scharpenseel

→ Ohne Anlagen: offen

Bundesgerichtshof
Eing. 13. SEP. 1968
Anl. 3 Hefte 4 Bände

Betrifft: Strafsache gegen Josef Angenfort und Wolfgang Seiffert wegen Vorbereitung eines hochverräterischen Unternehmens u.a.

Bezug: Antrag des Rechtsanwalts Prof. Dr. Kaul vom 13. August 1968 und Schreiben des Vaters des Verurteilten Seiffert vom 24. Juli 1968.

Anlagen: 4 Bände Akten,
2 Vollstreckungshefte - VS-Vertr. -,
1 Gnadenheft - VS-NfD -.

Ich überreiche die Vorgänge. Dem Antrag, die Strafen der Verurteilten Angenfort und Seiffert angemessen herabzusetzen, trete ich bei.

Angenfort und Seiffert wurden am 4. Juni 1955 vom 6. Strafsenat des Bundesgerichtshofes, und zwar

a) Angenfort
wegen strafbarer Handlungen nach §§ 80, 81, 90a, 91, 128, 129 Abs 1 und 2, 94, 73 StGB zu 5 Jahren Zuchthaus unter Anrechnung von 1 Jahr und 6 Monaten Untersuchungshaft und Aberkennung der bürgerlichen Ehrenrechte,

b) Seiffert
wegen strafbarer Handlungen gegen §§ 80, 81, 90a, 128, 129 Abs 1 und 2, 94, 73 StGB zu 4 Jahren Gefängnis unter Anrechnung der Untersuchungshaft

verurteilt.

./.

Stellungnahme des Generalbundesanwalts beim Bundesgerichtshof in Karlsruhe in der Strafsache gegen Josef Angenfort und Wolfgang Seiffert „wegen der Vorbereitung eines hochverräterischen Unternehmens u. a." vom 11. September 1968, S. 1

Im vorliegenden Fall ist Straffreiheit gewährt, soweit Verurteilung auch nach den §§ 90a, 91, 128 StGB erfolgt ist. Nach den Ausführungen des Urteils zur Strafzumessung kann davon ausgegangen werden, daß zumindest die Verurteilung nach § 90a StGB auf die Strafhöhe einen gewissen Einfluß gehabt hat. Es heißt in diesem Zusammenhang in den Urteilsgründen:

Bl 259
Bd VIII dA

"Bei Bemessung der Strafhöhe war außer den genannten Tatsachen weiter die Gefährlichkeit der Organisation, in der sich die Angeklagten führend betätigt haben, von wesentlicher Bedeutung. Bei der FDJ handelt es sich um einen festgefügten und straff geleiteten Verband von jungen, zum großen Teil fanatisierten Menschen, dem von der kommunistischen Führung im Rahmen ihrer allgemeinen und besonderen Zielsetzung eine wichtige Rolle zugedacht war. Daß die Zahl seiner Mitglieder und Anhänger in der Bundesrepublik verhältnismäßig gering war und ist, mindert die von ihm ausgehende Gefahr für die verfassungsmässige Ordnung deshalb nicht erheblich, weil er sich in der sog. DDR auf starke Kräfte stützen kann und in der dortigen Staatsmacht einen Rückhalt besitzt. Die Gefährlichkeit der FDJ und der von ihr vertretenen Grundsätze erhellt schließlich auch daraus, wie die beiden Angeklagten noch in der Hauptverhandlung, nach rund zweijähriger Untersuchungshaft, die ihnen zugedachten und aufgetragenen Rollen gespielt haben. Ersichtlich war es ihnen nur darum zu tun, dem Verband und seinen Zielen durch ihr Auftreten und ihre Einlassung zu nützen, während demgegenüber ihr persönliches Schicksal für sie von untergeordneter Bedeutung schien. Die vermeintliche Pflicht zur Treue gegenüber dem Verband steht ihnen auch jetzt noch höher als jede andere Pflicht, sei es gegenüber den eigenen Angehörigen oder gegenüber der Allgemeinheit. Wer in einer so gearteten Organisation eine derart umfangreiche und wirkungsvolle Tätigkeit entfaltet hat und aus ihr ersichtlich einen Lebensberuf machen will, wie die Angeklagten, kann nur durch eine sehr empfindliche Freiheitsstrafe zu gesetzestreuem Verhalten gebracht oder mindestens als Gefahrenquelle ausgeschaltet werden."

Aus den Strafzumessungsgründen ist zu entnehmen, daß für die Höhe beider Strafen die Verurteilung nach den §§ 80, 81, 129 StGB in erster Linie von Bedeutung war, während die Straftatbestände der §§ 90a, 91, 128 StGB für die Strafhöhe ersichtlich nur eine untergeordnete Rolle spielten. Es dürfte daher angemessen sein, wenn die beiden Strafen entsprechend diesem Einfluß bei der Straffindung – etwa im Bereich von höchsten 6 Monaten – herabgesetzt werden.

Im Auftrag

Stellungnahme des Generalbundesanwalts beim Bundesgerichtshof in Karlsruhe in der Strafsache gegen Josef Angenfort und Wolfgang Seiffert „wegen der Vorbereitung eines hochverräterischen Unternehmens u. a." vom 11. September 1968, Auszug S. 4 (oben), S. 5 (unten)

GENERALDIREKTOR
DKFM. DR. HANNES ANDROSCH
VORSITZENDER DES VORSTANDES
DER CREDITANSTALT-BANKVEREIN

1010 WIEN, 13. Februar 1985
I, SCHOTTENGASSE 6

Lieber Prof. Seiffert,

Für Ihre so rasche Zusage, im Rahmen des Forum CA der Creditanstalt zu sprechen und vor allem für Ihren Vortrag selbst, möchte ich Ihnen nochmals sehr herzlich danken.

Die Freunde und Kunden unseres Hauses waren von Ihrem Referat sehr beeindruckt und es hat sich wieder einmal gezeigt, wie wichtig präzise Informationen über das Geschehen in Osteuropa für ein Land wie Österreich sind, das durch seine geographische Lage und seine Geschichte so eng mit den osteuropäischen Ländern verbunden ist.

Durch eine ausführliche Rundfunksendung erreichte Ihr Vortrag eine Reihe interessierter Österreicher. Es laufen noch immer Anfragen nach dem Originaltext Ihrer Rede bei uns ein, die wir natürlich gerne erfüllen.

Mit herzlichen Grüßen

H. Androsch

Herrn Univ.-Professor
Dr. Wolfgang Seiffert
Juristisches Seminar
Universität Kiel

Ulzhausenstraße 40
D-2300 K i e l

Dr. Hannes Androsch, damaliger Generaldirektor der Creditanstalt-Bankverein und vormaliger sozialistischer Vizekanzler der Republik Österreich, bedankt sich bei Professor Wolfgang Seiffert für den im Forum CA gehaltenen Vortrag, Schreiben vom 13. Februar 1985

Der Bundespräsident Bonn, den 20. Juli 1987

Herrn Professor
Dr. Wolfgang Seiffert
Am Schulgarten 26

2000 Hamburg 70

Sehr geehrter Herr Seiffert,

für Ihren Brief vom 25. Juni kann ich Ihnen leider erst heute danken. In der Zwischenzeit lagen Vorbereitung und Durchführung der Reise in die Sowjetunion.

Eben dafür waren mir aber Ihr Brief und Ihre Gedanken zum Stand der sowjetischen Deutschlandpolitik außerordentlich wertvoll. Ich erlaube mir, Ihnen die Wiedergabe meiner Ansprache beim ersten Abend im Kreml hier beizufügen. Vielleicht entdecken Sie dabei mancherlei Übereinstimmung.

Ferner möchte ich Ihnen vielmals für die Übersendung der Abhandlung von Harry Maier danken. Auch diese sehr sorgfältige Analyse und Bewertung war für mich während der Reise von hohem Wert. Sollten Sie Herrn Maier demnächst sehen, so übermitteln Sie ihm bitte meinen Respekt und Dank.

In der Hoffnung auf eine gelegentliche Fortsetzung unserer Gespräche und

mit den besten Grüßen und Wünschen
bin ich
Ihr

Bundespräsident Dr. Richard Weizsäcker bedankt für ein Schreiben von Professor Seiffert mit Ausführungen zum Stand der sowjetischen Deutschlandpolitik, zweiseitiges Schreiben vom 20. Juli 1987

WILLY BRANDT

BUNDESHAUS
5300 BONN 1
TEL. 16-2758/2759

7. November 1989

Herrn Professor
Dr. Wolfgang Seiffert
Am Schulgarten 26

2000 Hamburg 70

Sehr geehrter Herr Professor,
lieber Herr Seiffert,

haben Sie Dank dafür, daß Sie mir Ihr neues Buch schickten. Ich habe es mit Interesse und Gewinn gelesen.

Meines Erachtens überschätzen Sie die abträglichen Wirkungen, die in den nächsten Jahren von der EG ausgehen können Der Zusammenhang zwischen den europäischen und den deutschen Entwicklungen bleibt jedenfalls ein zentrales Thema.

Mit freundlichen Grüßen

Willy Brandt bedankt sich bei Professor Seiffert für eine Buchzusendung, Brief vom 7. November 1989

SEIFFERT

Vermerk

17.X.89

Im Sommer 1989 erhielt aus Kreisen der Industrie ein Szenarium,wie die deutsche Wiedervereinigung mit Zustimmung der Sowjetunion erreicht werden kann,wenn sich die Deutschen dazu bereitfinden, etwa 1 - 3 % des Bruttosozialproduktes als Kapitalinvestition für etwa 1o Jahre in die reformierte sowjetische Wirtschaft vorzunehmen,daunter einen größeren Betrag ohne Rückzahlung,der aber insofern eine Zukunftsinvestition der deutschen Wirtschaft in den sowjetischen Markt wäre,als damit materielle Lieferungen,Kooperationen und natürlich Anschlußaufträge an die deutsche Wirtschaft zu erwarten wären.Wahrscheinlich würde die Belastung der deutschen Wirtschaft einerseits zur Folge haben,daß wieder zur 4o-Stunden-Woche zurückgekehrt werden müsse, andererseits würde die gesamtdeutsche Wirtschaft einen Boom erleben, der die Belastungen so ausgleichen würde,daß im negativsten Fall die Wachstumssteigerung die Kapitalinvestitionen umfassen würde.Inzwischen ist dieses Modell genauer berechnet und präzisiert worden. Nachfragen ergaben,daß diese Idee aus Besorgnissen über das Scheitern Gorbatschows geboren würde und einflußreiche Kräfte in der Kernenergie, der Autmobilindustrie,der chemischen Ibdustrie,der Pharmazeutik,dem Maschinenbau und dem Bankwesen die Idee unterstützen.

Ich habe den Vorschlag ohne eigene Kommentierung mit Hilfe von Prof. Daschitschew an Prof. Bogomolow weitergeleitet mit der Bitte, die Idee zu prüfen und mir mitzuteilen,ob auf sowj.Seite überhaupt ein Interesse bestehen würde.Nach mehrmaliger Rückfrage wegen der Seriosität des Planes und der dahinter stehenden Leute,wurde mir im Setember 1989 mitgelteilt,die sowjetische Seite sei sehr daran interessiert es gäbe aber einige Fragen,z.B. erscheine das Angebot zu großzügig. Am 12.Oktober bat mich Prof.Daschschitschew telef.mit ihm in Weikertsheim zusammenzutreffen,er habe mir mündlich etwas Wichtiges mitzuteilen. Am 15.Oktober traf ich wie vereinbart mit Prof.Daschitschew zusammen; außerdem nahm aus der deutschen Industrie der Autor des o.g.Vorschlages an dem Gespräch teil.Daschitschew erklärte erneut,es bestehe ein sehr großes Interesse an der Sache auf sowjetischer Seite.Er betonte noch einmal,das Angebot erscheine ihnen sehr großzügig und es sei außerdem die Frage,wer in der deutschen Industrie das trägt und ob auch die Regierung die Position teile.Nachdem der Vertreter der deutschen Industrie seinen Plan erläutert und angedeutet hatte,wie stärk das Interesse der deutschen Industrie sei,erklärte Daschitschew,Bogomolow habe den Plan Gorbatschow vorgelegt.Wie das so üblich ist,ging das Projekt zunächst zur Stellungnahme an Falin.Dieser habe das Projekt abgelehnt,weil es sich um "einen Ausverkauf des Sozialismus" handle.Gorbatschow aber habe erklärt,er sei an der Sache "sehr interessiert" und Gorbatschow habe Bogomolow/Daschitschew beauftragt,die Sache"unabhängig vom ZK" weiterzuverfolgen.Er bitte also um einen Terminvorschlag und eine Liste von 6 - 8 Personen aus der BRD,die zusammen mit mir zu einem ersten Gespräch nach Moskau reisen.Dies wurde vereinbart.Termin ist die erste Dezember-Woche.Die Teilnehmerliste wurde Daschitschew am 16.1o. vor seiner Abreise nach Budapest übergeben.
Ich habe meinerseits darauf hingewiesen,daß die Sache nur dann Aussicht auf Erfolg hat,wenn sie zunächst streng geheim bleibt.Wenn die Bundesregierung oder die Amerikaner oder Franzosen davon erfahren,bevor das Projekt so weit gediehen ist,daß es politisch nicht mehr eingerissen werden kann,wird das Projekt tot sein,aber auch diejenigen,die es hier inniitert und unterstützt haben.Denn Kohl etc. wollen eben einen solchen Weg des Interessenausgleichs mit der SU nicht.Anders sieht es aus,wenn wir mit der SU auf einen gemeinsamen Nenner gekommen sind und 199o,etwa im März/April oder September mit einem Dokumnet über Bedingungen einer

Memorandum von Professor Seiffert an Gorbatschow vom 17. Oktober 1989 zu einem möglichen Szenario einer deutschen Wiedervereinigung, S. 1

\- 2 -

harmonischen Lösung der deutschen Frage an die Öffentlichkeit gehen, daß außer den deutschen Teilnehmern namhafte sowjetische Persönlichkeiten unterschrieben haben und das sich dann an die Politiker wendet, nun endlich zu handeln.Ein solches Dokument würde im Bundestagswahlkampf eine heraussragende Rolle spielen.
Daschitschew akzeptierte dies.Er fügte hinzu,es müsse zu Reformen in der DDR kommen,die eine Annäherung der sozialen und wirtschaftlichen Strukturen an die der Reformprozeße in der Sowjetunion und damit an die Strukturen der BRD brächten.
In seinem Institut sei vor kurzem die Sozialdemokratische Partei gegründet worden und Bahr habe mit einigen von ihnen gesprochen.

An dem ersten Gespräch im Dezember würden von sowje.Seite Bogomolow, er selbst,Ryschkow,Malslikow u.a. teilnehmen;die Liste stehe noch nicht genau fest.

17.1o.1989

Memorandum von Professor Seiffert an Gorbatschow vom 17. Oktober 1989 zu einem möglichen Szenario einer deutschen Wiedervereinigung, S. 2

SEIFFERT

Betr.: Vertrauliches Gespräch mit Professor Dr. Daschitschew am 15.oktober in Weikertsheim

D. sagte zum Verhältnis der sowjetischen Führung zur SED-Führung im Zusammenhang mit dem Besuch Gorbatschows in Ostberlin und danach:

""Wir haben bisher Honecker gestützt,weil wir glaubten,dies sei für die Stabilität der DDR und der Beziehungen zwischen DDR und der SU am besten.Aber Honecker hat darauf damit geantwortet

a)einen Versuch einer internationalen Front von Ostberlin über Prag, Bukarest bis Peking gegen uns zu errichten;
b)die Politik der Perestroika überall da zu diffamieren,wo er nur kann;
c)wartet er bewußt auf den Sturz Gorbatschows.

Deshalb wir Honecker von uns nicht mehr gestützt und wir glauben,daß dies in der SED dazu führt,daß er verliert.Heute stellt sich die Frage: wer ist freundlich zur SU - die DDR oder die BRD.Die Antwort lautet zumindest zur Zeit: die BRD.

Im übrigen hat Gorbatschow in Berlin öffentlich deutlich gemacht:

stabil ist nur eine reformierte DDR.Wenn er sich an das intelektuelle Potential in der SED in diesem Sinne gewandt hat,meinte er natürlich nicht Honecker,Hager und Mielke.Intern hat er nochmals dem PB der SED klar gemacht,daß die SU bei inneren Auseinandersetzungen in der DDR nicht eingreifen werde,sonder die SED ihre Probleme selber lösen müsse,am besten auf dem Wege des politischen Dialogs."

Notiz über ein vertrauliches Gespräch von Professor Seiffert mit Professor Daschitschew zum Verhältnis der SED-Führung zur Sowjetunion, 15. Oktober 1989 in Weikersheim

Вх. 295
10.10.91

МЭР САНКТ - ПЕТЕРБУРГА

РАСПОРЯЖЕНИЕ

от 09.10.91 № 501-р

О порядке работы в области гостиничного,
туристского и игорного бизнеса

В дополнение к распоряжению мэра Ленинграда 59-п от 15.07.91 "О комитете по внешним связям при мэре Ленинграда":

1. Поручить комитету по внешним связям возглавить работу по созданию общей концепции развития туризма в Санкт-Петербурге.

2. Установить порядок, при котором любые проекты в области строительства и эксплуатации гостиниц, туристской деятельности и игорного бизнеса от имени различных подразделений мэрии могут приниматься только по согласованию с указанным Комитетом.

3. Структурным подразделениям мэрии передать все имеющиеся у них материалы, относящиеся к работе в области гостиничного, туристского и игрового бизнеса, в комитет по внешним связям в срок до 15.10.91.

4. Контроль за выполнением настоящего распоряжения возложить на председателя комитета по внешним связям В.В. Путина

Мэр А.А. Собчак

Beauftragung Putins mit der Kontrolle des Hotel- und Touristikwesens sowie der Spielgeschäfte durch den St. Petersburger Bürgermeister Sobtschak